人/生/的/样/本

U0952281

职业心理效能学

康凯◎著

本书是国内第一部系统论述职业**心理效能**的专著。本书用**心理学**的视角、创新的方法论，研究职业人的**动力**、**能力**、**成长意愿**和**工作绩效**等问题，旨在帮助组织及成员**形成**认识自我、了解他人、适应环境的**效能体系**；**构建**批判性思考、创造性工作、选择性生活的**能力体系**；**达成**提升个人效能、改善组织效率、增强管理效度的**目标体系**。堪称是职业成长、事业成功的“**人生样本**”。

知识产权出版社
全国百佳图书出版单位

图书在版编目（CIP）数据

职业心理效能学/康凯著．—北京：知识产权出版社，2014.6
ISBN 978－7－5130－2780－9

Ⅰ.①职… Ⅱ.①康… Ⅲ.①职业—应用心理学 Ⅳ.①C913.2

中国版本图书馆 CIP 数据核字（2014）第 123602 号

内容提要

《职业心理效能学》是国内第一部系统论述职业心理效能的专著。

本书从心理学的视角，用创新的方法论，研究职业人的动力、能力、成长意愿和工作绩效等问题，旨在帮助组织及成员形成认识自我、了解他人、适应环境的效能体系；构建批判性思考、创造性工作、选择性生活的能力体系；达成提升个人效能、改善组织效率、增强管理效度的目标体系。

本书堪称是职业成长、事业成功的“人生样本”。

以关注组织成员行为规律和动机为出发点的职业心理效能学，能帮助组织管理实现方法创新，能促进组织绩效的提升，能提高个人的职业能力和业绩。

职业心理效能学能为组织和个人的成长提供翔实而丰富的理论探讨和实践经验。

职业心理效能学体系的建立，对管理学向纵向发展、心理学向横向突破提供了借鉴和贡献。

责任编辑：荆成恭　　　　**责任出版**：刘译文

职业心理效能学

ZHIYE XINLI XIAONENGXUE

康　凯　著

出版发行：知识产权出版社有限责任公司　　网　　址：http：//www.ipph.cn
社　　址：北京市海淀区马甸南村 1 号　　邮　　编：100088
责编电话：010－82000860 转 8341　　责编邮箱：jcggxj219@163.com
发行电话：010－82000860 转 8101/8102　　发行传真：010－82000893/82005070/82000270
印　　刷：北京科信印刷有限公司　　经　　销：各大网上书店、新华书店及相关专业书店
开　　本：720mm×1000mm　1/16　　印　　张：16
版　　次：2014 年 8 月第 1 版　　印　　次：2014 年 8 月第 1 次印刷
字　　数：296 千字　　定　　价：48.00 元

ISBN 978-7-5130-2780-9

序　言

我们处在一个小时代里。小时代的特征：个性张扬自由，每个人都在发声，但却没有人认真地倾听，所有的观点和主张都被泯灭在彼此喧嚣的声音里；小时代缺乏敬畏，缺乏榜样和权威，当然我们也不觉得谁可以有资格教导我们的生活。

大时代的弘扬集体精神被消耗殆尽，于是我们站在小时代的街头遥望大时代的路口。我们个人的能力是那样卑微和渺小，从来不奢望参与大时代的创造，但我们会细心体察并期待那个时代的到来。质疑的声音会问大时代真的会来临吗？既然物质重复会破坏大时代的存在，精神渴望一定会随着新时代到来，历史不是这样吗？我们不去判断这个假设，但所有的事物都是在缺乏中丰富，又在丰富中缺乏。

认可这个规律，我们就会认真地思考，我们这个社会真正需要的是什么？写完这本书很多朋友和我讨论学科建立和系统确立，我倒觉得对这些问题的讨论为时过早，先提出问题再去试探需求。当我们把处境放得很低很低的时候，没准我们满眼见到的会是无处不在的惊喜。

作者2014年6月于北京月坛北街25号院

人生的样本——职业心理效能学

在职业适应、成长和发展中，总有两个因素形成我们在职业中的优势和劣势，一个是职业技能，一个是职业效能。职业技能决定我们从事什么职业和工作，职业效能决定我们把工作和职业做的怎样。和职业技能相比较，职业效能更为复杂、识别更为困难，当然也更为重要。

在许多组织中，多的是人手，用的是人才，缺的是人物。职业心理效能学的任务和使命就是通过向职业中的人提供认识规律和成长帮助，使职业中的人实现从职业技能到职业效能的平衡发展，使职业中的人实现从“人才”向“人物”演变。

在职业中，价值的体现有两种分类，一种是资源，另一种是资本。资源是市场元素，可以通过交换和交易得到；资本不是，资本是一种核心竞争力，“学不去、买不来、偷不走、跑不掉”，通俗一点讲，资本是组织中的“非卖品”。职业心理效能学的初衷和发轫就是使职业中的人从能力分子向优秀分子转变，进而实现人才从“资源”向“资本”的跨越。

每个人的生活道路和职业发展是这个世界上最为鲜活和复杂的事情，“木受绳则直，金就砺则利”，无论是科学家、作家、艺术家，所有成功的人，都会经历成功之前无数次的演练、设计、规划和验证。人生没有草纸，无法从头再来。因此，我们在职业的发展中，更应该做好计划和准备。我们相信人生的失误、选择的错误、机会的耽误、观念的谬误，是世界上最大的憾事和损失。但人们对此常常视而不见，这也许是人类的误区和盲区。

苏格拉底曾说过“没有思考过的人生不值得去过。”职业心理效能学既是积极思考的思想产物，又充分借鉴当今世界最优秀的文化和科学成果，它旨在发动人们内在的成长、变革和进步，同时使管理学更深刻、心理学更通俗。职业心理效能学既是职业成长的新思维、新工具、新方法，也是新职种、新职业、新行业。

职业心理效能学用心理学的视角和方法论系统描述了人们在职场中的反应、环境中的适应、关系中的对应，提出了职业化管理、职业绩效提升、职业效能培养等一系列的理论和观点，它可以使在校大学生、职业中的人、职场中的骨干、组织中的管理者了解和掌握职业管理和职业成长中许多规律和借鉴，堪称是“人生的样本”。

目　录

第一章 绪 论

——职业心理效能是一种新资本

职业心理效能学到目前为止还没有权威性的概念解释和学科体系。但现实中人们的行为表现及实践活动，已为这一新学科建立提供了丰富多样的前提条件。社会组织由最初以拥有劳动资料向获得人力资源转化，是一种重要的转变，而作为人力资源提升形式向心理资本的发展及获得，已是当今和今后社会组织发展及追求的必然趋势。在漫长的社会历史中，人们为证明物质力量付出了巨大的代价。因为，物质文明的创造是以生产资料及能源消耗为前提的，如今物质越来越丰富，能源却越来越稀少；人们生活越富有，拥有的欲望越强烈，大量的物质重复消耗造成资源的浪费；货币化的社会价值，也会使人们的存在变得枯燥和单一。人们会以物质证明为始、文化证明为续，心理资本必将成为智慧能源之一，为人类社会进步提供永不枯竭的精神力量。人为物质服务，还是物质为人服务？这是人类发展智慧和能力必须要面对和回答的问题。职业心理效能学就是在人的全面发展理论和实践中，积极寻找和解决人们所面临的这些重要的现实问题。

1.1 职业心理效能学

职业心理效能学是以工效学发展为依据，将自我效能学丰富化，参照心理资本价值体系，应用 EAP 的实践设计，在吸收社会学、心理学、管理学等先进文化成果的基础上，建立新的应用学科和体系。职业心理效能学就是以提高人的心理效能为目的，提供丰富人的精神能量的方法和工具，最大化地实现个人效能、组织效率、管理效度。

1.1.1 工效学和职业心理效能学

职业心理效能学的提出和创意来自现代工效学的建立和应用。工效学在人—机—环境系统研究中，实现人—机—环境系统的协调，在机械产品的设计制造和其他制造业中广泛应用。工效学实现了三个目的：第一，使工作更有效率；第二，使工作更安全；第三，使人工作得更舒适。工效学领域的研究者和实践者们于20世纪60年代成立了国际工效学协会，此后，许多国家都成立了工效学研究机构和学习团体，研究成果被纳入国家标准。工效学方面的代表人物是吉尔·布雷斯。我国于1986年成立了人类工效学会，工效学研究人—机—环境的关系，是基于工业产业迅速发展的社会现实和成果。如今，信息化社会更强调人的主观能动性，提出职业心理效能学，是在社会生产模式发生重要转变的条件下，研究人与自我、人与他人、人与组织之间的关系，将会更具有研发意义和实践价值。职业心理效能学研究动机、能力、环境适应、认知能动性、价值交付等，充分借鉴社会学、心理学、管理学、行为学等多种研究和实践成果，讨论最大化地开发和利用人的潜力，在不消耗物质资料的前提下，提高职场中个人的效能、组织的效率、管理的效度。

1.1.2 自我效能与职业心理效能学

20世纪70年代，美国心理学家班杜拉提出自我效能的概念，指出自我效能是个体对自己在特定领域实现预期结果需要的行为能力的信念。自我效能不是指工作和环境中的工效技术，而是指个体利用所拥有的资源去完成工作和生产过程的行为及由此行为产生的自信力。自我效能在研究人的能动效率中，发现个体的行为动机、参与活动的兴趣、个人目标的确立、对待压力的态度、努力程度、思维风格对个人绩效和组织绩效发挥十分重要的作用。自我效能获取的主要途径来自经验，成功的经验会提高自我效能，失败则会消耗自我效能，但归因的能力也能修正对经验的理解；替代经验能提高个人效能，是因为通过学习和观察他人行为获取自我效能的力量；说服，有事实依据和价值的说服产生自我效能；情绪反应和心理状态与自我效能关联重大；环境的作用也对自我效能产生影响，当个体进入一个陌生而又容易产生焦虑的环境中，自我效能就会减低。

职业心理效能学的提出，不仅限于心理效能概念的讨论，而是提出了较为完整的实现和操作体系。同时，职业心理效能学把中华文化、管理和心理实践有机地结合起来，用于实践体验和指导。职业心理效能学聚焦职业的相关问题，因此职业心理效能学扩大了自我效能的理解范围，同时把个人效能和组织效率的产生更加紧密地联系起来。

1.1.3 心理资本与职业心理效能学

20世纪末至21世纪初，美国心理学家路桑斯提出了心理资本这一全新概念，路桑斯创造性地将心理学延展到人力资源与组织行为学领域。心理资本不仅“关注人出了什么问题”，而且研究如何才能让人达到最佳状态。路桑斯认为，体力、财力、技术在知识社会中不构成主要竞争力，不能从根本上打造人的竞争优势。以信心、希望、乐观、韧性为核心的心理资本，在职场上可以测量、开发和有效管理，这样才能提升组织的绩效能力。

职业心理效能学，坚持心理资本向职场和管理领域转移的重要路线，同时围绕职业心理效能的讨论和研究，开发出更为丰富的考量维度，发现组织竞争力成长的特点和规律，帮助组织和个人挖掘内在潜力、工作活力、成长动力，为个人成长寻找永动、为团队成长塑造能动、为组织成长提供互动。

1.1.4　职业心理效能学

职业心理效能学用心理学的视角和方法论，关注职场中组织成员动力、能力、成长意愿和工作信息及成果等问题，旨在帮助组织及成员正确认识自我、了解他人、适应环境；构建批判性思考、创造性工作、选择性生活的能力体系；达到提升个人效能、改善组织效率、增强管理效度的目的。职业心理效能学体系的建立，对管理学向纵向发展、心理学向横向突破提供了贡献和可能。以关注组织成员行为原点及动机为出发点的职业心理效能学，能帮助组织管理实现方法创新，同时对心理学服务于更广阔的领域提供了理论探讨和实践探索。

1.2　职业心理效能学的作用

1.2.1　培育组织成员的元成长

职业心理效能学通过建立成熟的我际关系，解读他人的共有取向，积极适应和改造职业环境，是一种文化心智的成长，是元成长。所谓元成长，是一种影响性成长，它不受雇佣的约束，也不受强制性的制度管理。以往的组织管理，倾向于要求和规范组织成员的行为，而职业心理效能学会向组织成员讲解自我行为和组织行为相互联系的必要性和合理性。组织管理更强调完成组织的目标，职业心理效能学是在保证组织目标完成的前提下，实现自我价值。通过职业心效的训练，组织成员的工作动机更为积极，他们会把自我发展定位于完善性成长，而不是生存性保证。他们知道自己为什么要创造卓越的职业绩效，因为他们要通过职业成功创造卓越型人生，在这种动机激励下，组织成员的成长就是元成长。元成长的稳定性取决于他们知道自己要什么，而不取决于短暂的利益和物质刺激。

1.2.2 帮助组织成员的可持续发展

职业心理效能学通过构建组织成员批判性思考、创造性工作、选择性生活的能力，提升个体效能和职业素养。可以说，独立地思考、自觉地工作、有目的地生活贯穿组织成员的终生发展历程。职业心理效能学系统的建立，使组织成员在全人格发展中，提高判断力、思考力和执行力，必然引起组织成员的学习动力、价值追求。建立职业形象的组织文化体系，会增强组织成员的荣誉感和归属感，在组织中，他们不再是简单追求物质回报，而是珍惜成长和发展机会。在职业心效的人际关系中，组织成员之间会建立学习的风尚、创造的风尚、思考的风尚，成员之间会形成互证、互赏、互进、共进的人际关系。

1.2.3 建立组织的核心竞争力

职业心理效能学着重设计个人体系标度、组织的沟通幅度、管理的影响效度，是组织行为管理和资源管理发展的全面完整的体系。组织通过职业心理效能学的文化再设计，个人管理、部门管理、企业管理可达到同步的能力提升和发展。职业心理效能学难以完成的任务是不能改变组织成员原有的差距和不同的素质基础，但通过职业心理效能学使文化升级的组织，其组织成员在职业能力、工作效率上都会有相应的提升表现。职业心理效能学不是先验论，只要组织对职业心理效能开发、重视和认同，组织成员对心智和心理成熟有努力追求的初衷以及设计开发流程的科学化理念，职业心理效能学就一定会将组织文化、成员素养及能力提升推向一个新的高度。通过组织及成员对职业心理效能学的共同认识，使组织形成具有液态化管理水平的核心竞争力。

1.2.4 促进职业精神的投入

职业心理效能学能帮助职业中的人谋求成功之道，使组织为职场中的人提供职业成长的学习和训练，组织成员应把通过训练和学习得到的自我效能、职业智慧反哺到职业中去，这是一种良性互动，也是组织和个人之间共赢发展的规律性要求。职业发展中受挫最大的伤者是永远退出职业和行业的人，他们不再拥有“东山再起”的机会，在组织成员退出的过程中，也会使组织的发展遇到挫折，减少职业失败者、培养职业成功者是职业心理效能学的宗旨，也是其核心价值。盖洛普调查报告指出：“员工的职业投入程度是企业、国家繁荣的重要指标，员工热情工作的企业比员工不热情工作的企业效益整体要好得多，在中国经济增长已开始下滑的今天，不应该再想着怎样继续挖取劳动者的血汗和闲暇，而是想法唤醒劳动者的热情才是可取之道。”按照盖洛普的标准，中国人在工作方面投入的程度，实际上是严重不足的，中国员工职业精力投入水平，比世界平均水平低 50% 以上。怎样提高员工的职业精神投入，职业心理效能学较为系统地回答了这个问题。

1.2.5 提升组织品牌号召力

职业心理效能学的任务是武装和打造组织文化的软实力。表面上看，组织“肌肉”和能量反应在硬件方面，比如，资金投入、品牌投入、产品忠诚度的培育，实际上真正有前途的企业组织，在向社会投放优质产品的同时，每一种组织行为和细节都透发着这个组织的精神气质。用户和消费者通常是透过优异的产品和过硬的服务领会组织文化给产品带来的精神面貌，也就是说一个企业的品牌建设是由组织文化建设共同参与的。品牌形成的最大号召力是使用户和消费者迅速做出使用产品的决定，而这种决定速度来自组织自身的决定速度。当组织及成员放下一己之利，勇于担当社会责任，不再为占有更多利益产生内耗时，组织的品牌号召力才会真正实现。

1.3 职业心理效能学的系统

职业心理效能学的最基本概念是用心理学的方法，帮助组织成员认识自我、解释他人，建立态度和行为模式，进而提高自我效能和组织效率。

职业心理效能学由个人能效、职业能力、管理能度、技术应用四个方面，共十一个部分组成，是较为完整的表述体系。

1.3.1 个人能效

在个人能效阐述中，职业心理效能学提出了我际关系、共有取向和处境意义。核心观点是通过与自身建立联系，了解他人的共同需求，更好地适应现实环境（职业环境）。

在我际关系中，职业心理效能学讨论了个体的资本整理、职业能力指标、印象管理、类比锚定、认知管理、阶段性价值、体内制度、人格特征等重要问题。在我际关系中，着重解决的是对自己的认知和“心理装备”的完善，提出我际关系中的角色、成就、阶层、评估、社会比较、主观体验等问题，设计提出了自我成长和自我认知的标准和体系。

在共有取向中，职业心理效能学提出了人们所面临的共同需求，讨论了相关需求、关注需求、理解需求、优越感需求、幸福感需求、价值需求、评估需求、安全感需求、公平需求、关系需求。“人最大的需求是被需求”，在共有取向中，主要提出如何理解和解释他人，只有通过了解他人的想法和诉求，才能建立有效的人际关系。满足他人的需求，就是个体对他人的价值存在。在人际关系中，我们不能改变人们固有的行为模式，但可以构建积极有效的关系互动。

在处境意义中，职业心理效能学既提出了职业环境的改善，也同时提出了个体对职业环境的适应。在处境意义中，职业心理效能学提出了如何对我们已知和未知的环境进行认知和了解，把本不属于我们决定的环境，改造成能对我们的成长提供有价值和意义的积极因素。

在处境意义中，职业心理效能学提出和讨论了人类多元化共性、处境判断、场域中的资源、场域中的立场、场域中的说服、场域中的冲突、效率元素、场域中的压力等问题。在处境意义中，职业心理效能学强调了个体与组织的关系，个体和场域的关系，以及个体和环境的关系。在以“他人在场”的环境特征中，我们虽然不能完全表现出原本的自我，但我们对环境的参与、创造及适应是我们必须具备的能力。

1.3.2 职业能力

在职业能力的阐述中职业心理效能学提出了解释风格、积极绩效、交付价值的核心观点，通过批判性思考、创造性工作、选择性生活的训练，构建清晰而有效的职业能力。

在解释风格中，职业心理效能学讨论了信念解释、立场解释、假设解释、我向解释、偏正解释、标签解释、基因解释、归因解释等问题。在职业心理效能学中，通过解释风格的讨论和研究，进一步提出“问题并不完全在于问题本身，还在于个体对问题的理解和认知水平”，通过对组织成员进行解释风格的训练，建立起一套关于职业成长、具有创新及统御性的思考体系。这样，人们就会增强是非观念和独立意识，就不会在纷繁的职业环境中迷失自我。

在积极绩效阐述中，职业心理效能学提出能力分子和优秀分子的界限，提出创造交换价值后的超越价值。职业心理效能学讨论和提出了绩效的区域、绩效的状态、绩效的类型、绩效的平衡、绩效付能、绩效设计、绩效的界限、绩效的诊断、绩效的功能等问题。职业心理效能学侧重组织文化的再设计、心理文化的应用和普及，但职业心理效能学的最终目标是通过文化和心理构建，创造积极良好的个人和组织绩效。在职业心理效能学看来，绩效不仅仅是价值的交易，技能的提升，而是强调组织成员在创造优异绩效的同时，将自我从能力分子向优秀分子转化和发展。能力分子不一定是优秀分子，但优秀分子一定是能力分子。怎样使组织和个人绩效从平庸到卓越，也是职业心理效能学重点描述的问题。

在交付价值中，职业心理效能学提出交付状态是衡量实现自我价值的重要标准，人生是一场经营，交付出问题的时候，不是你能力积累不够，而是积累的方向出了问题。在职业心理效能学中讨论了交付意义、交付内容、交付类型、交付动机、交付风格、交付阶段、交付维护、交付评价、交付风险等问题。交付是一种选择性能力，可以说你做了怎样的交付，你就将拥有怎样的生活，交付的承兑有时不是发生在即时和当下，这就更需要职业中的人在交付能力的修炼中，提升洞悉能力、预先计划能力和判断能力。交付成果也是一种联动成果，每一项交付成功或失败，都会影响到更多的生活质量和品质。

1.3.3 管理能度

在管理能度中，职业心理效能学提出的目标是提升个人效能、团队效率、管理效度的“三效机制”，反映了体系标度、沟通幅度、影响效度。

在体系标度中，职业心理效能学提出个人效能的稳定性来自体系建设，讨论了叙述体系、过滤体系、思维体系、能力体系、行为体系、经验体系、关系体系、职业体系、定位体系。通过体系构建，使人们的职业准备和积累更有目的性和操作性，同时体系构建也会使职业成长具备内容体系和目标体系。在职业心理效能学中，通过对系统构建的讨论，提出了职业发展的支撑体系。

在沟通幅度中，职业心理效能学在研究团体动力及绩效中发现并提炼出沟通幅度的价值，有效的沟通才能产生有效的行为，有效的行为才能产生有效的绩效。

职业心理效能学在沟通幅度中讨论了沟通的价值、沟通的方式、沟通中的关系、沟通的限制、语言的信息、非语言的信息、沟通中的话题、沟通原则、沟通技巧、沟通的障碍等问题。职业心理效能学在沟通幅度中揭示行为幅度多数来自沟通幅度，表面上看，钟表的价值体现于指针的精确，实际上指针的精确来自钟摆的摆动幅度，一旦摆动幅度出了问题，指针就一定会错乱。

在影响效度中，职业心理效能学从决策管理的角度，讨论了组织管理中的效度问题。包括影响的产生、影响的风格、影响的特质、影响的运用、影响的过程、影响的原则、影响的决策、影响群体、影响的条件、影响的限制等问题。

职业心理效能学在影响效度中提出“一个人发挥优点，并不代表他没有缺点，但更多的优点发挥能影响别人，缺点却常常会影响自己”。在职业心理效能学中，并不仅仅是讨论问题，实际上是研究和设计影响产生的方法、技巧和能力。

1.3.4 技术应用

在职业心理效能学的最后一章，讨论了技术应用的问题。目的是体现职业心理效能学不仅仅研究概念、观念和理念，而是能够被应用在现实生活中的方法和智慧。在应用技术中，讨论了问话技术、对话技术、构图技术、切换技术、补充技术、分析技术、表述技术、评测技术、督导技术、赏识技术等问题。

职业心理效能学将一些成熟和正在完善的应用技术，从它们原有的体系中提炼到职业心理效能学的应用中来，使有效的技术不再是某一体系的专属，“没有方法的想法，会长久地停在那里”，方法比思潮和流派更有包容性，因为它们是工具，是服务于人类的工具。

1.4 职业心理效能学的特质

职业心理效能学是社会科学的成果体现，是一门交叉科学，同时在职业心理效能学的讨论和实践中，形成自我独特的学科体系，也是心理学面向社会化、大众化的有益尝试。职业心理效能学也是一个开放性的体系，职业心理效能学是一项社会化工程，它的科学性、系统性、实验性都需要接受社会化的检验，同时在发展中不断丰富和完善。就目前心理文化的发展现状及社会需求来看，职业心理效能学的研究和讨论，具有重要的价值和意义。同时，职业心理效能学也是一项拓展性工作，需要更多的智慧、勇气、包容和贡献，随着时间的推移和实践的发展，职业心理效能学会从无到有，从小到大，从弱到强，呈现出理性的智慧、实践的价值、应用的普及和广泛的认可。

1.4.1 职业心理效能学体现社会科学的发展成果

在职业心理效能学的研究和讨论中，广泛涉及社会科学研究和实践成果。关联比较紧密的学科包括人类学、工效学、管理学、社会心理学、工作心理学、职业心理学、普通心理学、人力资源管理学以及心理学的各种后现代心理学流派，上述与职业心理效能学相关联的学科成就和进步为职业心理效能学提供了丰富的理论实践和技术支持。职业心理效能学之所以新，因为它是站在时代的前沿、巨人的肩膀之上；职业心理效能学之所以灵，是因为它吸收了大量的社会科学的先进成果；职业心理效能学之所以活，是因为它是心理文化的继承和发扬。它不是凭空臆想，也不是闭门造车，而是坚持走一条兼收并蓄的创新之路。

1.4.2 职业心理效能学初步形成体系的构建

职业心理效能学在体系构建中，提出了学科发展和应用的四个体系。一是认知训练体系；二是能力构建体系；三是目标价值体系；四是技术应用体系。在认知训练体系中，职业心理效能学通过认识自我、解释他人、适应社会，提升组织及个人的认知能力、链接能力和适应能力；在能力构建体系中，职业心理效能学整理了职业发展的三大能力：批判性思考、创造性工作、选择性生活，旨在丰富组织及个人的职业竞争力；在目标价值体系中，职业心理效能学提出了体系标度、沟通幅度、影响效度，既是承接认知训练和能力构建的成果，又是职业心理效能学指向的目标价值体现。职业心理效能学的系统强调了各个环节内部关联意义，在技术应用体系中，职业心理效能学提出了多种可操作的方法和技巧，使整个体系能够印证于现实、服务于实践、显现于成果。

1.4.3 职业心理效能学是心理文化的创新

首先，职业心理效能学在体系上创新，职业心理效能学在体系的构建上，既吸收了心理学和社会科学的前沿性成果，又不拘一格地提出了全新的体系设计和研发。这是一项开创性的探讨和研究，虽然还显得幼稚和年轻，但体系的指向是培育职业人，使人的认知完善、能力提升、价值实现具有了稳定的结构设计，职业心理效能学围绕心理文化的社会需求开展研究和讨论，具有成果呈现力，职业心理效能学的发展前景是毋庸置疑和可期待的。

其次，在职业心理效能学中首次提出了心理学在现实发展中的一些新的理念和认知方法，其创新价值是显现充分的。在职业心理效能学中诸如我际关系、交付价值、职业连续体、体内制度、胁迫性认同、切换技术等一批原发性的阐述和讨论，丰富了心理学特别是应用心理学的形式和内容。

最后，职业心理效能学在心理学外化和非病理化的研究中，摸索出具有独特风格的学科体系。由于职业心理效能学既区别于心理学，又区别于行为学，它的服务对象是职场中的健康人群，解决的通常是现实性问题。因此，去专业化描述、去病理化互动，会使职业心理效能学更具广泛接触和联系的特点和风格，是一整套通俗易懂、好学好用的专业体系。

1.4.4 职业心理效能学是一个开放性体系

也许讨论职业心理效能学的元年问题还为时尚早，但职业心理效能学的讨论和研究毕竟已走在路上，它非常需要社会的关注、包容、专业的参与和批评。职业心理效能学的实践、尝试和探索是一项复杂的社会工程和系统工程，职业心理效能学的提出和建立，就是立靶求注、抛砖引玉。在职业心理效能学的发展和探索中需要一代甚至几代人的不懈努力。因此，它必将是开放性的系统，它接受一切真诚的合作与投入，也接受一切善意的批评和建议，更接受积极地参与和互动。希望通过职业心理效能学的成长和发展，使带有中华文化特色的心理学实践为世界心理学发展做出应有的贡献。

1.5 职业心理效能学的服务对象

职业心理效能学是关注职场中的事，帮助职业中的人。因此，职业心理效能学的服务对象：一是具备职业成长能力的人群；二是职业管理中的高端人群；三是服务于职业发展的专业人群。

1.5.1 具备职业成长能力的人群

1. 在校大学生的职业素质教育

大学是人才的集约产地。在现行教育体制中，大学生的智能发展已具备了完整的知识体系，但在用人单位看来，大学生的成长不仅仅是知识和能力的成长，更需要职业心智的成熟和职业素养的提升。“成才很早，成人很晚”，这是职场对大学生的一般性评价。实际上职业成长和发展的教育，在大学的教育体系中，还没有得到应有的资源分配和重视，职业心理效能学的相关培训在大学校园的开展，能使大学生在专业和就业之间，进行就业前的职业素养培训，架构成长性的发展和平衡，应该是一种有益的尝试。在现有大学的教育体系中，职业指导老师承担着大学生职业前教育的任务，职业心理效能学的培训和研究机构如能和高校中的职业指导相关机构合作，在条件成熟的大学中开设职业心理效能学相关课程，将会对大学生平稳进入职业期、顺利通过职业能力考核提供相关帮助，同时也会提高学校的品牌效应。在高校开设职业心理效能学的教育，是大学教育体系创新的途径之一。

2. 在职培训

在组织和企业培训体系中，开展职业心理效能学的培训，主要是满足具有职业成长动机和具备接受职业心理效能学培训能力的人群。这种培训形式既可以在高校和企业中进行，也可以在社会办学机构中进行。应该说职业心理效能学是职业规划的重要组成部分，人们对于自我发展的愿望和需求，决定了职业心理效能学的应用价值，“没有计划的生活，被生活计划；不计划自己，就会被别人计划”。对在职人员的职业心效的培训和帮助，虽然一部分可能在社会办学机构中实现，但更大的部分是企业组织对所属成员职业成长及企业文化的需求而组织实施的。由于职业心理效能学系统比较丰富，而企业有时会受到精力和投入的限制，职业心理效能学的教育和培训机构也可采取菜单式的服务方式，根据企业需要，进行专题的咨询和培训。

1.5.2 职业管理中的高端人群

1. 高级管理人员

对于职业心理效能学的学习，不同的角度有不同的学习目的和需求。个人对职业心理效能学的学习是以提升自我职业竞争力为目的，而管理者则是为了更多地了解职业心理效能学的原理、方法、技术，以提升管理的能力。实际上，职场人的动机、行为及认知，大部分都来源于心理动因，“知人善任；达心者，达天下；同欲者胜”都是强调了对人内在的关注和关照，管理者学习职业心理效能学，就是为了学习和掌握识人、用人、育人、留人之道。

2. 思想政治工作人员

在我国现行组织中，党群部门承担着相当一部分管理和教育工作，党委组织、宣传部门，以及工会、共青团都在其影响范围内发挥宣传、鼓动、引导、教育的作用。因此，上述组织和部门通过职业心理效能学的发挥和应用，既能为思想政治工作提供新方法、新内容，也会使组织中党群部门的工作创新得到有益的探讨和实践。

3. 人力资源专业人员

人力资源部门是企业实现识别人、使用人、教育人、保护人的专业职能部门。从事人力资源专业工作的人员管理理念先进、接受新事物的能力强，同时他们承上启下，工作压力也很大，职业心理效能学的研究和培训机构可以帮助他们设计人力资源规划、对人力资源进行评测和识别、开展绩效考核、培训计划的制订和实施，与他们实现有价值的合作。同时人力资源专业人员学习和掌握职业心理效能学，也会提升自我能力和职业成长力。

1.5.3 服务职业发展的专业人群

首先，职业心理效能学的研究和培训等会成为一部分人的职业选择和发展。职业心理效能学在不久的将来会成为新专业、新职业、新行业。因此，专业化队伍的形成和发展是职业心理效能学未来发展的重要保证。

其次，职业心理效能学的系统研究、产品研发、市场推广，需要大量的社会资源和智力投入，这些参与合作的人群，首先需要专业的学习和互动。

最后，管理咨询、心理咨询专业人员学习和掌握职业心理效能学，有利于其业务的拓展、项目的开发和服务能力的提升，也是专业服务机构发掘新方法的新路径。

1.6 职业心理效能学的影响界限

职业心理效能学是对管理学的内化、对心理学的外化，使管理学变得更为深刻，使心理学变得更为通俗。没有界限就不能实现职业心理效能学的独显优势，但划清界限也会影响职业心理效能学的融通发展。因此，职业心理效能学的影响界限仅仅是一个比较模糊的界限，“模糊界限”使职业心理效能学既可以“独善其身”，又可以“兼济天下”。

1.6.1 人文心理学和临床心理学

人文心理学和临床心理学是职业心理效能学的一个临界线。“人被环境赋予角色，人被能力赋予身份，人被动机赋予情感”，职业心理效能学从人文心理学出发，聚焦于职业能力、职业动机、职业环境；而临床心理学对个体心理病理进行研究和治疗。用一个比较形象的比喻，“职业心理效能学并不是要建立心理医院，而是要建立心理健身院”。临床心理学是心理学专业化成果的高级呈现形式，心理学的成就，包括应用心理学的成就，大多来自临床心理的研究成果。因此，职业心理效能学的外化是以内化为依据，同时职业心理效能学对管理的深化也是源于管理学规律。

1.6.2 社会服务和职场服务

由于心理学发展和现状的特定因素，目前心理学服务一般是处于社区服务阶段。医院中的心理门诊、机关和学校相关的专业机构、近年来市场发展中出现的心理诊所，这些专业的心理组织和机构大多活跃于社区当中，而职业心理效能学服务领域应定位于职业和职场之中。一般专业性心理服务，是“坐商”，待人上门，职业心理效能学的专业服务是“行商”，主动与组织和企业进行服务连接。接踵而至的问题是职业心理效能学的服务机构将以市场为导向，产生出独具特色的经营模式。“过去我们曾忽略生存的问题，而忽略生存问题，使我们减少了许多生存的本事。”

1.6.3 现实问题和心理治疗

关于用心理学方法干预现实问题，也许在心理学专业人士中不会被认可和理解，但对于一般大众，这已经足够了。现实问题包括价值认可、激励原理、动机的保护、人际关系改善、认知和解释风格。这些临床心理学并不过多地涉及，而干预和治疗抑郁、强迫等精神性病患，在职业心理效能学中也不具备对应能力。因此，职业心理效能学立足解决现实问题的同时，也监测识别精神性疾病，及时进行专业转介，以避免重大危机的产生。

1.6.4 技术帮助和治疗帮助

职业心理效能学针对职场中的现实问题研究并设计方法和技术，但由于职业心理效能学关注的是现实性问题，因此短程聚焦解决问题，是职业心理效能学的工作原则。在短程聚焦解决的原则下，职业心理效能学在关注现实问题原因的同时，把精力放在解决问题上来。在特定环境中，研究问题的原因，只会看到问题的发生；研究问题的解决，才会产生出办法和方案。

心理治疗一般是采取全程解决方案，要长期地跟进治疗和行为纠正，这并不是职业心理效能学的核心任务，但职业心理效能学对治疗具有转介和评估的义务。

1.6.5 大众影响与小众影响

职业心理效能学从设计到实践，走的是社会化服务的路线，关注的是职业、职场中的现实问题，因此它是一种大众文化。职业心理效能学能够积极参与人们的社会生活和职业发展，关注管理中的心因性问题、元点问题，因此，职业心理效能学接收服务性的反馈，而不是把重点放在专业性评估上面。职业心理效能学跟进职场和组织中的个人及组织的成长和发展，在这一方面也会体现其服务大众的理念。

1.6.6 重新构建与介入干预

心理学的服务大致分为咨询、介入、干预、治疗和构建五个阶段，职业心理效能学也会遵循这个业务路线，但职业心理效能学的综合价值在于对职场中的人们的心理成长进行重新构建。构建是以成果为导向的工作原则。虽然构建往往是复杂而困难的，但构建本身的重要价值是能体现出新理念、新方法、新思考、新行动、新面貌，是一种从根本上进行心理文化构建的系统工程，当然，阶段性的目标干预也是职业心理效能学的常规工作模式。

1.7 职业心理效能学的现实思考

1.7.1 叙事的连续性

中华文化有悠久的历史，近年来，在全球兴起国学热。西方人在应用和理解国学智慧中受到了启迪，并且觉悟。相比之下，中华文化在我国几经沉浮，没有得到准确的理解和传承，中国人的叙事体系是间断的，也可以说是不连贯的。文化的核心价值在于规范和指导人们的价值、理念和行为，缺了这样的叙事基础，人心是涣散的，给职业的规范化带来重大影响。职业心理效能学通过融合东西方的智慧，在规范人们的价值观、人生观、世界观上起到推进和促进作用。让更多的人接受职业心理效能学提倡的理念、观点和方法，在职业环境中形成管理的互动性、文化的共赏性、行为的互补性，这些都取决于人们叙事体系的完整性和连续性。

1.7.2 职业的稳定性

组织成员的稳定性和职业忠诚度，会给企业和组织带来不一样的影响。职业心理效能学在塑造组织成员稳定性的设计中，通过“五感”和“五力”构建，为组织打造积极向上的员工队伍和组织氛围。

通过职业心理效能学的学习和训练，在组织成员中树立荣誉感、安全感、归属感、价值感、公平感，以此打造组织成员的创造力、影响力、行动力、沟通力、抗挫力。“五感”在组织中体现组织成员的认知能力；“五力”则表达组织成员的行动力。“五感”是形成“五力”的动因和心因性基础；“五力”则是在创造组织和个人绩效的同时，丰富组织和成员对“五感”的体验，形成理念自信、能力自信和行动自信。

1.7.3 专业的实践性

职业心理效能学提倡“兴大学、办大事、做大人”，努力践行“德而不惑、群而不党、未时不受、思利及人”的职业道德标准。提倡开放式欣赏，不提倡封闭式欣赏。在学科和体系研究中，立足职业需求和职场服务，虚心学习各个相关领域的文化，尊重那里的权威。避免走重复封闭式欣赏的怪圈。所谓封闭式欣赏，就是指在专业的范围内，在少数的人群里对学科和系统进行自我互赏、自我评价。脱离社会和广大的服务对象，事实上封闭式欣赏会增加专业内外的隔阂和偏见。

职业心理效能学在系统建设上，围绕职业和职场进行讨论和研究，会极大地推动专业实践的应用性和有效性，而不是各自沉浸在专业学科之中，切割性地完成问题的讨论和研究。职业心理效能学在系统上更重视组装，就像对一部机器的研究，不是解剖零件，而是发现和形成有动力和活力的完整机体。

1.7.4 文化的融合性

文化的鼻祖在东方，心理学的发轫在西方。职业心理效能学在研究讨论过程中，融通了东西方的智慧和研究成果，在解释国外先进和前沿理论的同时，按照中国人的文化理解和认知视角来阐述观点，职业心理效能学是中国人写给中国人学习和使用的心理学。在职业心理效能学的研究和讨论中，充分考虑现时组织文化的多元化实践，比如，不同的国家背景的跨文化适应、不同文化信仰的适应、不同年代的文化适应，将多元文化作为大的时代背景来衬托职业心理效能学的应用，使职业心理效能学更接近时代，更接近丰富多彩的现实生活。

1.7.5 社会的对接性

把握时代脉搏，对社会文化的发展做前瞻性探讨，对职业心理效能学的建立和发展具有重要意义。中国社会进入了富裕型的社会阶段，过剩的供给，包括物质的过剩、信息的过剩，都会引发人们向更深层次的需求跃进，几年前全民保健，这几年舌尖上的中国，这种体验式的文化追求，必然引导心理和心理品质追求，谁能洞悉中国社会文化发展的未来，谁就会拥有未来。因此，职业心理效能学立足当下，放眼未来，努力满足社会要求，传播先进文化，传递正能量，传达幸福感的主观体验，为时代所需求、为职业人引路、为职场服务。

1.8 职业心理效能学的价值实现

所有的目标都具有阶段性，职业心理效能学要实现自己的目标价值也是这样。期待职业心理效能学能够得到市场的积极响应和回馈，目前虽然不可能具体地描写目标实现成果，但可以有一个行动和实施路线图。

1.8.1 核心教程的编辑出版

核心教程的出版，标志着职业心理效能学的系统建立。目标是经过现实和时间及成果的检验，使职业心理效能学进入国家职业大典的目录中，将职业心理效能学打造成新的职种和新职业。

1.8.2 成立行业性组织

目前，国家还没有职业心理效能学相关组织的信息，我们要像工效学那样成立全国性的行业组织，编写行业标准，制定行业组织章程，发展会员，开展行业学术讨论和信息发布，适时组织地区和国际性高峰论坛，研究并指导行业健康发展。

1.8.3 职业心理效能学专业队伍的建立

成立职业心理效能学研究机构，该机构将负责与国内外相关行业建立互动机制，对职业心理效能学现状、发展、实践进行信息归纳和发布，围绕职业和职场需求，研发设计被市场广泛接受的服务产品，包括咨询服务、组织文化设计策划、组织团体培训等，在现有成果基础上，编写职业心理效能学系列教材和丛书。

建立职业心理效能学专、兼职讲师队伍。职业心理效能学是一项社会化系统工程，在推广阶段需要开展大量的宣传和培训工作，需要建立一支反应迅速和有效的专、兼职讲师队伍，同时在项目的拓展中，建立导师、督导、咨询师三级业务指导团队。

组建职业心理效能学的推广团队，从职业心理效能学产生的第一天起，就是以满足市场需求和专业化服务为导向，特别是心理文化事业，是商品，又是特殊的商品，有其自身的属性及规律，它需要建立属于自己的经营和推广模式，职业心理效能学的体系成熟可以保证其商业模式的成功，同时，成功的商业模式也会促进职业心理效能学的健康发展。

1.8.4 职业资质认证

适时与国家相关机构合作，组织职业技能标准及资质认证。国家每年都将发布一批新的职种，并根据市场需求开展职业资格认证工作，职业心理效能学经过努力，也会成为市场上重要的认证品质和体系，认证工作既体现国家政策支持，也取决于专业的成熟与发展。

1.8.5 商业模式

职业心理效能学的商业模式会在实践中形成全国和地区的布局，采用“三三”体系，即“三融”、“三助”、“三重”。

一是“三融”。融资、融智、融市。在研究和探索行业发展的过程中，整合资金资源、智力资源和市场资源，解决好结构治理和分配的机制。

二是“三助”。在职业心理效能学的推广系统中，设立助教、助编、助理体系。助教是在职业心理效能学的培训中形成的资源体系，助教的层级和分布，将根据项目的发展和规模而确定；助编是职业心理效能学根据系统的调试，进行分项研究，也会将各专项研究成果结集出版，因此需要一批专、兼职编辑队伍；助理是按地区分工，代表总部对合作单位进行业务对接、指导及售后服务。

三是“三重”。在职业心理效能学的实践中，选择重点学校、重点企业、重点样本开展服务和拓展工作。在职业心理效能学的初始阶段，把精力投入“三重”之中。重点学校，是指在有国家和地区有影响力的大学中，开展职业心理效能学的教学与培训等工作；重点企业，是指在有影响力的大中型企业开展职业心理效能学的咨询与培训等工作；重点样本，是指对成长性个人进行典型成长的样本分析。职业心理效能学在初始阶段，做少、做精、做好。在“三重”推广成功后，再做进一步的推广。

1.8.6 多媒体的应用

认识多媒体在职业心理效能学推广中的重要作用，建立门户网站、设置服务信箱，发展微信平台价值。

总之，在职业心理效能学的价值实现和转化中，坚持“因智生业、因业生缘、因缘生力”的理念，实现社会、组织、机构、个人多赢的良好局面。

1.9 职业心理效能学与 EAP

在职业心理效能学的研究和实践中，我们不得不提出 EAP 和职业心理效能学的渊源和联系。职业心理效能学从功能到实践的许多地方会与 EAP 产生交叉和汇合。

1.9.1 什么是 EAP

EAP 是企业员工心理帮助计划的简称，最早出现于 20 世纪 40 年代的美国。它充分发挥心理学对企业生存发展的作用，是一项由心理专家深入企业，根据企业情况，通过对企业诊断，为其管理者和员工提供管理以及个人心理帮助的专家解决方案，提高员工个人和企业的整体效能。

1.9.2 EAP 的服务

EAP 为企业服务：改善组织气氛，节约培训开支，提高员工士气，减少错误解聘的可能，增加留职率，改进生产管理，提高生产效率，降低管理人员的负担，提升组织公众形象。

EAP 为个人服务：增进个人的身心健康，加强沟通能力，提升职业竞争力，提高人际关系水平，消除不良嗜好，促进家庭和睦，平衡家庭与工作关系。

EAP 为专业人士服务：提升专业增长空间，开拓专业市场，确定工作模式，扩大业界影响，建立核心优势，创造良好效益。

1.9.3 EAP 的核心功能

EAP 的核心功能是，对管理者提供咨询服务，向员工伸出援助之手，评估员工的个人问题，就业绩问题干预员工行为，员工转介，个案管理跟踪，与服务项目提供者建立有效关系，向雇主提供健康及福利的咨询，对项目进行有效性的评估。

EAP 会建立两个系统，一是服务咨询系统；二是项目运营系统。

1.9.4 职业心理效能学与 EAP 的异同

从上述情况来看，职业心理效能学和 EAP 有五个方面的重合交叠。

（1）和职业心理效能学一样，EAP 是心理学专业的服务输出。

（2）工作场域都是企业和组织，这一点二者是相同的。

（3）EAP 具有完整的运营体系设计，值得职业心理效能学借鉴和学习。

（4）服务的对象，二者都是指向高层的方案、针对中层的问题、直面基层的困惑。

（5）从目的性上看，二者是相同的，都是提高组织的绩效和员工的工作效能。

从差异性上看，职业心理效能学与 EAP 项目能产生互补效应。

（1）EAP 是问题导向，从需求到转介，EAP 针对问题性需求提供服务和帮助，职业心理效能学是以构建为导向，更积极、更主动，不仅仅是事后干预，而是事前干预。

（2）EAP 以诊断咨询为业务方向，职业心理效能学以培训为主要业务方向，EAP 的诊断咨询式服务和职业心理效能学的培训式服务可以形成业务互补。

（3）EAP 运营技术相对成熟，而职业心理效能学可以为 EAP 的项目落地提供产品和内容上的支持。

（4）从项目发展看，EAP 的本土化改造还需要更多的努力和过程，职业心理效能学立足于本土化的理论和实践，更具有可操作性。EAP 的行业组织及规范来自国际 EAP 协会的指导。职业心理效能学将组建中国行业组织，以便有效调整资源并指导实践。

总之，职业心理效能学与 EAP 项目进行联动合作，将形成蓝海式的竞合关系。二者从业务切割上看，不但不会产生冲突，而且还会形成相互支持、相得益彰的良好局面。

1.10 职业心理效能学的发展局限

1.10.1 职业心理效能学的自身局限

职业心理效能学严格来说，还处于理念主张阶段、系统调试阶段、实践探索阶段。由于处于起步阶段，资本投入、智力投入、人力投入还是局部性、小规模的。因此，还显得粗糙、稚嫩，但它像小孩成长一样，有一种原本的动力、自发的热情，职业心理效能学怀着赤子之心，参与社会的发展和进步，局限难免，曙光在前。

1.10.2 缺乏社会犒赏机制

中国社会发展还是处于物质优先发展阶段，很多事情都按物质转换和货币完成价值来衡量，许多人的现实想法，还是先富起来。对文化成长和心理成长既不具备长远的眼光，又缺乏社会犒赏机制，这就意味着职业心理效能学的成长要面临更多的挑战和困难。

1.10.3 质定和标定的误区

在现有价值体系中，人们更是追求摸得着、看得见的显性成果，许多投入的衡量器是“立竿见影”，文化和心理的构建是系统工程，它们参与组织绩效的管理和提升，但在绩效的统计中，还属于财务外的统计。员工的职业成熟度、工作投入热情、关系成长及超价值贡献，虽然对组织来讲至关重要，但缺乏财务统计口径，组织在发展统计和财务统计中，更关注标定指标，而质定指标虽然都认同和认可，但经常会被排斥在统计标定之外。

1.10.4 集体管理与个人管理的投入不均衡

在传统管理理念中，更重视组织文化和团队建设，这在组织管理的优选程序中是无可厚非的，但如何在组织文化和团队整体管理中，提升个人管理水平，提升组织成员个体的职业素养，长期以来没有得到应有的重视。许多组织在自我评估中有一种“好的团队、烂的员工”的评价倾向，事实上，没有好的员工管理，就很难提及好的团队管理。二者互为促进和发展前提，不可偏废。

1.10.5 心理学和管理学缺乏互动

心理学搭载管理学，管理学吸收心理学，是组织和企业管理的新趋势，

“合则两利，分则俱伤”已越来越被认可。在管理中，有一种专业泛化的做法，比如，非人力资源的人力资源管理，简称“非人”。这种做法打破了专业的条框限制，把专业管理手段运用到日常的管理工作当中。心理学也会有机会将专业泛化为大众能够运用的工具和掌握的规律，职业心理效能学在这方面进行了努力和尝试。

1.10.6 对心理学的偏见限制

社会对心理学的偏见，不能用眼光和见识来评价，纵观心理学发展过程，在大众面前大多呈现的是专业距离、对象异质，有时还会增加问题的复杂性。心理学发展过程中的病态和病态心理长期被人们混为一谈。如何让更多的人喜欢心理学、相信心理学、使用心理学，中国的心理学的确任重道远。职业心理效能学是应用心理学的重要组成部分，也是积极心理学的倡导和实践者，因此，也确实可能为心理学的发展和弘扬做出自己应有的贡献。

第二章　我际关系

希腊神庙的柱子上，最著名的一句话是："认识你自己。"老子说："知人者智，自知者明，胜人者力，自胜者强。"

我们学习了许多改善人际关系的能力和技巧，试图提升与他人之间的关系交际能力。当我们努力去关心和弄清他人本质的时候，有时候我们确实忘记了照应自己。爱默生在散文《自信》中所写的那句结束语指出："不要认为一次政治上的获胜，收入的提高，病体的康复，或是分手许久的好友的归来，或是任何其他纯粹的外在的事物，能提高你的兴致，使你觉得你的眼前有许多美好的日子。不要相信它，事情绝不会是这样简单的。除了你自己，没有任何东西能给你带来平静。"与人际关系相对应的我际关系，实际上是我们与他人关系中的出发点，或者是原点。当与他人关系弄不明白的时候，我们是否想一想有没有完成自我关系的链接。当人际关系出问题的时候，常常是因为我们与自我的关系没有处理好，本我、真我、超我，当三者之间战火弥漫的时候，我们真的无暇顾及与他人的关系整理。把自己的事情想清楚、弄明白，使我际关系成为人生修炼的第一课。

2.1　资本整理

知己知彼，先知己后知彼，在我们确定职业和生活目标的时候，首先要考虑我们是谁，有什么样的能力，从哪里来到哪里去，这些真切的思考就是自我的资本整理。

2.1.1　心理装备

卓越和持续的竞争，决定我们要走一条曲折而漫长的道路，在克服困难取得成功的过程中，需要自我的能力，这些能力不是建立在资源层面上的（如身体、财富、技术），而是以我们内在的能量发现并培育这种能力，我们把这种能力叫作"心理装备"。就像我们要去做一次旅行或登山，临出发前我们要做装备整理，这是保证我们到达目的地的一个主要条件。

心理装备是个体在行为中表达出一种内在的品质力量，表现为以下几点。

（1）在遇到不确定和具有困难的工作时，有信心并通过努力取得公认的工作绩效和成果。

（2）面对现实性和未知性的问题，有积极的认知和期待，相信时间和方法并最终获得为之付出努力而应该得到的成果。乐观地相信一切努力都会得到正向回报。

（3）面对压力和挫折时，能坚持当初的选择，并能始终保持进展状态。

（4）有明确而现实的目标追求，在实现目标追求的过程中，有阶段性支持和愿望性支撑。

我们把信心、乐观、韧性、希望归纳成“心理装备”，是因为这些心理因素决定了自我效能的形成。

2.1.2 自我效能

自我效能是“个体对自己在特定的情境里能够激发动机，调动认知资源并采取必要的行动来达到目标的一种信心”。自我效能与工作绩效有显著的关联。

自我效能在个人职场环境中有以下五种表现。

（1）设立积极目标，承担具有挑战性的工作。

（2）对未知结果充满好奇和关注，弄清原因成为决定性因素，自觉承担关键性成果。

（3）目标明确和效能的被关注，会提高自觉激励性。

（4）为实现工作绩效，加大必要的投入，牺牲工作之外的需求。

（5）当目标受到阻挠时，不改变方向，坚持走下去。

2.1.3 自我效能的环境因素

（1）组织内部的赏识、认可、感谢，不仅对期待表现有强化作用，同时也增强组织成员的自我效能。

（2）情绪是一种唤醒，良好的组织氛围、公平的理解，会影响到自我效能。

（3）组织成员的相互依赖，可以增强自我效能。

（4）特殊情况下，负向激励，也会增加自我效能。

（5）集体效能也会影响个人效能。

你的心理装备，很大程度上决定你是什么样的人，你相信自己能做什么，你会去做什么，你能成为什么样的人。

2.2 能力指数

“社会犹如一条船，每个人都要有撑船的准备，你能做到的，比你想象的更多。”如果用现象学的角度去分析个人能力就有可能描绘出一个能力轮廓，结构化的能力特征体现了如下能力指数。

2.2.1 弹性指数

弹性指数是指人的复原和恢复能力。生命的质量越高，生活的阅历越丰富，就越体现弹性优势，弹性指数包括适应、应变、灵活、接纳、协调。

弹性指数也体现在压力承受能力和抗挫折能力。不惧怕压力和百折不挠的人，不在于压力的大小、挫折的轻重，而在于是否具备战胜压力、战胜挫折的能力。

弹性指数还是一个内测指标，弹性指数高的根本原因来自个体的内心力量，既是适应水平的体现，又是协调能力的体现。

2.2.2 对称指数

对称指数是指个体对环境和事物反应的准确程度，对环境和事物的反应十分准确、对称，反映一个人的思维认知成熟度。对称指数包括准确、适度、判断、稳妥、调整、阅读。

对称指数首先是信息对称，就是掌握和收集到的信息是全面的、准确的，在这个前提下的反应才是对称的。

对称指数还要求选择对称，对环境和事物的性质、程度、未来方向要有选择性判断分析，然后才能做出合理反应。

对称指数还强调及时调整，当对环境和事物反应过快和过缓的时候，要及时发现和调整，“亡羊补牢”就是对称指数的典型例子。

2.2.3 稳定指数

稳定指数是指个体特征性指标反应相当稳定，心理平衡性好，同时也反映个体在环境能力中的定力很强。稳定性指标包括持久、平衡、本色、自制、顺向、淡定。

稳定指数要看历史性表现是否具备一贯性，个体历史记录评价是稳定指数的重要考评内容。

稳定指数还靠特征类指标来考核，特征类指标是指描述个体本质方向的特征。

稳定指数还关注个体态度的评估。个人只有对环境产生稳定的认识和成熟看法，才能表现出稳定的原则和立场。

2.2.4 正向指数

正向指数是指个体能力水平的体现，关系到对环境和事物的立场、原则和行事风格。正向指数包括真实、主流、纳责、主见、向善、明辨。

正向指数侧重于特征类评估体系，具有稳定性和连续性。

正向指数中，意愿和动机特征明显，为个体的自我判断和他人判断提供更为准确的依据。

正向指数中的规范和示范效应会使个体产生影响力。

2.2.5 空间指数

空间指数是指反映个体对环境的适应，个体在背景空间的主观发挥。空间指数包括安全、控制、影响、互动、归属、界限。

空间指数表现个体状态类特征，证实权变理论在现实中的表现本质。

空间指数反映个体在环境中的互动能力，既包括自我控制力也反映对环境的创造能力。

空间指数反映个体的实用性原则，同时也反映平衡能力。

2.2.6 乐观指数

乐观指数是指个体人生的信念和态度，是特征性基本测量指标。乐观指数与归因和解释风格密切相关，乐观指数在个体品质体现形成时，会转化为世界观、价值观、人生观。乐观指数包括积极、主动、活力、自信、开放、进取。

乐观指数倾向于主观体验与积极性思考，与主观幸福感密不可分。

乐观指数要在生活品质和文化品质前提下产生，避免乐观的盲目性。

2.2.7 效率指数

效率指数是指个体行为能力的有效性和能动性，效率指数包括果断、行动、方法、目标、能力、品质。

效率指数是状态类特征描述，是动机的外化反应。效率指数和动机指数有时会出现差异。效率指数也有平衡的要求，有时结果导向的效率指数会破坏流程和资源。

2.2.8 内省指数

内省指数是指个体的认知和纠错能力。内省指数包括自知、反思、修正、纠错、自觉、慎独。

2.2.9 表达指数

表达指数是指个体在环境中的交流沟通能力，自觉沟通的态度和主观感受，表达指数包括沟通、倾听、分析、评估、感染、区分。

表达指数应该在合理和准确的前提下建立。非稳定性话题也会降低表达效率。

表达界限越清晰，表达的效果就越好。

2.2.10 体态指数

体态指数是指个体仪表、风度及品质，体态指数包括协调、气质、亲和、适度。体态指数反映个体内外协调和平衡。内在品质不同程度上反映在仪态仪表上。体态指数应考虑约定俗成的主流标准，情绪关联也体现体态指数。

2.3 印象管理

印象管理，我们会泛化这个概念。人对自我的认知大部分都是有条件认可，比如，我们总会认为自己是一个正直的人、诚实的人，尽管我们的认识有时算不上十分准确，好的表现我们会认为是自己的本色，不好的表现，我们会归因于环境的胁迫，这并没有什么不对，接受自己本来就是生命进程的一部分，有些人不接受过去的自己，有些人不接受现在的自己，但很少有人不接受未来的自己。人总会找到各种理由接受自己，那是因为自己是印象管理的第一个受益者。

2.3.1 镜像自我

印象管理除了自我认知还有镜像中的自我，就是别人是怎样看你的。人的自我意识不同，对外界的印象管理会有不同的标准和反应，当然这和自我认知的清晰度有关，当个体确切认识自己的时候，对他人印象就不会那么在意，反之也不会那么强烈。反正，一些人十分关注别人的印象，在他人印象管理中就会患得患失，对他人的评价过于敏感，讨好他人，有时会形成关注性缺陷，越是在意，越得不到印象评价。

2.3.2 专属印象

在印象管理中，还有一种是专属印象管理。比如，一个小学生对班主任老师的印象关注程度要比其他人高得多；一个下级对上级印象评估的在意程度，也远远超出同事和下级；在情感中，被追求一方对追求者的印象反应，会超越阶段上的一切关注印象。

2.3.3 自我图解

在自我印象管理中，我们会对自己形成特殊的概念，自我图解，我是谁，我是正直的、善良的、聪明的、有效率的、有尊严的，自我图解有力地影响我们对事物的看法、接纳及行为。

自我图解，实际上就是自我解释，我为什么要选择这样的职业，或者我为什么安于这份工作，在就业和创业的过程中，自我图解具有十分重要的作用。

自我图解还解释我们的行为。我为什么要去帮助那个人，我为什么一定要取得那样的绩效，我为什么在工作中选择别人难以完成的工作。

2.3.4 自尊

印象管理中核心的价值就是自尊。自尊是驱动我们认知的机器，高自尊的人，面对失败会认为他人和自己一样失败，并夸大自己对他人的优越感，以维护自我价值，低自尊的人会为失败做合理的解释。问题会经常出现在高自尊和低自尊的人群中。他们的自尊有时会走向反面，当不被认同或成为利益洼地时，有些自卑是以自尊形态表现的。

2.3.5 认知偏差

自我印象管理中，社会自我是指个体对评价的适应程度。个体能否接受来自外界的评估，有时甚至是消极方面的评估。印象偏见和误差会不时地扰乱我们的自我图解，让我们产生情绪上的骚动，我们会远离对自我图解差距大的人群。

自我认知的偏差，多来自以下偏误：

（1）伦理道德。大多数人认为自己比一般人更具道德性。

（2）工作能力。99%的人将自己的工作能力和他人相比较之后，发现自我评估高于他人评估。

（3）优点。大部分人认为自身优点没被充分认可和发现。

（4）驾驶技术。有时候，在大街上，一个笨拙的司机在指责另外一个司机。

（5）聪明才智。很少有人自认愚蠢，大多数人会自作聪明。

（6）孝心、孝顺。多数人把“顺”当成了“孝”。

（7）忍耐度。“也就是我，要是换了别人。”这种表达很典型地证明了这一点。

（8）80%的人，与实际年龄和不同时期的同龄人相比，认为自己比同龄人更为年轻。

（9）洞察力。很多的个体愿意成为预言家。

17世纪人类理性的捍卫者亚当·斯密曾说：“人类高估自己盈利的可能性，这种对自己好运的推断，源于绝大多数人对自身能力的一种自负的幻想。”

自我印象管理在他人的评价体系里，不是表现为傲慢的虚伪，而是表现为虚伪的谦逊，就像培根说的是一种“出风头的诡计”。有时个体呈现脆弱的时候，实际上是为负性结果找一条退路。

有时人们为了得到印象评估的需求不惜设置障碍，阻挠成果实现，这种故意破坏的自我行为，是出于个体对自己形象的保护。运动员在面临失败结果的可能时，受伤的概率会大大增加，这不是他们故意受伤，而是在意识里，促成了这些意外结果。

自我管理中有些专属印象是致命的，“对有一些人的舆论置之不理，对另外一些人的评价则惊恐万状”，专属印象“是一种独断专行”的东西。

2.4 类比锚定

列夫·托尔斯泰在《战争与和平》中指出：“在很大程度上并不是别人对我们有多么好而喜欢他们，而是因为我们对他们好。”

个体在描述我是谁的时候，接下来的逻辑思维层面的思考是我像谁，我应该是谁。

个体印象管理的一个重要内容是类比锚定。人们看见某人像某人的时候，会情不自禁地告诉那个人。个体在内心里向往或移情于某个人的时候，会在行为、言谈、衣着等方面有意识地模仿。把自己比喻成什么人，或自己想要成为什么人的时候，类比锚定就出来了。

2.4.1 类比锚定的选择

什么样的人会成为我们学习和模仿的对象呢？个体会有地缘性选择。宗教就是地缘性选择。宗教的分布现象就说明了这一点。每个民族都有自己的民族偶像，例如，俄罗斯的彼得大帝、印度的圣雄甘地、中国的雷锋、美国的马丁·路德等。

类比锚定具有时代的选择。每个时代都会有不同的锚定选择，例如，欧洲工业革命时期出现的批判现实主义大师雨果等，以及中国的改革开放、市场经济条件下出现的财富英雄等。

类比锚定的丰富也已打破国家与时空的界限，有时是英雄或者是推动世界进步的先贤，有时则可能是班级里的小伙伴。

2.4.2 类比锚定的原则

类比锚定的选择十分重要，但原则有时比选择更重要。

（1）我们选择模仿的对象常常是我们理想中的样子，我们不是他们，我们只是我们自己。我们追求理想，但理想并非现实，而且“理想不会朝着追求者迎面走来”。

（2）类比锚定会出现关注性疲劳。我们对选择模仿的对象的认识有时并不是始终如一。随着我们思想的成熟，随着对事物的认知成熟，随着对类比对象的批判性思考，有时我们心中的偶像会倒掉，我们的人生图式会因此受到影响，出现这种情况，可能是个体主观发生了价值指向的变化，也可能是价值背景切换带来的问题，再可能就是当初的选择局限，此时表现出来了。

（3）类比选择有时并不是你的目标，而是你的缺陷，表面上看我们在选择成功的目标，实际上我们会发现我们从来就没有达到那个目标的可能。与其说我们去追求那个目标还不如说我们是要弥补自身存在的缺陷。

（4）类比选择的晕轮效应。当个体选择类比对象时，出于对追求和模仿对象的喜爱，会把他的个别成就理解成完整成就。马丁·路德作为美国民主主义者的象征，当因生活作风问题被美国政府诟病的时候，美国的媒体出乎寻常的集体沉默。这是一个非典型示范，人们对偶像人物的崇拜，有时会把他们当作符号，以致后来的人，去挖掘他们的缺陷和隐私，都会让人觉得无比的拙劣和下作。

2.4.3 类比锚定的价值

1. 类比锚定的正向意义

类比锚定对象是有阶段性的，在人生的不同阶段，锚定对象会在不同的时段被我们挖掘到。在追随和模仿的过程中，我们的成长具有较明确的目标，同时成就动机也显得十分强烈。对大部分具有成就的人来说，在回顾成长经历的时候，他们都会列出一系列阶段性的锚定对象，在不成功和不成熟的人生经历回顾中，他们会感到锚定对象的缺乏，会造成成就动机的制约。

2. 类比锚定的开发意义

人的阶段性发展靠的是两个条件，一是影响；二是约束。回顾人们在成长的过程中，约束来自方方面面，让人们感到压抑和窒息，但锚定对象给我们带来的不仅仅是约束，即便是约束，也是来自心底里一种自觉的约束愿望。类比锚定带给我们的是一种前所未有的影响，它不强迫我们做各种自我约束，而是探讨正确和成长的道路，它成为我们人生的导航，可持续、相联系，并伴随成长，是一种开放和积极的内在影响。

类比锚定是人生的草稿，锚定对象不是我们。但会让我们察觉到类比对象的成就和经验，给我们提供了人生成长的特殊线索，我们根据这一线索，设计出应该选择的道路。同时在类比对象中，我们可以吸取他们失败的教训，类比对象不仅不是我们可望而不可即的偶像，而且正是由于他们自身缺陷的存在，才激励我们走上超越之路，从这个角度说，类比对象更像我们人生中的每一张草纸。

2.5 认知管理

2.5.1 热性认知

现实是一个开发系统，我们总是寻找和探讨原因的原因，在探讨原因的过程中，会把我们拖行到离事实太遥远的过去，当我们集中精力寻找原因时，现实已经发生了许多变化或有时根本不存在了，有没有一种办法捕捉现实并寻找到距离现实很近的那部分原因，认知的智慧告诉我们，有一种认知叫“热性认知”，我们抓住热性认知的线索，就会发现掌握快速解决问题的一种方法。有的人发火，你就会分析，对谁都发火吗？如果不是这样，你去解决性格原因，还是解决为什么发火的原因？固然性格是原因的原因，发火的具体诱因才是热性认知。

2.5.2 观念

影响我们行为的是想法，影响想法的是观念。想法是短暂的、可意识的，观念是稳定的、无意识的假设和信条。当一辆违反了交通规则的轿车从你身边疾驰而过差点撞到你，此时你的想法是“天哪，太可怕了”，你的观念是应该遵守交通规则，违反交通规则，就是不道德。这时你的行为是紧张、躲闪、心神不定。这时那个观念还来不及参与现实，而那个想法却直接参与了你的行动，此时此刻的想法就是“热性认知”。行为的正确与否，与想法有直接关联。认知的管理就是从想法上解决问题。那么观念重要不重要？十分重要。因为想法是由观念产生的自动思维。有时候，我们不去研究一个人的历史，就恐怕很难改变那个人的观念。戒酒是想法，但个人饮酒的历史形成才是其成瘾的原因，我们回到现实的时候，还是先从想法上入手。

2.5.3 曲解认知的表现

曲解认知的具体表现如下。

脆弱性：“一个人请求帮助，是软弱的表现。”

吸引与排斥：“得不到另一个人的爱，我就不会幸福。”

完美主义：“一个人必须漂亮、聪明、富有、有创造性，否则就高兴不起来。”

寻找赞许：“为了幸福，我需要别人的赞美。”

依赖性：“我的心情被一些我无法驾驭的因素左右。”

认知障碍：“如我在追求目标的过程中遇到了障碍，肯定会感到厌烦。”

2.5.4 认知错误

导致我们想法缺陷的典型认知错误如下所述。

（1）非黑即白的绝对性思考方式。正确与错误、光明与黑暗、现实与理想这些都是界限性词语。人们的思维表达、行为表达一定会复杂于这些界限。往往是从是到不是的转化过程，才形成现实的结果和原因。一对男女在感情里，爱也不复杂，恨也不复杂，由爱到恨的转变过程才复杂。

（2）以偏概全或选择性概括。人们在相互的关系中，为了接受，会找出许多接受的理由，为了不接受，也会找出许多不接受的借口。结果会造成许多非理性的错误选择。

（3）任意推断，缺乏事实依据，草率下结论。多疑而安全感不好的人，往往会出现认知在前，结论随后，有时个体对自己的推断和曲解认知，坚信不疑。有许多咨询案例，努力阻断这种顽固性推断，但效果并不理想。

（4）过度引申。仅仅是因为自我一点小失误，就做出全部价值的总结性结论。个体的自责行为有时候是在撇清责任，但心因性自责是受观念影响的，想法会具体到某一件事。少去理会这种自责对不对，而是根据具体事件的想法、原因、影响程度做具体分析，帮助个体认识到失误的非连续性和非必然性。

（5）过度夸大和过分缩小。夸大失误、缺陷的重要性，贬低自己的成绩和优点，完美型人格的选择性注意，造成了个体的关注视线。这种人格特征是把正确当成了理所当然，把失误当成不可饶恕。这种个性特征会泛化到其他范围，是破坏关系的重要因素。

（6）个人化。内归因是解释风格的一种类型，将一切不好的结果归因于自己的过失，引咎自责，主动为别人的遭遇和不幸承担责任，同时也经常为这种承担忍受痛苦。

（7）选择性消极注视。关注消极事件的负面细节，夸大渲染，由最初的局部否定变成全部否定，以致整个情绪都染上消极色彩。在选择性思维中，有两种选择，在正面中找不足和在不足之中找正面的因素。职业心理效能学是在两种不同的取向中，寻找平衡。

（8）情绪推理。认为情绪就是事实，把消极的情绪导入事实之中，有的时候，情绪并不是事实。上级对下级的批评是事实，但上级对下级的认可也是事实。情绪的推理，不顾多方面事实，而认定被上级批评就是一种结论性灾难。

（9）应该倾向。对自己的标准无条件服从，如果没有达到自己设定的标准，就会责难自己，产生内疚，对别人则产生无望的怨恨。

（10）乱贴标签。把个别因素当成定性因素，这种乱贴标签的行为，使个体认知产生固化，将对整个个人评价和某些具体行为失误混同并论。

认知扭曲和失误，在个别情况下是指向内部的，但在许多情况下是指向外表的。在对外部认知偏误中，也一定受到外界的情绪“互访”，造成合作阻碍、关系紧张、效率消耗等处境性问题。认知管理讲了许多自我认知，实际上自我认知和他人认知的成熟是共生共济的。

2.6 阶段性价值

人的生活道路是由人生的阶段性意义组成的。在成长的记忆中，有积极的，也有消极的，特殊事件往往成为人生阶段上的记忆符号。许多人不是在阶段价值中寻找积极的意义，而是在阶段性成长中寻找遗憾和缺陷。有的人甚至迷恋阶段性的缺陷，这是他们不承认自己失败和不成功的借口，这个借口像护身符一样保护着他们的尊严。在各种各样的心理工作坊中，对原生家庭和童年经历的回顾，成为人们寻找共鸣的重要话题。人们用不幸的童年经历，为现实特别是自身缺陷找到根据，一个事实是人们什么都可能自认，但有三个东西，人们却始终避之不及，那就是道德，这是不能缺的；智力，也是不能少的；能力，无能是不被接受的评价。人们用各种理由，为自我在这三个方面进行辩护。实际上我们在判断阶段性价值的时候，无论如何都和这三种打击自尊的评判无关。

埃里克森提出的8个心理价值阶段，给我们以积极的提示。实际上埃里克森描述了童年价值阶段、青年价值阶段、成人价值阶段。

2.6.1 童年价值阶段

埃里克森描述的童年阶段包括：

0~1岁，信任和不信任。婴儿学会去相信外部世界，尤其是他们的父母能够满足他们的愿望和需求，否则，他们会产生不信任感。

1~3岁，羞愧与怀疑。蹒跚学步的儿童会去实践自己的意愿，进行选择和自我控制，否则他们将对自己能够独立完成事情不确定和疑惑。

3~6岁，主动和内疚。学龄前儿童会主动从事某种行为，如果缺乏这些独立性尝试他们会感到内疚。

6~12岁，勤奋和自卑。学龄儿童会发出一种勤奋的观念和胜任感，这是他们学习文化所需要的重要技能，否则他们会感到自卑。

2.6.2 青年价值阶段

埃里克森描述的青年阶段包括：

12~20岁，会面临自我同一性和角色的混乱。青少年发展需要一致的自我概念和自己在社会中的角色。否则，他们将面对身份和角色的混乱。

20~30岁，成年早期的个体会与他人发展亲密关系，否则他们将体验孤立和孤独。

2.6.3 成年价值阶段

埃里克森描述的成年阶段包括：

30~65岁，成年人开始关心如何稳定，并指导下一代成长，否则将会面临发展的停滞。

65岁以上，自我完善和威望。老年人进入一个反省和回顾自己一生的时期，他们会因此产生整合感。

2.6.4 阶段性价值特征效标

儿童时期，是社会适应我，在人生初期被成人照顾呵护，带来自我中心的要求，是一种基因变量。模仿、好奇、敏感、多动是这个阶段的独有特征。

青少年时期价值标签是适应社会，属于自变量。追求新的事物，喜欢被关注，群体的归属，情感交付是这个阶段的主要特征。

成年时期的价值取向是社会需求的适应，成年人能自由地选择生活内容和工作领域，按照自我实践意图来决定行动方向，这个阶段属于本变量。主要是以行业中的权威、社会责任和影响力、价值回报为主要特征。

2.6.5 阶段性价值的满足与阻断

探讨阶段性价值的主要意义在于阶段性满足、阶段性阻断和阶段性构建。

埃里克森在8个价值阶段里，分析了当阶段性不满足的时候，会引起负面效应，并由此影响个体顺利过渡到下一个阶段，乃至影响其一生的生命状态。要完成这种阶段性满足，需要社会、家庭与个人的理性和有效的互动。

在阶段性价值满足的前提下，当个体进入下一个价值阶段时，应当对前一个阶段特征进行阻断。很多年轻人或成年人，还保持在行为上带有童年时的状态，在生活中，也总有一些长不大的人，就是因为没有完成阶段性阻断。他们在思想上和行为上的退行性表现，影响个体在日后面对的社会化评估。这里还要强调，是满足条件下的阻断，不满足的阻断意味着个体人生体验的缺陷。

在阶段性满足和阻断的过程中，更重要的价值成长就是构建。构建什么？就是要构建起价值阶段上应该具备的文化和行为模式，在这种行为模式的构建过程中，有时并不是被描述得很清晰，但成人阶段性价值会对不同阶段构建水平给予反馈和检验。所以，有一句话讲的是“六岁时差距出现，十六岁才能发现，六十六岁才能兑现”。不管这句话如何被评价，它的警示意义远大于真实意义，我们不得不承认“地误误一年，人误误一世”。

2.7 体内制度

2.7.1 什么是体内制度

制度是一种被公认的正式契约，制度的本质意义是制约。人们追求自由，摆脱约束，实际上制度约束是自由的重要前提。在制度约束中，一般指的是社会环境中的约束，在我际关系的体内制度中，关注的是自我制度的形成与构建，一种来自内在的自我规范设计。体内制度区别于服从和交换，更多的自觉意识来自个人内心的适应和影响。

柯尔伯格把道德水平分为六个层次。

第一个层次，惩罚和服从命令导向。怎样使自己顺利通过考核，逃避惩罚。

第二个层次，工具性交换导向。遵守规则，以得到奖励和利益。

第三个层次，归属导向。遵守规则，得到支持。

第四个层次，法律、秩序导向。遵守法律，相信法律可以维护社会秩序。

第五个层次，社会契约导向，为公众所接受。

第六个层次，个人良知。

这里讨论会更多地聚焦于个人的良知，并从中发现体内制度的形成因素。

2.7.2 预设立场

在体内制度的形成过程中，预设立场是体内制度形成的重要因素。体内制度形成于基因影响、家庭影响、文化影响、经验影响、社会影响，这些都会影响个体的预设立场的形成，体内制度是内在的价值信念。“人生自古谁无死，留取丹心照汗青”，这是文天祥的预设立场；“横眉冷对千夫指，俯首甘为孺子牛”，这是鲁迅的预设立场；“采菊东篱下，悠然见南山”，这是陶渊明的预设立场；现代个人主义表达的声音，也是一种预设立场，“做你自己的事情，追求你的幸福，如果你感觉好，你就去做。做真正的你，不要盲目从众，在相互的关系中不失去自己，爱人先爱己，相信你自己，想法与众不同”。正是这些观念和价值取向，在影响他们的行为取向。

2.7.3 底线设计

在体内制度的诸多因素中，底线设计是较为重要的关联因素。做什么，不做什么的取舍，来自底线设计水平。在底线设计水平上，我们假设有三个层次。

第一个层次，个体为获得奖励或避免惩罚而遵守群体规范，这是个体服从群体规范的主要原因，个体可能不知道具体行为会对应什么样的奖赏，但他们清楚如果违反了规范，会付出什么样的代价。

第二个层次，个体在与支持规范、认可规范的成员交往中，发现他们一直以来，都愿意遵守规范，那么，个体也会选择同样的做法。

第三个层次，个体坚信规则给出最恰当的、最正确的行为方式。这是对组织成员服从规范有巨大影响力的潜在因素。

底线设计水平的高低，决定体内制度的品质。在人的一生中，个体坚守自我设计的底线水平，不仅会在人群中赢得尊重，更重要的是会为个体在生存的环境中赢得行为效率和安全。“选择不做什么，有时比选择做什么都重要。”

专注力也是底线设计水平的主要指标，一般和目标设定有关，越是高层次的目标设计，越能影响底线的设计和执行动力。一项目标远大的计划，首先是需要时间和精力的投入，而无聊是要用行为填充的，所以目标不确定的个体，常常不能长时间集中于一件事情中，表现为拖延、精力分散和游离。

体内制度的动机支持是敬和畏，敬，产生责任；畏，产生约束。

德国哲学家康德曾说过：“有两种东西越来越在我的心里产生敬畏，一个是头顶上的星空，另一个是我内心的道德戒律。”“天示人高，地示人厚，人示人德。”畏天、敬地、爱人，尊重自然规律，接受内心的戒律，这是设计道德水平的一个普适原则。当今社会，缺敬少畏，为官者贪，为民者蛮，为商者奸，为情者乱。接受内心的道德戒律，需要标准的恒定性和自动性，也就是中华文化中的“慎独”。在自我内省的处境中，不放松对体内制度和底线水平的警醒。

体内制度也会有正向和负向的区别。“人不为己，天诛地灭”就是负向体内制度的局限，在我际关系中的体内制度，我们主张个人的体内制度要适应于社会、反馈于社会、成就于社会。体内制度的构建要顺应社会的主流文化、主体价值，而且不失属于个人的文化特性，正是由于具有个性化的体内制度，才会呈现出不同的人文气质，“用文化的丰富，来抵御物质的重复”。

2.7.4 体内制度的价值意义

（1）体内制度本身就承载使命意义，体内制度的成熟与进步，有益于不同群体的正向分布。体内制度会创造道德自我优越感，体现个体的积极能量，体内制度的外在表现，会改善组织的能动水平。

（2）体内制度是个体稳定性指标的重要表现，对于个体的特质评估、行为原则的了解提供环境中的互动线索，知道了个体的体内制度、预设立场、底线水平，有利于沟通效率的提高，当个体的体内制度被社会认可和欣赏时，个体的体内制度将对个体的行为激励发挥重要的作用。

（3）价值目标和行为规格的稳定，有助于个人信息的顺向表达及个性立场的一致性，会使行为更加准确、动机更为成熟，减少因过度解释引起的效率影响。

2.8 人格特征

在人际关系中，有一个重要原则，为了更好的合作，不是去改变那个人的性格，而是根据性格，改变与其交往的模式。所以对自我人格和他人性格的洞察和了解几乎是人际交往的最重要的前提。阿尔波特说：“我们生命的大部分时间，都用于试图理解他人以及希望他们可以更好地理解我们。”人格有时是一种被隐藏的现实。30 多年过去了，遇到过去的老朋友真是喜出望外，时光和岁月像雕刻机一样，改变了那个人的容颜，经历的财富表达在他的一言一行中，经过观察，竟然发现这个人真的没有变，这种没变化的东西，就是属于那个人的性格。人格和性格不同，人格是一个人独特的相对稳定的行为模式，而性格是对“人格”的评价。人格和气质不同，气质是指人格中的基因部分，包括敏感性、活动水平、情绪控制力。有的时候，人格就是自我向外、他人向内相互观察的窗口。

荣格在说到人格的时候，给我们勾勒出这样一条线索。

（1）通过看到自己好的品质或在某些方面的表现来抵消自身的缺陷。

（2）在生活中，每个人人格的主要方式，就组成了那个人的独特模式。

（3）我们为创造自我，创造出独一无二的生活方式。

（4）人就是要找到编写自己形象的方式和方法。

（5）人格既包括意识表达，也包括无意识表达。

（6）自我概念和集体自我概念的形成。

（7）人格是统一、完整、平衡的人生图案。

按照荣格的思路线索，我们不难发现，人格就是在这个世界上证明独特存在的那个你。

他谁都不是，他就是你。失去人格的描述，社会的人就会变成模糊一片的人群。按照荣格思维线索，我们还会发现有关习惯、驱力、反应、奖赏这些描述人格的关键性词语。这是因为人类在发挥语言能力的同时，也在通过语言塑造自己（人格）。

实际上，对于人格的自我描述，个体向来就缺乏整理和归纳的经验，我们常常借助于结构性人格描述，了解我们自己。比如，九型人格、霍兰德职业测试、卡特尔人格特质分析、ABCD 人格等。甚至在神秘学中去寻找启示和帮助。为了说明人格分类界限，我们把人格类型分为典型人格、精典人格、曲典人格。

2.8.1 典型人格

典型人格是一种与时代文化、主流文化、正向文化相融通的人格归纳。现代人典型人格的概况如下。

（1）正确认识现实能力，能够成熟地提出自己的观点。

（2）愉快地接受自我、他人和自然。容忍自己的缺点，也接纳别人的不足。

（3）自发的创意性，表现出良好的参与和创意意愿。

（4）任务中心，集中精力于自己所承担的任务和使命。

（5）自主性，不屈从权利，也不盲从他人。

（6）好奇心不断深化的体验，单纯和热情地对待需要帮助的人。

（7）与人为善的待人方式，具有普遍的认同感。

（8）成熟的人际关系。

（9）享受孤独，有独处需求。

（10）幽默感，在恰当的环境中保持轻松。

（11）高峰体验。

典型人格的行为特征如下。

（1）形成改变自己的愿望，有一种不断改变自己的需求。

（2）对自己的行为负责，不推诿责任，不把自己的失误转嫁他人。

（3）核实自己的动机，坚持正确的价值导向，警惕不良的自我欲望。

（4）诚恳地接受现实，学会直接面对现实，坦诚地接受失败和教训。

（5）运用成功经验，善于总结和复制已有的正确方案和方法。

（6）坚持独特见解，不随波逐流，具有批判性思维。

（7）融入事业，对成就实现有一种使命感。

（8）对自我发展有目标和评估。

2.8.2 精典人格

精典人格是指事业成功需要具备的人格特征。即便是少数人才具备的人格特征，但它的引导和影响价值还是宝贵的。

精典人格特征如下。

（1）在思维的境界中，富有想象力和创造力，对新事物保持关注和好奇，有创新能力和要求。

（2）在事业表现上有责任心，勤奋努力，有时间观念。

（3）在人际关系中，有影响力，信任他人，随时随地地保持热情。

（4）在个人特质方面，条理清晰，任人唯贤，有同情心，温和谦让。

（5）在情绪管理上，平和稳健，自持力强，不迁怒他人。

精典人格的行为特征如下。

（1）人道主义价值观，有爱心，喜欢社交，帮助他人。

（2）理性智慧，关注创新领域，善于捕捉机会。

（3）勇气，敢于面对挑战，具有生命活力，有坚持力和毅力。

（4）公正，有正义判断力，敢于与不良行为进行斗争和决裂，有影响力。

（5）节制，原谅他人的过错，谦卑，自我控制。

（6）卓越，欣赏美好事物和优秀的人，充满希望、感恩、幽默、有灵活性。

2.8.3 曲典人格

曲典人格是指人格中有明显缺陷，自己不能察觉，也很难自我改善。

曲典人格的特征如下。

（1）在思维境界里，缺乏创造力，平庸自满，缺乏对新生事物的关注。

（2）在关系环境中，孤僻，不合群，被动性选择，麻木不仁。

（3）在人格气质上，多疑，经常质疑他人的做法，易怒。

（4）在情绪管理方面，忧虑，局促不安，不合时宜的兴奋。

（5）在职业环境中，粗枝大叶，懒惰，拖延，时间观念差。

曲典人格的行为特征如下。

（1）保守，坚持过去比现在好的想法。

（2）自以为是，固执地把自己的判断当成结论。

（3）行动力差，无法集中一件事情的始终，想法总是大于做法。

（4）借口多，把一些本该自己做好的事情推给别人。

2.9 我际关系的六个维度

对于我际关系的评估有六个维度，身份、阶层、社会比较、成就、认可评估、主观感受。

2.9.1 身份

身份是一个人个体和外界的总体评价，是一个人心理活动的核心部分。身份是由个体通过直线投入和非直线投入所产生的社会印象，直线投入指的是物质投入，直线投入的特点是只要有投入，就会带来改变，比如，人在衣食住行方面的投入，穿什么衣服、住什么样的房子、开什么样的车子。身份和角色不同，角色是一个功能性定位，身份和角色相比要高出一个档次。身份的非直线投入是系统、经验、能力、成果。非直线投入的特点是要长期地投入，但效果反映是长期的，有时是隐性的，它会反映在最终的结果上。人先证明物质身份，最终还是要证明文化身份。

身份是一个人实现自我价值的通行证，身份可以从无到有，也可以从有到无，身份可能伴随一生，也可能会在阶段性上有特殊体现。人在青少年时期，以角色发挥为主，即便是有身份价值，也是由外来关注和赋予产生的，人只有在成人阶段真正的身份价值才开始发挥作用，身份价值也是自由选择的先决条件。许多人一辈子都被固定在角色价值阶段，就是因为身份价值始终没有建立起来，或者是暂时性缺乏兑现。

2.9.2 阶层

社会阶层是自我评估的重要维度，我们所处的环境是有阶层的。阶层既有横向拓展，也有纵向延伸。横向拓展指的是个体在某一行业领域的阶层地位；纵向延伸指的是从社会基层到社会高层，是人生的规划结果。两者既有联系，也有区别。平时我们常说，一个人是走专业路线，还是走仕途。社会阶层是对我际成长的重要证明，具有一定的社会阶层，才能具备优质的社会关系，最终形成优越的发展资源。

在我际关系中，存在社会阶层适应问题，它会影响我们的主观感受，"这里的人，不要到那里去"。社会阶层的跨越需要长期的能力准备，在一个个体不适应的环境里，对我际价值的影响很大，有时会产生挫败。

2.9.3 社会比较

社会比较也是我际价值评估的一个确定性指标，与他人比较使个体更能清楚地了解自己的社会身份、社会价值和社会影响程度。社会比较是人常态性的心理活动，比较样本的选择对我们的参照十分重要。选择高的样本，让我们产生失落感，同时也会产生动机性冲动，"见贤思齐，见不贤思过"说的就是社会比较的价值意义。

社会比较也是个体在价值评估方面最容易出现的误区。当社会比较思维变成片面性思维时，个体会产生无助和无力感，同时失落情绪也会增加。在组织层面中，这种社会比较带来的痛苦和不安，更具有典型特征。

2.9.4 成就

成就是我际评估的又一重要维度。社会评价你是谁，是特征性评估，而你做得怎么样，是状态类评估。显然后者的评估，更具直接性。评价成就过程也是自我价值评估的过程。能力型成就、机遇型成就、关系型成就、动机型成就、可持续成就，这些都是对成就评估的维度。机遇型和关系型成就，更多地受外界影响，动机型成就有时是不外显的，但起到的影响和牵引作用不可低估，能力型成就稳定性和外显性都很强，但安全性差。

2.9.5 认可评估

认可评估是对态度的肯定，有关系性评估的特征。比如，对忠诚度和满意度的评估，是外界对个体的印象评估，有时可以界定为非正式评估。

认可评估容易出现的问题是近因效应。所谓近因效应有两种解释，一是短期表现；二是近距离表现，这两种表现决定了认可评估的局限。

2.9.6 主观感受

个体具有丰富的主观世界的感受，你认为社会是什么样的，这个社会就是什么样的。主观感受的建立，是我际关系评估的重要内容。主观感受，是对他人评价的理解和接纳，个体会遵循主观感受反馈外界评估的态度。主观感受更重视公平和中心化关注，也是对自身身份的确认和维护。“只有能改变，才能叫管理”，这句话也适应主观感受，一个被个体认可的评估，才能产生激励作用，“士为知己者死，女为悦己者容”是主观感受的有力举证。

2.10 我际关系中的独特感受

2.10.1 荣耀下的空洞

有许多具有荣誉的人，生命的色彩十分苍凉。张朝阳曾经感叹：“一路走来，表面上我们风光无限，实际上我们已遍体鳞伤。”不论他们在别人眼里是多么出色，这些人实际上并不快乐。按照一般社会标准，他们是非常成功的，他们有十分重要的社会地位，拥有幸福的家庭，社会上有很多重要的交际，然而他们心中并不快乐，经常感到沮丧，有莫名的罪恶感，觉得生命空虚，没有意义。他们拼命工作，成就显著，他们牢牢地占据着统御的地位，但他们却觉得永远不够。他们不是在意拥有的一切，他们恐慌这些有一天会消失，即便是永远拥有。对他们来说最缺乏的是生命的喜悦，而这一点他们却永远做不到。

2.10.2 自我憎恨

人们为了保持完整和完美的社会形象，经常扮演与自己内在不同的角色，他们维系理想中的自我形象，但却付出失去真我的代价。他们拒绝和真实的自我链接，和自己的感受失去了联系，正是这些受社会利益驱使的人，最后跃居为我们生活中的精英和领袖，但他们憎恨自我，他们时常有一种背叛自我的厌恶感，由此会产生一些自毁行为（成瘾、失败、家庭失和），他们这种自我憎恨的情绪有一天会以反社会行为的形式发泄出来，先毁别人，再毁自己。

2.10.3 经历的影响

在迫害经历中，屈从于权力，而背叛自己的原则。这种受害者加大取悦加害者的行为，会使受害者归罪于自己的原则塌陷。他们有一种被迫参与的罪恶感。他们认为真实的自我不值得欣赏，带着没有价值的信念，他们总想抹掉这不光彩的经历，于是伪装让他们不堪重负。他们努力地待人奉事，时常发挥意想不到的魅力，但他们却始终警惕所有隐藏和威胁，他们不顾一切地控制自己和他人。

2.10.4 权威影响

人们全面地接受权威的影响，重视权威对我们的印象评估，这种评估严重影响个体的自我评判。如果权威评估过低，结果个体会认为自己无能，怀疑自己的价值，这种在权威看来并不重要的表态，对个体来说，几乎就是自我评估的内在法官。

被权威者评价过高，也并不让人愉快。这种与自我评价严重不符的情况，个体会认为这是一种虚假评估。然而权威评估是不可避免的吗？当然不会。权威之所以称为权威，评价他人是他们权威的一部分，越是权威，离个体真实的了解就越远，我们怎样对待权威，就应该成为个体的课业。

2.10.5 理所当然

理所当然观点的持有者，在个人的成长上是有障碍的。他们像小孩一样不负责任与不主动，他们一贯的行事风格是依赖和照顾，并只对让他们获利的东西产生兴趣。理所当然观点持有者不敏于感恩，也无法对他人有发自内心的关怀与兴趣。理所当然观点持有者培养不出勇气，他们行事总是着眼于权力的控制，并有可能长期处于根深蒂固的生存恐惧之中。

2.10.6 自我失重

人们愿意寻求权势的保护，于是对于权势来讲，他们亦步亦趋地精心维护。个体知道权力能维护他们，也能摧毁他们，于是他们把维护权势的努力当作生存的首要任务。于是他们学会了预测权力的要求，忽视了自我存在的勇气和价值。他们对权力游戏的设计，有时会伤害到别人。一旦到了为维护权势伤害别人的时候，就是伤害自己的开始。

2.10.7 愤怒的原则

掌握自己的情绪，培养积极的能力。愤怒是人情绪诉求的最后一种方式。愤怒往往不是一个问题的结束，而是下一个问题的开始。控制愤怒，才能保持问题还在争取解决的过程中，当然，必要时的愤怒是一种合理情绪的宣泄方式，但一定要掌握和学习控制愤怒的原则。

（1）务必在情绪过程中不出现暴力，保证任何人都不能在身体上受到打击和伤害。

（2）不损害任何器物，除非是指定和各方都同意的东西。

（3）任何一方都可以在进行过程中叫停，特别是出于恐惧和担心的一方。

（4）必要时达成时间和场所选择的期望。

（5）是否需要和允许第三方在场。

（6）如果双方同意，指责、说脏话、贬低他人的行为一开始是被允许的，但附带的条件是这些行为结束后，必须有人要承担相应的责任。

第三章 共有取向

人生的面向是由基本和基准面来描述的，这个层面也许不够高尚，不具有“范式”的作用，但就像我们发现向日葵朝向太阳一样，不同人群、种族、年龄、性别、文化背景的人，他们的基本诉求面向是趋同的、稳定的。我们关注和关心这些基本面，就会了解大部分人的内心诉求，较好地融入人群。在政治历史中，正是由于这些基本面的面向改变了历史的进程和方向。“能攻心则反侧自消，自古知兵非好战；不审势即宽严皆误，后来治蜀要深思。”清代赵藩撰并书在武侯祠中的这副对联，生动准确地描述了知人测心的根本所在。人的面向是复杂多样的，但基本的面向有趋于一致的倾向。例如，大部分人做事，都会以关联度为轴心，这件事和我有什么关系；关注度也是一样，人们需要被关注，在被关注的前提下，人的能量才会充分释放；被准确地理解和认知的需求，个体需要积极地展示自我，社会应该有解读的机制，“千里马常有，而伯乐不常有”；优越感的诉求，“我与众不同”，“天授人权”也是人的普遍性面向。怎样体现和赋予个体的优越感，比如欣赏，欣赏是解放个体能量的重要手段，“欣赏的目光像太阳，照到哪里哪里亮”；价值的对等交换，也是人取向的重要方面，人的价值是这个世界上最宝贵的资源，价值的评估来自不同的方面，自我评估、组织评估、使用性评估，都能很好地推动个体的向上发展，是个体动机最重要的内驱力；安全感是一种基本需求，几乎和人的生存前提并重。中国人讲安居乐业，只有相应的安全感，人才有实现自我价值的保障和愿望。安全感是一种能力，我们会努力探讨安全感的形成及人的这一重要生活立场。人的本能是趋乐避苦，趋乐避苦的过程使人产生压力，我们探讨压力的来源及抗压能力的形成；公平需求也是人的重要面向，公平是心理的指标，同时也是分配的体现，公平是缀后的心理体验。在事物的发展过程中，公平决定存在；关系是在处境中的最直接体验，好的人际关系，决定人的归属意愿，个体在努力维系环境中的关系的同时，也需要环境中的关系反应；最后我们要关注的是，人的需求面向，人的需求是多维度的，在组织环境中，只有努力满足更多人的需求，这个组织文化才越具有影响力、创造力和活力。

对于人的基本面向的研究，有益于了解环境中个体的行为准则和努力方向。对于个人来说，理解人群中的共有取向，你就会正确地理解和解释他人，建立人与人之间相处的关系模式，在满足他人基本取向的过程中，使个体在环境中充满互动的参与感和创造性，在满足他人需求的同时，进而实现自身的价值需求。

3.1 关联取向

关联取向是“他在”的有力证明。在组织中的参与能力及愿望与自身利益密切关联。是人的原发性动力所在。与关联对立的是排斥，排斥产生离心力，关联产生向心力，人们在参与竞争活动的时候，这种关联取向呈现得非常典型。

关联取向的六个链接点是归属关联、同质关联、分工关联、利益关联、关系关联、荣誉关联。

3.1.1 归属关联

归属关联是指人的群居社会的属性。归属关联主要来自地缘、业缘、亲缘。属地的关联大到国家小到社区，在生活和生长的地方都会产生属地关联。在人际交往中，我们最容易产生属地关联的莫过于老家，这是人出生的地方。在世界各地，在中国的大城市中，都有一些同乡会，人们十分接受也愿意用乡情把彼此联系起来，共同帮助，互通有无。人们的工作和生活地，也产生归属关联，人们常说的第二故乡，就是指长期工作和生活的地方。特殊经历和特殊关系也会产生归属关联。

3.1.2 同质关联

同质关联是指社会阶层的属性。共同社会阶层产生共同关联。这种阶层划分的前提比较复杂，有政治阶层、经济阶层、文化阶层、消费阶层。同质关联能创造人际交往的舒适性和效率性，在社会生活和互联网中，出现许多圈子，这些都属于同质关联。在特定的个体身上，会同时存在多种同质关联的角度，这是需要个体了解和适应的一个方面。当你参与不同特质关联的时候，需要做出同质调整，不然就会像一只猫闯进鸡笼子一样，会引起躁动和不安。除非是同质关联产生搭界需求的时候，不同特质的到来，恰恰丰富了同质间的互动内容和范畴。

3.1.3 分工关联

分工关联是指由于社会交易属性，产生的相互间的关联。随着社会发展，社会分工越来越细，专业的事由专业的人来做。社会就形成了不同的分工，而分工划分也是社会关联具体的划分原则，社会上出现的不同的行业组织，就是按照分工属性组建起来的。分工关联关注的是纵向关系。比如，行业的进入阶段，在早期进入行业会形成资格优势；行业内的能力评估，具有行业权威性，会形成资本优势；行业内的活跃程度，会形成资源优势。分工关联会使个体找到同行的共同语境，但分工关联也会产生封闭式链接，进而影响他们日后的社会关联和融入。

3.1.4 利益关联

利益关联是成果性关联，是指有共同目标追求的人形成的内在关联，是一群有共同追求、共同价值观的人，在一起的关联状态。在普通的意义上，利益关联被评价为实用主义者，“只有永恒的利益，没有永远的朋友”。实际上利益关联是最有效率的关联之一。利益没有正向和负向的评估，为大部分人谋利，恰恰会使利益关联问题产生社会认可和赏识。“资本利益是一切向上力量的最可靠支撑。”有时利益关联的异变，最终会给共同关联带来破坏性的影响，评价一个人不在于他是否追求利益，而在于他追求利益中的恰当与不恰当的行为模式。

3.1.5 关系关联

关系关联是指个体与他人之间的关系程度。关系关联经常会影响我们的存在感，关系关联不仅指人际关系，也指个体与事物的利害关系。“城门失火，殃及池鱼”，这本身就是一种关系印证。赵高的指鹿为马，实际上是他对关系关联的验证，与对错没有关系。日常生活和工作中我们对事物的评判，关系关联，常常会起到“按钮”作用。

3.1.6 荣誉关联

荣誉关联是指价值追求取向，影响人们对关联的认识。在社会各种组织形态中，总会有一些人能够坚持高尚的追求，他们不把结果看得严重，也不计较个人得失，而是付出、奉献，他们的价值常常体现在动机和态度上，他们在乎能力的传达和认可，这种人也许会很少，但他们的行动像灯塔一样，向人们昭示一种前进的方向。

荣誉关联会引起孤独处境，有时他们的行为会引起偏见和误读。人们更愿意从别人的失败中证明自己的成功，而不愿在伟大的灵魂面前显示自我的卑微和渺小。好在孤独处境会使我们觉察到独立和超脱的潇洒个性。荣誉关联对个体要求很高，但价值也最大。

3.2 关注取向

人们是需要被关注的，关注的连续可能引起自尊的持续体验，同时关注也会引起认可。因此，被关注是个体取向的一个基本面向。人们喜欢和感谢那些关注他们的人，正是由于关注效应而引起人们表现的欲望和动机。关注他人同时也会引起他人的关注，由此丰富了社会的联系和互动，关注他人是个体社会交往的一个基本技能。在关注取向的研究中，关注评估、关注效能、关注程度、关注缺陷、关注服从将引起我们的重视和讨论。

3.2.1 关注评估

关注评估是指由他人对个体的看法带来的个人感受。在社会心理学中，查尔斯·库利指出："镜像自我，描述个体把别人当镜子来进行自我感知。"关注评估的核心概念"并不是别人实际上评价我们，而是感觉上他们如何评价我们"。

关注评估有三个要素。

一是我认为别人看到了什么，别人并不一定真的看到了这些；

二是我认为别人看到我这些会有什么想法，也并不真的就是别人的想法，而是我认为他有的想法；

三是我对我认为别人的看法有什么想法。

人的行为很大程度上取决于自我认识，而这些认识是通过与他人的社会互动形成的，他人对自我评估的态度，是反映自我的一面镜子。

3.2.2 关注效能

关注效能是指个体因被关注而带来的行为变化。关注取向是否对人的行为产生效能呢？霍桑实验室的研究成果，经典地解读了这一原理。霍桑试验的初衷是想通过试验，证实工作环境条件的不同，对个体绩效产生的影响。两个试验组，在不同的环境中，统计绩效并没有出现太大的差异，当这样一个不算成功的试验让人感到失望之余，霍桑实验室的专家们，发现了更让人兴奋的结论，当个体和群体被特殊关注时，人的行为效率会发生积极的变化，这种结论在后来，几乎引起一场管理革命。对人的关注实际上是一种精力的投入，这种投入虽然不会产生额外的开支和投入，但也是一件执行起来比较困难的事情，但与关注带来的效能相比，这种精力方面的投入会给组织带来意想不到的收益。

3.2.3 关注程度

在组织中的个人，会对环境中关注的质量和程度，有一个自我性评估，对这种评估的理解将为个体行为带来有效的激励，当然激励有时会出现两个方面，即正激励和负激励。在现代企业或组织中，对个体关注度的投入，可引用其用人理念来拓展这个角度上的思维，如果组织中成员没有被关注，未被中心化，个体就会出现被边缘化的可能。17 世纪哲学家约翰·洛克在他的《人类的理解》中提到：“一万个人中，也难找到一个人，他们在自己的团体中长期忍受厌恶和谴责而麻木不仁、无动于衷。”关注边缘化，会破坏个体对组织的忠诚。

成本化关注尽管比边缘化要好一些，但也会出现关注性问题，企业和组织的使命是以最小的投入，获取最大的收益。因此，企业和组织每个阶段都要节能增效，当个体在团体环境中，被成本化关注后，一定成为控制和削弱的要素，而削减成本就意味着投入不足。

资本化关注就不一样了，个体被组织理解成不可缺少的一部分，是尽可能保护和长期投入的一种资源，于是个体在工作、学习和成长中往往会得到最大化的满足，人的能力和业绩常常被中心化，而个体与组织间的相互依存和支持，会强化个体的整体效能。

3.2.4 关注的缺陷

被关注可以产生积极的力量，但研究发现，过度关注会引起负向的反应。我们长期关注一个部门、一个项目或者一个个人，往往会使个体在正向表现的前提下，发现许多个体的负向表现。过度关注，在工作中会引起压力和不适。在日常生活中，过度关注不仅会发现个体的缺陷，也会干扰个人的隐私。为什么长期工作在一个环境里的人，会希望换一个地方工作，一般来说，和过度关注有一定的关系。认识到过度关注的缺陷，适当调整关注距离，这对个体和组织来说，也许会是一个明智的选择。

3.2.5 关注服从

关注服从是指个体在被集体关注的时候，人们会变换自己的立场。正是这种关注服从，往往破坏个体的独立精神和创造力，也会因为集体谈判而给组织和社会带来损失。与群体保持一致，以免被孤立和拒绝，是关注性服从的基本意图。关注性服从的制造者可能是群体中的权威、群体中的资源分配者、善于鼓动的人，有时甚至是弱者，弱者被同情也会扭曲事实真相。关注性服从会打消个体的存在感，长此以往个体就会麻木或想办法离开所在的团体。

3.3 被理解取向

与其说是人们希望被理解，还不如说人们恐惧被误解，被充分准确地理解是人们内心深切的期许，也是迅速拉近人与人之间距离的重要方式。“我的理念，我的信念，当被他人接受之时，我便获得了新的力量和成功。”在群体环境中，当个体的观点被另外一个人用语言、用目光、用肢体语言给予肯定时，这种支持是宝贵的。被理解有时是两个方面的汇合，一般情况下，是由个体发出的观点主张得到了准确的判断和积极的响应，有时也是来自他人的主张和观念，迎合了我们的内心共鸣。“如果我的一贯想法，被一个人一语道破，我瞬间的感觉就像遇到失散了多年的兄弟。”

在环境中，理解和响应是一种善意的贯彻和执行，有人会在长期的工作环境中，养成支持和理解他人的习惯，实际上，很多善于支持和理解他人的人，正是经常被理解和支持保护着，使其职业通道十分顺畅。

3.3.1 背景理解

每个人都不是一张白纸，从小到大都有自己的经验系统、感知系统。每个人每天遭遇的心情也会不一样，有时愉快、有时郁闷，人是带着历史的背景和当下的背景参与理解和认知的。所以，理解自己的背景，了解他人的背景，对相互理解有十分重要的帮助。背景是你希望和不希望的，它都会在那里。人要脱离和掩饰背景，是需要训练的，一般演员、政治家、公关人员，对背景的转换就十分熟练。他们可以随时从历史的背景和当下的背景中迅速脱离出来。但一般人却很难做到。当两个背景严重不同的人，争取相互理解，那是十分困难的事情，就像《红楼梦》里的焦大不懂林妹妹的苦恼一样。值得一提的是，我们会学着发现背景在人际关系中的参与性，我们由发现到改变，再到背景切换能力的提升，这是学习人际关系互动理解的一条必由之路。

3.3.2 知觉理解

知觉是参与人际间互动理解的又一个重要因素。知觉是带有直觉性的理解和认知。我们最初的印象，正是从直觉开始的。我们常常对电影和电视剧中的背景音乐感到好奇，为什么音乐抽象的表现，影响了我们的理解，影响了我们的情绪，这是因为听觉和直觉进行了互动。有人描述过你曾经感兴趣的人，“他浑身充满了艺术气息”，从诗人那里“闻到了灵魂的香气”，这些都是知觉性的理解。帮助我们知觉理解的一般有“图式”，自动自觉地进行知觉解释。情绪反应是立即的，是在我们思考之前反映出来的，简短的喜欢、不喜欢和恐惧并不涉及分析过程。内隐性记忆，也能帮助我们对知觉的理解。

3.3.3 解释理解

当我们遇见了印象深刻的人和事物，我们会在一定的时间和精力中，停留在被我们知觉的人和事物上，这时候我们对知觉赋予意义，“我想、我觉得、我判断”这些语言环境的到来，促成了我们对知觉的思考，我们常用下面的句子来表达自己的解释，“我相信你是诚实的”，“我理解你是一个积极上进的人”，“我理解，这时候你在想别的事情”。有时，我们的解释并不是十分准确的，过多的解释会让人不耐烦，但这种解释会对理解有很多帮助，判断并不是排斥，相反，真正的理解关系，正是从判断和选择中产生的。

3.3.4 感觉理解

由于个体对知觉做出了解释，才能发展出感觉来，你感觉吸引、浪漫，或者是敞开；你感觉冷漠、排斥，这个感觉决定了你要留下和走开，这种正负面的感觉跟选择和评价有关，并不能真实反映出对方的价值，它可能反映的是个体在感受他人时内在的评价过程。我们对感觉的理解，也不要忘了背景的参与。你去乡下串门，突然发现许久不见面的亲戚找出一把菜刀，背景的判断或让你感到一丝不安，或这位亲戚正想为你准备一桌盛宴。所以，感觉是由知觉解释来决定的。

3.3.5 意图理解

意图是在意识状态下，把你的感觉转化为行动。有时意图也可以理解为动机。对动机的理解应该是多维度的，有好的意图就更容易被人解释和理解。但好的意图有时并没有收到好的结果，所谓好心办坏事，但我们对意图和动机有一个坚定的信条，意图对，早晚都会对；意图错，早晚都会错。

在意图理解中，有个重要的互动就是核对意图，一旦个体清楚了自己的知觉、解释、感觉和意图，付出行动的决定就变得简单而有效率。在关系成熟的案例中，我们只要记住一条就足够了，“他们不能保证同时出现，但他们一定会同时存在”。

3.4 优越感取向

优越感，并不是优越，而是来自主观体验的一种满足。形成优越感有诸多因素，跨度也是很大的，在体验层面上，安全感和幸福感的确不在一个追求境界里，但安全感虽然是人的较原始的需求，但它在优越感的体验中，像基石一样重要；快乐和喜悦也不是一个层次上的体验，快乐还是痛苦既是一般人的情感，也是圣者们的体验，喜悦更是生活的技巧，是在快乐的基础上升华出的一种高尚情感，是智者的独特体验；利他是能力还是意愿？不太好分割，只能理解为既是能力又是意愿，但帮助他人，也会产生自我优越感，所谓帮助别人就是帮助自己。

3.4.1 快乐的取向

理解快乐有简单的快乐，有平衡的快乐，在这里我们更愿意讨论平衡和协调的快乐。快乐的来源大致有六个方面，工作与职业、人际生活、身体健康、财务健康、兴趣、精神生活和信仰体系。

拥有变得快乐的目标和愿望，就可能快乐，一条关键的原则，就是要分析什么能使你快乐。在你喜欢的领域里努力工作并获得了成就体验，努力工作是导入快乐的一个重要途径；品味生活的快乐，成为快乐的人就是要尽情地享受你现在拥有的一切；公平、友善、帮助和信任他人，快乐有时像照镜子，你给它什么样子，你就会收获什么样子；接受你不能改变的事实；抗争生活可能使你不快乐，但具有积极意义；关注你最重要的价值，只为需求快乐，不会得到可持续的快乐，当把目标设定为实现自己最基本价值或愿望时，就会在这个过程中得到可持续快乐。

3.4.2 喜悦的取向

喜悦是快乐的一种更高层次的体验。具有喜悦能力的人，是在背景变换的情况下，始终保持和追求的一种喜悦。快乐需要目标的满足，喜悦不是，它不因条件的变化而变化，它是在积极心理构建中形成的一种恒定模式。“不以物喜，不以己悲”，大概指的就是这种心理体验。喜悦心，使人具有悲悯情怀，不是当理解和响应的支持到来，而是当鄙视、挑衅的情景摆到面前的时候，具有喜悦心的人也是用“慈忍”来体现，什么叫“慈忍”？就是原谅和怜惜那些行为不得体的人。因为站在对方的角度看，正是由于闭塞、偏见和私心带来的行为，不仅仅是伤到别人，更重要的是伤到自己。

3.4.3 利他的取向

利他是个体的主观动机和行为，站在他人的立场上帮助和关照他人。在组织环境里，人们把利他的人作为楷模和榜样。当然，有时人们在打量利他主义者时，也常常用狭隘的动机来判断，当从人际关系中分析利他的自我需要时，人们应该并愿意接受这样的群体，也可能成为人们的实践方向。利他对人们的需求倾向有：满足自证的需求，帮助他人是能力的体现；减少不良感觉，当向别人提供帮助时，得到的回应是良好的感觉；马太效应，人们都愿意去帮助自己有帮助意愿，并取得明显效果的人；减少内疚，面对需求的人，不去伸出援手，会使人产生内疚；改善关系，对别人提供帮助，的确能建立真实的关系并能形成社会资本；互惠，帮助别人有时也会得到别人的帮助，使利他行为产生互惠效应。利他的个体需求还包括性别规范、亲缘庇护、共性招呼、教化、宗教、短暂性承诺。

3.4.4 幸福感取向

幸福感是主观的，没有什么物质力量能完全证明幸福感。幸福感是一种能量，这种能量是递增还是减少，是决定幸福感的重要考虑。一个人从无到有，还是从有到无，影响了幸福感指数，一个人是从内部成长还是从外部改变，也决定了幸福感指数。世界上，国民幸福指数领先的并不是经济最发达的国家，而是社会治理较完善的国家，从平衡的角度看，幸福感是由较完整的能力体系来表达的。

身体方面：物质、财富、性、食品、经济、健康；

情感方面：亲情、友情、爱情、尊严、伦理、情绪；

语言方面：沟通、社交魅力、演说、辩论、名声；

符号方面：阅读、历史、思考、表述、书写；

理性方面：分析、归纳、洞察、发明、计算。

能力的系统性平衡，会创造主观幸福感。什么能给人带来幸福呢？时间的控制能力和幸福有关，一个时间失控的人不要说幸福感，连幸福都难得到。表现幸福，阳光照进心里，幸福才会出现在脸上。记录感谢日记，也可增强幸福感。肯定的多，还是指责的多；做的多，还是要的多；关注的多，还是忽视的多；分享的多，还是独享的多；这些都会形成幸福与不幸福的划分界限。

3.5 价值取向

价值取向是指个体对其价值成长的判断，更趋向来自外界对其价值成就判断的一致性。在个体价值判断中，自觉有价值感而被评估为组织中有价值成员，这是一种较为理想的状态；自认自己低价值，同时也被组织和他人评估为低价值，也可能作为组织的边缘人存在。可能出现的问题是，个体对自我价值评估和他人评估产生分歧并在对价值贡献兑现中出现的认知上的重大差距，会造成个体的一蹶不振，或离开组织和团队。因此，价值认可是个体需求的一个基本面向。一个正确的价值评估，会增强组织成员的归属感和忠诚度。当然，个体价值评估背离团队评估时，常常被调整的是价值个体。怎样克服个体与组织在评估中出现的偏误，这里我们要研究价值认知中的一些基本问题。

3.5.1 价值的差异性

（1）人们的能力不同，工作越是复杂，个人的能力差距对工作影响越大。

（2）人们的能力和才华形成的来源不同，能力有先天成分，也有后天努力的成分，而才华则是由基因带来的差异。

（3）人们对完成工作质量的渴望程度不同，有些个体愿意承担那些具有挑战性的工作，而有些人则倾向于保守稳定的工作。

（4）人们所喜欢的管理方式各有不同，有些人需要在工作中自主发挥，有些人则需要具体的指导和指令。

（5）个体的承担意识不同，有些人愿意承担与组织相关的一些工作或主动提出自己的建议和意见。但有些人就愿意做好自己分内的事，两种倾向对组织来讲都需要，只是喜好不同。

（6）个体的社会交往需求不同，一些人愿意独立思考和独立完成工作，而另一些人则愿意通过工作渠道建立更多的社会联系。

（7）个体对归属感的不同认识、对组织的关联程度也各有不同。

3.5.2 情绪智力

情绪智力往往是财务外的计算方法，但它绝对会产生个体的核心竞争力。也需要在价值取向中加以研究和讨论。情绪智力的价值在于以下几点。

（1）自我直觉。能够了解自己和他人的情绪。

（2）自制。能够有效控制自己的情绪，使不好的情绪在允许和可控的范围内发生。

(3) 自我激励。能够在工作中发现和寻找乐趣。

(4) 换位思考。换位思考这一点之所以重要是因为工作场所中，有许多情况需要对他人的情绪做出恰当的反应。

(5) 社会技能。能够创造良好人际关系的能力，能融入环境和社会。

3.5.3 价值群体特征

在组织和团体中，有一些人虽然是少数分子，但他们发挥的却是“脊梁”作用，并且行为和行动的一致性，引起对价值群体特征的研究。在价值群体中，体现“十种人”特征。

(1) 不忘初衷而虚心好学的人。不忘初衷，就是肯于坚持理想追求的人。

(2) 不墨守成规而经常出新的人。这些人不安于现状，勇于探索，具有创新精神，创新更能体现一个人在职业中的投入状态。

(3) 爱护公司和公司成为一体的人。这种人常常能体现出大局观，为团体利益而牺牲个人利益。

(4) 不自私而能为团体着想的人。弃小私成大私。

(5) 做出正确价值判断的人。善于选择，明辨是非，往往具有正确选择能力的人，不仅能确立自己的成功，而且能影响到更多的人。

(6) 有自主经营能力的人。有自控力和专注力，这种人知道做什么，不做什么，他们的行为是组织行为规范的践行者。

(7) 随时随地都是一个热情的人。热情是为某一事件感到精力充沛，而随时随地的热情是组织中稳定的资源。“假如站立于生命的火焰之外，你仅仅是存活而已，无法尝试生命”。

(8) 能够得体地指使上级的人。在组织中，领导的职责就是承担责任，授权下属。而谁能让领导感到责任，谁能为领导承担授权，就是对上司的指使，这种指使使上级感到价值感，这就是得体。

(9) 有责任意识的人。一个人有责任才有约束，有约束才有效率，有效率才有效益，有效益才有影响，有影响才有自信，有自信才能成功。

(10) 有气概担当经营重任的人。敢于承担，不揽功，不诿过，既表现积极的能量，又表现十分的热情。

3.6 评估取向

评估对一个人具有结论性的影响意义，大多数人常常忽略过程中获得的收获，而十分在意一种结论性评估。这就使评估有了特殊意义。有效评估来自有效的资源，我们非常重视来自权威的、组织的、相关利益者的评估。评估不在于这一个时刻的评价，常常评估会进入下一个时刻，影响他人对我们的认识和理解。

3.6.1 评估对个体的影响

来自权威的评估能够提炼我们的价值意义，增加个体存在的勇气和自信。评估有时是一种凭证，比如，学历就是对学习经历的评估，人事档案中的阶段性评语，会极富效果地影响自我评估和他人评估。评估有时是一种意图信息。来自权威层面的积极评估，可能意味着欣赏、提拔、激励。评估有时来自竞争方面，而一些负面评估，会使个体警觉。“竞争对手是我们成功的另外一只手。”来自对手的评估会更具有价值，它能引导个体克服不足、准备能量，适应竞争环境的挑战。

评估有时来自下级或关联方，这些评估，可能具有实相交付情况，也可能让个体在解释赞美的同时，清晰自己的能力和工作状况，下级的评估，有时也可能评估与其之间的关系水平，让个体发现需求方的一些真实意图。

3.6.2 评估可能出现的一些偏误

1. 反事实思维

我们在评价一个事物的时候，总会设计出更理想、更出色的一个标准，这种设计参与个体评价时，就会和现实成果产生差异，预设在语法意义上就会出现“如果那样，就会更好”这样的评估句式。对于评估者来说，有时是方向指示，但那是地图，并不是疆土，有时会令人沮丧。因为无论如何努力，你争取来的那个结果被看成理所当然，同时，又提出一个更高，看上去难以完成的要求。

2. 错觉思维

刻板印象会制造错觉思维，当一个人，对一个事物持有经验性评价的时候，就有可能产生语法意义上的“我认为”。

假如我们认为和相信本质性的判断和评价，我们就会出现一些和我们判断和评价行为的归类性整理，然后，一次又一次地证明，我们的判断是准确的。我们常常为自己的观点找证据支持，我们提炼了能证实我们判断的信息，而屏蔽了事实本相，用错误观点判断“错误”，结果一定是错的。

3. 自动关联

自动关联是指群体中，他人的评估影响到我们的自我评估和判断。个体会因为别人受奖励而感到自己受惩罚，有时却感到别人受惩罚而感到自己受奖励。自动关联的心理特征，给管理带来了重要启发，在绩效奖励中，是以惩罚为动机，还是以激励为动机，惩罚少部分人，是为了让大部分人得到奖励的感觉，同时奖励大部分人，是为了让少部分人感到受惩罚。

3.6.3 评估的核心原则

1. 评估动机

评估不是抬高自己，压制别人，而是真诚沟通，共同进步。评估以事实为基础，虚伪的评估，最终会给个人和组织带来伤害。

2. 评估要参考背景

什么样的人，在什么样的情况下，完成了什么样的工作。绩效能力的维度较多，能力的差异性可能表现在工作态度、工作环境、能力条件、时态空间上，单纯的结果导向，就会只看结果，不顾其余，造成评估的片面性。

3. 评估要具合理性

对一个人或一个事物的评估前提是赋予评估的积极意义。正面评估，常常是最有效的评估手段之一。评估首先要找到合理的评估元素，一个合理的评估才能被个体所接受。

4. 评估的目的要明确

评估一般都是带有目的性或者说评价带有积极的评估目的。评估要达到目的就要以目的为导向设计评估形式和内容，实践中，有目的性的评估是较好的激励手段之一。

5. 要做开放性的评估

评估常常被人理解为结论，实际上，某些评估只是阶段上的认识，不是最终的结论，这样会给个体的改进争取到更好的表现时间和空间。评估是一种推动，这次评估会为下次评估奠定基础。

3.6.4 评估的形式

评估的形式很丰富，大体上分为正式评估、非正式评估、阶段性评估、总结性评估、前期评估、期末评估。

正式评估是在组织形式上规定并予以记载的评估。正式评估一般是指书面的评估，正式评估是具有行为评估依据的，在记载中有短文评语、有数据评估，还有证书形式。

非正式评估是指口头评估。口头评估的特点在于及时性和通达性。善于评估者一般人际关系都是比较完善的，非正式评估也指非语言评估，目光、接触、距离都体现评估本质。

阶段性评估、总结性评估、前期评估、期末评估是以时间和程度划分为特征的，与评估的复杂性、长期性和即时性相联系。

3.7 安全感取向

大凡表达心理文化意图，都很难用直线描述来解释，安全感也是一样。在马斯洛的需求理论中，安全感被划在基本面需求。拥有安全感不是你有多强大、多富有、拥有多少资源。历史上的皇帝们拥有一切，但真正缺乏的是安全感。实际上最强大的国家美国，对全球范围内的监控，也是出于国家安全感的考虑，宁可冒着国家形象受损的风险。安全感是一种内在配置，可能需要人一生的维护和积蓄，有时安全感是一种特殊指数，安全感强的人，会在各个方面表现得优秀和积极，反观安全感不好的人，总会游离于团体，有一种“独在异乡为异客”的感觉，安全感和自我定位有关，也和未来期待有关。

3.7.1 定位关联

定位是指个体对自我社会价值的一种判断和期许。定位在一般情况下对个体拥有安全感提供帮助。一个没有合理定位的人，安全感不会太好。也正是这一点，一个不合理的定位，却能引起安全感的缺失。安全感和个体能力有关，如果一个不合理的定位或定位和实现能力差距太大，一时得不到心中的期许，就会产生安全感的问题，或得到成就又怕失去而影响安全感。在特殊情况下，定位过低，也会影响安全感，当一个人长期存在于能力、文化、道德水平不匹配的环境中，会引起孤立，从而也会出现安全感的问题。能力承担一方面把人的定位推向高处；同时，高处的压力也会影响到能力的发挥。因此，合理的定位实际就是压力和能力的管理相匹配。

3.7.2 未来期待

人类的特质在于谋划性。我们每个人心中，对未来都有一种期待和判断。当未来的确定性出现模糊时，个体的安全感就会受到影响。人们为什么期待未来，因为未来只是一个想法而不是事实。事实很难改变，改变期许却比较容易，当人们对未来怀有恐惧的时候，没有安全感的情绪会随时到来。人们在预判未来时的假设前提是，总会有一天，会离开现有环境、失去现有的资源、身体和精力也不会像当下这样，于是对未来的设计原则是今天能否给未来带来影响。因此，对未来的想法会影响到当下的情绪，这种紧张和不安，会带来现实的危机感，现实的危机感，也会造成人们对未来的恐惧。

3.7.3 空间范围

在不同的文化和社会条件中，人际距离的规范差距很大。人与人之间的距离可以称为安全气泡，由于距离的原因，安全气泡被刺破后，人们会产生不安全感。美国人安全距离较近，相比之下，荷兰人之间的安全距离就很远。北美人的安全距离统计或给我们做出空间范围的启示。你可以通过观察拟与另一个人之间保持的距离来判断你们的关系。

北美人的空间距离范围：

亲密距离，在0.4米以内，只有特殊关系的人在特殊的场合，才能离得更近一些。

私人距离，0.4~1.2米，这属于朋友和熟人在交谈时使人感到舒适的距离。

社交距离，1.2~3.6米，这种距离基本排除了身体接触的可能性。

公共距离在3.6米以上，保持这样的距离，可以使身高不同的人能相互平视，说话声音也必须高一些。当然，在特殊情况下，比如拥挤的环境，实际上没有社交意义时的距离另当别论。

3.7.4 个人适应

一个人的适应性会反映安全感水平。在人际交往中，特别是从事公关交际的群体中，适应性是一个人安全感反映的重要指标。一般来讲，陌生的人和新环境会使人感到紧张，而总有一种人能够迅速打破僵局，很快使自己融入环境之中，这种适应，不但有利于自我安全感的产生，同时也影响到别人的安全感。人们更愿意和随和的、幽默的人打交道，而不愿意和沉默的、紧张的人打交道。适应性训练要从三个方面着手，一是对环境进行事前判断，从心里熟悉将要到达的环境和将要遇到的人，信息的准确会让你了解环境和人，有利于很迅速地拉近彼此的距离；二是充分理解环境中的陌生感，接受这种陌生感，接受这种陌生感会产生适应心理；三是主动连接，主动有时没有你想象的那样可怕。

3.7.5 安全感影响行为

安全感不好的人，预防心理很强，当安全感特别不好的时候，人们会产生主动攻击行为。安全感不好的人，会成为团队中的利益洼地，他们正是因为小心谨慎，而引起他人的误解，有时也会成为不受欢迎的人。安全感不好也会形成连锁反应，本应看来很小的事情，会闹到不可收拾的地步。

3.7.6 注意力干扰

安全感不好的人，常常容易把别人的看法当成头等重要的事情，察言观色，看别人的脸色行事，这就会严重影响和干扰自己的注意力。为了不断地讨好别人而放下自己应该专注去做的事情，同时由于无法专注分内应该去做的事情，又会给个体带来新的不安全感。

3.8 公平取向

公平对于个体的存在质量是一个重要的衡量要素，当个体受到不公平待遇时，问题不仅仅在于投入和产出之间的衡量，而是个体在团体中得到的价值判断。当人被不公平对待时，个体的感觉会扩展到组织环境、个人地位和未来判断。

3.8.1 等价原则

等价原则包括个体评估自己和他人之间的关系，考虑自己在与他人在各自的意愿中投入的大小，比较各自的投入比率及回报比率。当个体感到付出和收益不平等时，不公平的感觉就出现了。个体知觉中不公平的程度越大，个体感受的痛苦就越大。当个体感受到不公平时，就会采取措施保护自己的公平，包括改变或减少对任务的付出和努力，对他人采取行动或改变它，直到中断不公平关系。

3.8.2 组织公平

组织公平包括分配公平、程序公平、人际公平、信息公平。

1. 分配公平

分配公平是指对组织中报酬、晋升、工作条件和任务、关系等分配公平性的感知。在公平维度中会考虑到个体所得是如何反映到你的工作投入中，你的所得与你所完成的工作相比是否恰当，你的所得是否反映了你为组织所做的工效，从绩效的角度考虑你认为自己的所得是否合理，在上述过程中，是否有机会表达自己的感受，在争取结果的过程中，是否感受到应有的尊重，是否有充分和坦率的沟通。

2. 程序公平

程序公平是指个体对成果分配过程中的感知。绩效分配的原则是怎样指定的，而这些原则又是怎样执行的，如果个体认为自己的绩效将会得到准确评估，那么他们的激励会保持在较高的水平上。如果员工发现对所有成员使用的评价都来自同样的标准，也会提高个人的公平感知。

3. 人际公平

人际公平是指组织成员在整个分配过程中所处的地位、参与的程度。在绩效分配中是否标准一致，人人平等，主观的感受是否得到倾听和理解，有没有获得说明和解释的机会。

4. 信息公平

信息公平是指绩效分配的过程中，员工的知情权是否得到充分尊重，作为管理者如何评价员工的投入，对他们的绩效的评价是否中肯，有关分配政策是怎样产生的。

3.8.3 恢复公平感的途径

一般来讲，不公平的认知感，会挫伤个体工作意愿的积极性，一旦发生这种不公平的认知，想要恢复公平感是比较困难的，需要找到一些方法改善由于不公平的认知带来的负面影响。

（1）改变投入和产出，比如，延长休息时间或加薪。

（2）改造个体参照对象的投入和产出，绩效上比较体系差距越大，越会减少可比性，进而恢复公平感。

（3）改变参照对象，对参照对象的专业性进行描述，让个体主动调整参照体系。

（4）资源向个体倾斜，当个体感到不公平时，关照性资源分配也会使不公平感得到有效恢复。

3.8.4 心理契约

当个体对组织中的绩效要求感到力不从心时，同时又要拿到这份工作契约，有时个体会违背自我，签下这份绩效合同，但进入工作环境以后，个体还是要表达自己的主张，于是，事实上就产生了另外一种契约，即心理契约。表面上看，个体签下了一个不利于自己的绩效合同，实际上，最终的那个绩效水平还是取决于个体的心理意愿水平。那个个体的心理意愿就是心理契约。心理契约的产生，是由于人有一种公平保护意识，当公平意识受到胁迫时，个体尽管表面上会屈从，但在行动上按照自己的意愿和水平处理工作绩效，以达到内在的心理平衡，但这对组织的整体绩效来说，并不是好事。因此，组织在编制绩效合同时，必须要考虑个体水平特征和接受能力，同时防止心理契约造成绩效消耗。一旦心理契约得逞，消耗的不仅仅是工作成果，更重要的消耗是个体对组织和团队的忠诚度。

3.8.5 组织公平的结果

公平和公正在社会中所扮演的角色正日渐突出，不论组织还是个体，越来越多地关注个体对组织中系统公正性的知觉。组织公平对各种组织和个体都十分重要，组织公平与工作满意度、组织承诺、工作绩效成正比，与缺勤和离职成反比。研究还表明，当组织公平感知比较低时，可能发生反生产的行为，这类行为包括浪费时间和资源，也包括盗窃、破坏、口头和人身攻击。

3.9 关系取向

人的一生是关系的面向。从家庭到社会，一个人的关系范围，就是一个人的影响范围及交际能力强弱的体现。成功与失败，说到底，成功是关系的成功，如果失败，也是关系的失败。关系是生产力，“有关系没问题，没关系有问题”。在关系的取向中，我们关注和讨论的问题是关系的价值、关系的类型、关系的阶段、关系的本质、关系支撑系统。

3.9.1 关系的价值

关系是个体的状态指标。从价值角度分析，有五个方面的价值。

（1）关系的空间，决定了人的活动空间。去一个国家、一个城市、一个单位都和关系交往有关。

（2）关系程度决定了人的职业程度。我们认识很多人，但不一定是可靠关系，在职业的成熟过程中，那些可靠关系才能帮助个体的职业进步和成功。“你自己得行，得有人说你行，说你行的那个人行”。

（3）利益关系决定了你的竞争力，当你的利益关系越趋同、越广泛的时候，你个人的利益往往才能得到体现与保护。

（4）关系还是人精神领域中的一种需求。社会上有共同追求、共同活法的人，搭建互动平台，在这个平台上，找到你的知音和同路人，丰富心灵世界的理解与沟通。

（5）关系是明天的储备，善于经营关系的人，总是在需要的时候，能及时得到他人的帮助。

3.9.2 关系的类型

关系分三种类型。

固定关系是指由亲缘而确立的关系，这种关系无法选择，同时长久存在，也是关系中最稳定的结构，比如，父母、子女、配偶、亲属。

可持续关系是指在阶段性上出现的关系类型，这种关系在人生的相当一段时间里相互见证、相互帮助、相互支持、相互合作，有些持续关系可持续一辈子。比如，领导、师长、同事、同学、朋友。

临时关系指的是短暂的期遇和合作，大多与事件有关，并随着事件的进程相互影响和评价而存在，也因事件的结束而中断关系。比如，合作者、某一事物中的伙伴、期遇的人。

3.9.3 关系的本质

关系的本质是喜欢、相似、互惠和爱。人们常常喜欢那些有可能建立关系的人，也喜欢具有魅力的人。因为有魅力的人，常常更友善、更外向、更容易合作。

能说明相似性关系最通俗、最贴切的句子是“物以类聚，人以群分”，因为与你类似的人能给你价值获得证实的感觉。

互惠就是通过关系能使双方在互助中，得到各自的利益，实现各自的需求。

关系中的爱既有特指，有时也会泛化，特指的爱是指亲缘的界限，泛化的爱是指真诚和理解、投入和奉献。

关系为我们铺平了一条通向目标的道路，铺这条路既需要大石头，也需要小石头，还需要砂土，在关系中既存在选择顺序，也存在各自的价值。

3.9.4 关系的阶段

关系分三个时期，即兴奋期、磨合期、稳定期。

1. 兴奋期

关系在兴奋期里，双方对新的关系产生理想的设想，也会对未来充满期待。在这个特殊的时期里，很快就会有一个真实性不适应，会产生争执、界限和原则制定，纷争会使有的人逃离关系。

2. 磨合期

磨合期是指经过双方的努力，认真具体地酝酿关系模式，也会出现阶段上的不适应，但开始接受关系中的现实，克服了逃离心理。

3. 稳定期

稳定期是指经过磨合相互默契，建立了宝贵的信任，在信任的前提下，求同存异，也达成了关系成果。关系的三个时期有时是循环呈现，只是时段和程度不同。

3.9.5 关系支撑系统

人与人之间的关系可以说是对自我成长的支撑体系，这个支撑体系包括自我、家庭、社会和职业。

1. 自我支撑

自我支撑体系是我际关系中，对自我有精确了解，自我原谅和痛惜，也包括自我接纳和自尊，在关系支撑体系中，自我支撑是基础。

2. 家庭支撑

家庭对个体的支撑是可靠而无任何代价的。我们一生会受家庭的影响，值得提出的是家庭的支持有时变得理所当然，使这种宝贵的支持变得缺乏认知和没有生气。

3. 社会支撑

社会支撑是指职场以外的各种资源联系，这种支持不能保证温饱，但一定在你需要时提供成长帮助。

4. 职业支撑

人们尽管有时不喜欢那个职业或职场，但一切职业经历都将成为你所成就的光荣认证。

3.10 需求取向

“人的最大需求就是被需求”，需求满足是建立平衡人际关系最有效的途径。理解和积极地满足他人需求，也是从另一个方面体现个体的能力价值，也能满足自己的需求。需求是动态类指标，因人而异，因处境而异，因阶段不同，也会产生不同的需求，需求的变化会引起生活和工作中的一系列变化。洞察人在不同环境下的需求变化，才能有效维护人际关系的良性互动。“需求不相干，关系难保鲜。”

3.10.1 需求的效度

需求是变化的，有时我们也不能确定我们当下的需求是什么。爱丽丝曾说：“当一个人自己不知道需要什么的时候，就没人能帮到你。”我们去选择一个职业或者是选择工作单位，常常是当时这份工作能够满足我们的需求，但干着干着，就觉得不再喜欢这个工作，心生去意，这种倦怠是莫名的，或者说当一个满足到来的时候，我们会转向另一个满足。“德西效应”在这一点上给予了生动的揭示。当我们纠结于当下未满足需求的时候，我们最容易忘掉的是初衷。

3.10.2 核心需求

在工作关系和生活中，我们经常努力和认真地去评估他人的需求，进而产生帮助他人满足需求的愿望。但有时，我们的行动和服务会发生事与愿违的结果。本来我们去帮助我们认为需要帮助的人，但那些曾被我们帮助的人，却与我们渐行渐远。这里需要检讨的是，你提供的帮助是他人的真正需求吗？帮助他人达到一定状态，实现一定的结果，是你的需要，还是被帮助者的需要？会不会出现“需求替代”？“借帮助别人的名义，满足自己的需要”，在替代需求关系中，最容易出现“双误”。

3.10.3 需求特征

一般来讲，需求有以下四个特征。

（1）所有的需求都有特定的对象，它总是针对某种物质和精神方面的需求，需求有周期性的特点。需求—动机—目标行动—满足需求—紧张消除—产生新的需求。

（2）需求随着社会发展、随着社会变革而更新。

（3）需求在某种条件下，可转化动机，当性价比出现矛盾的时候，人们也会考虑实现需求的代价。

（4）需求的情感成分与认知成分对需求动机产生具体作用。

3.10.4 满意度的决定因素

满意度的决定因素有，人格、工作环境、价值观、社会影响。

人格有助于解释满足感，人格因素体现在工作满意度上具有近30%的差异性。

工作环境包括工作本身，上级、下级、同事关系，工作时间、报酬和安全感。

价值观反映组织成员通过工作应该得到的成果，以及个体应该在工作中的行为信息。

社会影响是指群体对个体行为和态度的影响，会在员工的满意度中起到影响作用。社会影响大多来自同事、家庭和文化。

3.10.5 价值观的满足

价值观包括工作价值观和伦理价值观。

（1）工作价值观是指关于工作成果以及工作中应如何表现的个人信息。

内在的工作价值观包括有趣的工作、挑战性工作、学习新东西，能做出重要贡献、发挥潜能、责任的自主性、富于创新性；外在的工作价值观包括高工资、工作安全感、工作福利、社会交往、与家人在一起的时间、业余时间。

（2）伦理价值观包括实用主义价值观，尽量给更多的人带来好处；保护价值的价值观，保护人的基本权益；公众的价值观，对利益进行平等公正的分配。

个体希望通过工作体现自己的价值观，人们在工作中的行为和思想包括远大志向、自我成就、自尊、社会认可、富有想象力、服从命令、自我控制。价值观的满足比一般性满足更具有可持续性和稳定性。

3.10.6 满足需求的局限

需求思维动态类特征决定个体需求的可变性和复杂性。人的欲望和需求是需要节制的，无限的欲望无法得到持续的满足，人们会滋生野心。

需求的量化非常困难，一旦需求量化，就会陷入机会主义和实用主义的泥潭。

把需求整个概念作为生物现象，会忽略了人类的能力，忽略了人类建构有关需求的知觉及满足需求的能力。

第四章　处境意义

人的多样性促成了场域环境。场域是客观存在的吗？我们会发现场域具有明显的主观特征。人们既选择自己所处的环境，也想办法创造和适应这个环境，有时同样的场域会给个体带来不一样的结局。同时我们也深感我们有时无法选择环境，场域环境中有一种“他人带来”，比如，社会化选择、关系牵引、职业安排，我们成了那个场域中的不速之客。我们如何做到能够受到场域的欢迎和支持，适应可能让我们无可奈何又必须面对的处境，我们把主观适应和改造环境理解为处境意义，把环境拖进自己的价值区域，在适应环境的同时，改造和完善环境。当然，环境有时是需要变革的，但我们认为环境的自然形成是由文化、哲学、经验等多元素组成，打破一个环境也许不难，难的是把原有环境中的必然属性很好地保护和继承下来。不论怎样不满你现在的环境，在改变环境之前，最重要的是要在现有环境中学到积极的东西，在历史上有多少破坏性的革命，也破坏了我们赖以维系的环境。因此，我们主张环境的生态性和连续性，也主张个体对环境的能动作用。认识你所处的环境，适应必然属性，创造由现实处境到未来处境的通路。

4.1　人类多元化中的共性

4.1.1　人类多元化的现实基础

世界是多元的，戴安娜之死似乎验证了这一命题。在这场具有历史性的事故中，聚合着全世界的文化元素。戴安娜是英国王妃，和她在一起的是她的埃及男友，在法国一条隧道里发生了车祸，出事的车辆是德国生产的，用的是荷兰制造的发动机，开车的是比利时人，当天他喝了苏格兰威士忌，当时车的后面有一群骑着日本摩托车的意大利狗仔队，最后是由一名美国医生用巴西的药对他们进行了抢救，这个事故发生的当天，便迅速出现在世界各大媒体的头版头条上。

19 世纪美国作家基普林曾写道：“东方是东方，西方是西方，二者永不相连。”实际上在今天，东方和西方，南方和北方几乎完全联系起来。在美国洛杉矶的学校里，语言多达82种，当我们与来自不同的文化背景的人在一起工作、娱乐、生活，我们就会更真切地理解多元文化的世界与现实。

4.1.2 人类多元化是由文化带来的

自然选择不仅赋予人类存在的力量，也赋予人适应社会的智慧。生理的相似性呈现人类的共性，文化的多样性呈现了人的差异性。一个社会倾向于生理和物质的时候，人会变得简单而无聊。日本的社会物质性在世界范围内是很有效率的，和物质效率相比，日本社会的文化就显得单调，据统计，日本人口有1.27亿，其中有1.26亿是日本人。文化的主要标志在于文化的内在心因性，了解人类多元的文化背景，就有机会找到适应环境、改善个体的场域意义和价值。

4.1.3 人类多元化的共性是场域环境的前提

联合国秘书长科菲·安南在2001年获诺贝尔奖演讲时说：“我们发现自己是文化、传统和记忆的产物，相互尊重使我们可以向别的文化学习；同时我们也可以将本地区文化与外来文化相结合以获得新的力量。”人是社会的产物，他们分别属于不同的组织团体，会服从并认可那里的文化且共同遵守，他们懂得知恩图报、懂得悲伤、懂得惩恶扬善，也会产生恐惧、归属感。我们在世界各个地方，都会看到朋友聚会、唱歌跳舞、社会组织、文化崇拜，这些共同点决定了人类的共同性。场域是由共同性、差异性、可能性共同搭建的互动环境，更遵循多元性中的共性原则，我们在场域中的规范就是求同存异。在各种场域环境中，共有性是需要整理和发现的，有时共有性是以差异性的形式出现，识别起来比较困难，所以“同”是求的过程，差异性在任何场域中普遍存在，差异性的变化过程有时是场域中求同的必然的经历过程，发挥和拓展求同取向，在差异中找到共同性因素，确保场域环境中人际关系的良性互动。

4.1.4 在多元化中发挥主体精神

人是社会的产物，也是环境的产物，是环境为人服务还是人被环境支配，在强调环境客观性的同时，我们一定要关注个体在场域中的主观能动性。尊重环境中的他人，接受环境提供的条件，是场域环境中和谐的一面，但有的时候和谐是由斗争带来的，而不是由妥协带来的。特别是环境中的复杂性，有时会泯灭自我。保持环境中的独立性，“站直了，你就是你。鱼可以比你游得好、豹可以比你跑得快、鸟可以比你飞得高、大象可以比你强壮、红杉可以比你更长寿，但你却是他们当中最聪明的”。人在场域中的自我激励比什么都重要。群体中对新生力量从来就有排斥力量、怀疑力量，排斥和怀疑最可贵的地方是他们还在关注，当你在关注中取得成功的时候，这些力量就像消失了很久的证人，同时出现在有利于你的辩护团队中。“不知何故，那些持有先天养成观点的人尽管有时会被基因力量的必然性吓到，但只要他们再坚持一下就忽然发现基因其实站在他们那边。”

4.1.5 多元化中的行为期待

文化反映出多样性，但文化中的另一个更重要的功能是规范性，所有文化都有适当的行为解释。人们经常会对社会期待和社会规范投以批判的目光。在人们的内心世界里，规范就是一种约束，约束就是消极的。实际上，对个人来说规范是一种约束，但站在场域的立场上说，规范才是保证个体行为自由的一种规定。规范规定了行为道德、行为标准、行为判断、行为响应。有时规范像看不见的手，就像鱼类生活在海里一样，我们每个人都浸泡在各种规范之中。

在全世界，稳定、开放、友好、尽责等都是场域行为中主流的评价准则，人们用这些行为期待规范和指导自己的生活，得到外在的响应。“女人可以和女人亲吻，道晚安，男人可以亲吻女人，道晚安，但男人不可以亲吻男人”，这种行为规范也许在主流世界里都可以得到印证。

4.2 处境判断

“这是一个最好的时代，也是一个最坏的时代，这是一个讲信用的时代，又是一个黑暗的时代”，狄更斯150年前的话，似乎适合于任何年代，这就是处境的判断。处境判断是指个体对自己在场域中价值、状态及他人评价的一种体验。处境判断很难用准确和不准确来衡量，但对处境判断是个体在场域处境中始终要做的事情，它会影响个体的行为和行动。“大意失荆州”大概就是由处境判断造成的。

4.2.1 正常与不正常的处境判断

每到一个新的环境中，就会首先判断环境中的氛围，包括安全不安全、正常不正常、舒适不舒适。安全是处境判断中的重要指标，包括环境安全、环境中人的安全、表达安全和行为安全，对正常和不正常的处境判断，个体的主观意向非常明显。安全感好的人，可视一切为正常。女孩走夜路，常常担心和害怕，但作为一个拳击冠军获得者来说，虽然本身也是女孩，但在安全感上，就会有不一样的判断。

正常和不正常的判断，既影响自己的行为，也会影响到他人的行为。对环境判断来说，一定会影响到环境氛围，“越轻松越幽默，越幽默越轻松”，很难想象在气氛压抑的场域中会出现轻松的互动，同样很枯燥的交流也很难让人感到轻松。在场域气氛的背后还有一个印象评估，以什么样的姿态创造印象，既和你自己的处境判断有关，也和别人对你的判断有关。

4.2.2 相关处境与非相关处境的判断

在处境判断中，有的因素对个体有意义，有的因素对个体没意义，敏感体验的人，对相关处境判断非常仔细，在对处境的判断中，信息过载会扰乱我们的判断视线，影响我们对处境判断的效率。敏感性体验的人，容易在人际关系上出现麻烦。特别是敏感体验者和钝感体验者相遇的时候，双方关系会经常出现莫名其妙的问题。钝感体验者看上去漫不经心，实际上，钝感体验者更多是资源拥有者。有时，他尽可能给别人创造场域环境判断的信息，自己却不觉得。敏感体验的人注重细节，把环境处理得周密和得体，钝感体验者则不是，他们会把足够的精力放到已引起他们注意的问题上，但他们却容易在阴沟里翻船。

4.2.3 处境的洞察力

洞察力是指个体透过现象发现内在的本质和联系。从当下处境可以判定事物的发展指向，洞察力强的人，可以准确发现事情背后的本质性根源。在场域的人际交往中，有些诉求是隐性的，行为表达不一定是行为本身，语言诉求也并非语言本身。这种“境外诉求”就对场域中的人提出洞察能力的要求。洞察力表现在三个方面：一是找原因的原因；二是事前预判；三是对症下药。关于洞察力思维特征体系，不是单纯找原因，更重要的是找方法；凡事在问题的多个方向寻找答案；事前会在例外中找到积极的因素；对“未病”的觉察和干预。

4.2.4 俱像伦理

处境中的判断，会要求你参加到场域中来，但我们在适应场域环境的时候，会遵守自己的参与原则，什么时候参与其中，什么时候退居其后，如果我们仅用特征性的指标判断个体参与场域的动机和行为是不够的。俱像伦理就是主张个体要根据场域中不同的判断，决定参与程度，俱像伦理的判断，一是需要不需要，是不是特别需要；二是参与的合理性是否充分；三是个体的参与意愿是否强烈。一般来讲，小孩和女人对男人来说，就会增加其参与意愿，弱势群体也能引起同情使个体参与资助，具有特殊价值的事情，更能引起个体的参与愿望和表现意愿。

4.2.5 角色要求

在处境判断中，社会角色发挥十分重要的作用。调查结果表明，在现实生活中，当人们遇到困难的时候，更愿意向军人提出援助请求，而不是其他具有标志的公务人员。在社会团体中具有识别条件下的角色，都会被赋予行为意义。例如，在公共场合，在识别前提下的社会角色被提出不一样的行为要求；在聚会场合，具有领导身份、公职身份或文化身份的人，人们要求他们的言谈举止要合乎他们的角色身份。公众人物、文体明星，尽管社会的宽容度越来越成熟，但他们的非正常行为和平常人相比，还会引起更多评论和关注。

4.2.6 能力差距的判断

在场域中，我们对关系中的人提出互动要求和标准。但在关系中应该坚持能力理解的原则。“你就是你，他不是你”，“你有你的要求，我有我的限制”。在能力差距的判断中，常常是以要求代替能力。“你怎么会做不到?”实际上由于能力的限制，在特定的情况下，他就真的做不到。男女的差异就是这样。女性非语言线索的敏感性有助于解释她们的情绪反应，一般来讲，不论是男人还是女人都会反映与女性的友谊更亲密和长久。

4.3 场域中的资源

不是所有的人都自愿参加场域活动，但必须承认积极参与场域活动的人和不愿意参与场域活动的人相比，积极参与场域互动的人事业会更顺利，得到的帮助会更多，生活的质量也会更高。这是因为场域中存在许多职业发展、生活丰富的重要资源，不积极参与互动，不主动创造处境意义，就无法得到这些资源。场域中的资源主要有六个方面。

4.3.1 资源面

资源面是指场域中的联系，在资源面上有四个重要联系。

1. 资本联系

资本联系是指资金和投入方面的联系，在共同的场域中，资金和物质方面的联系既来自原有关系，也来自新建立关系，在场域中，资金和投入关系最有可能形成回报和互惠关系。

2. 信息联系

知道和不知道是通过场域互动来传达的，任何市场机会都是以知道为前提的。

3. 关系联系

场域是实现关系链接的最有效形式。

4. 技术联系

社会分工决定了场域链条价值，场域为技术互补提供了方便条件。

4.3.2 统御面

统御面是指在场域中的影响力和调控力。人的成功不是孤立的，在事业的初级阶段，吸附性弱，附从性强，但事业要发展，就要从附从性向吸附性转变，这个转变是由于个体在长期努力和坚持中形成的影响力，影响力的核心功能就是吸附有效资源。有时统御能力体现在产品上、资本上、品格上、修养上、能力上，统御能力的感受几乎是在场域中形成的，因此，你能否在某一个行业中形成足够的影响力和调控力，场域的反馈是必要和准确的。

4.3.3 发展面

发展面是指场域中存在机会的指标。公开的、直接的信息，很难形成机会。机会是在场域识别中、相互体验中、努力追求中得来的，“机会像小偷，来时不知不觉，走时你才知道丢了一大片”。场域机会分五种情况：一是别人没发现，你发现了才是机会，这种发现的背后可能是风险，但不冒风险就很难验证机会；二是少部分人发现了机会，所谓的少部分人，最有可能是合作者、竞争者、互补者；三是新技术、新材料、新思维带来机会，每一次社会革命都会造就一批事业的成功者；四是坚持到底，也会出现机会，正确地选择，然后正确地去做；五是偶然机会，一个人对你的点化、一件事情对你的启发，可遇不可求，但来了就是机会。

4.3.4 特质面

特质面是指在场域中，你拥有的价值具有独特性和不可代替性。在价值体现的过程中，特质面的理解有相当的不确定性。因为你今天具备特质，并不意味着明天你还会拥有。阶段性上，特质面在场域中体现的是独有资源或稀缺资源。比如，勤奋大概就不能以独特来描述。独特更多的是体现在创新的范围内。“多一点、少一点，薄一点、厚一点，优一点、廉一点，专一点、特一点、省一点”，都会形成特质面优势。“人无我有、人有我精、人精我优、人优我新”，这些特质面的原则，会影响到个体的思维方式。

给客户和消费者一个用你的理由，这是在特质面上必须做好的文章。特质面离不开对品质的追求，比如，独特是否要遵循一般性原则，独特要遵守伦理规范，一个超越规则的独特性，马上就会走向追求的背面。独特而有价值，独特而守规矩，独特不破戒，在规则内玩，而不是玩规则。

4.3.5 竞争面

竞争面是指在场域中竞争原则的建立。“文无第一、武无第二”，说明竞争之间的互进关系，以往竞争思维是红海战略，消灭一个对手，增加一分力量。实际上，现代社会和组织要实现的是蓝海战略，在竞争的同时也要竞合。从社会进化论来看，没有竞争就没有进步。在没有竞争的场域里，是不会出现生机的。在竞争的原则上有三个出发点：一是找到的竞争对手，应该有合理的可比性，老鼠挑战大象是无知，大象挑战老鼠是愚蠢；二是没有永远的对手，说不定今天的竞争双方，明天就会在某个方面合作；三是没有场域中的竞争，你会变得松懒无聊，感谢你的竞争对手。

4.3.6 生存面

有一个可靠的生存保证，是最值得你珍惜的。有时家庭让我们产生自卑、产生埋怨，但它却是你最后一条退路。你对现实的工作感到不给力，提不起精神，可它正是你今天存在的本钱。你对儿时的母校总有逃离的记忆，但它是你成长最欢乐的地方。“在通往天堂的道路上重要的是活着”，而一段段活着的历史，有一天我们会备感珍惜。个体不愿意在平凡的生活中重复自己，有时那些习以为常的生活，真的就是你，珍惜那些曾属于你的生活，带着对它们的感激之情上路，场域中，就是这些曾经让你不愉快的记忆，才让你有了今天的努力、有了明天的向往。

4.4 场域中的立场

场域中的个性迷失，是一件非常可怕的事情，人怎样坚持独特性，又是怎样失去了独特性。作为原则、主张、见解与察觉都是态度表达，都是个体在场域中的立场。

4.4.1 独立个性

独立个性是指在场域中被标签化了的公开认知和态度。这种认知包括自我认知和他人认知。想一想，缺乏独立个性的社会，人与人之间没有区别，如果说不从众的人会让人感到不舒服，那么完全一模一样的世界就会是天堂吗?

C.S. 刘易斯在《痛苦问题》中指出:"个体对自我的识别，只有当个体与他人，一个不是自己的其他个体做比较时才有可能存在。"也就是说，当个体与众不同时，才会意识自我的存在。与场域中的群体太远，我们会产生孤独，当我们失去那种坚持自己独特个性和方式时，我们会体验另外一种孤独。

在场域中，我们表现出与众不同，把自己看成是一个独立的个体，把不是我们的东西在我们所处的场域中去掉，就像我们和异性相处时，我们才更能真切感觉到我们的性别。

4.4.2 底线胁迫

人类的行为对于他们来说太强有力了，请给我一个做出伤害行为，但没成为受害者的个体的例子吧。

——爱默生

底线胁迫是指违反个体内在原则和意愿，但在外化行为上却认同和参与的一种感受。在社会中，我们常常会遇到违心说话和违心办事的人，为什么违心？就是因为某一种行为在情不得已，不得不做的情况下促成了结果。在人们记忆中，这种底线胁迫带来的心理创伤是难忘而深刻的。"不这么做，又会是怎样"，巴金在晚年《随想录》中，深刻反省个体历史。实际上，当人被迫做事情的时候，即便是得到了利益回赠，也会让人感到厌恶。在现实生活中，孩子为什么和父母的关系紧张，"当讨论起这种现象的时候，每个孩子都会诉说自己那一段屈辱的历史"。在组织中，当一个人被迫做了与良心相违背的事情的时候，他会自动隐去这段历史，包括促成这段历史的人，都将成为个体不愉快的回忆。有时，底线胁迫会产生冲突，而这种冲突是很难调和的冲突，在冲突中，除了道德的较量，更主要的是从内而发出的抗争。

4.4.3 逻辑性站队

逻辑性站队是指在组织环境和场域中，按照关系原则建立起来的思维从众行为。在组织中，关系倾向是常常被用作站队划线的，人们口头上常说对事不对人，实际上常是对人不对事。或者说人们从强迫性选择中，自动放弃是非判断的思考。如果说底线胁迫是出于无奈，而逻辑性站队则是有意为之。逻辑性站队中的个体是被更现实的利益所吸引。逻辑性站队在团队建设中是一把双刃剑，好的团队文化，有助于人们的自觉立场的选择，形成对个体行为的液态化管理。但是在不好的组织氛围中，人们更愿意组合不同的利益小团体。这里的人们以人划线，许多国外的教练来到中国执教，最难克服的跨文化冲突就体现在逻辑性站队的这些方面。逻辑性站队，有时会对目标管理产生冲击，对事实真相进行掩盖。组织中逻辑性站队，之所以被容忍，主要是这种凝聚形式会产生阶段性绩效，但这种临时性绩效会为组织成长埋下许多隐患。

4.4.4 信度牵引

信度牵引是指个体受到权威影响而采取的行为。任何一种事业都是由建立信度引起的。相信是行动的发端，当一个信息出现在个体面前，信息源头、什么人在其中，特别是有没有让我们信任的人参与其中；如果信息源头来自权威机构，比如，政府、正式媒体、我们信得过的人，就容易引起人们的参与和互动，这部分权威机构和个人在其中就起到了信度牵引的作用。信度牵引是一个中性概念。如果对的人去影响更多的人做对的事，这叫正向信度牵引；有影响的人影响更多的人做错事，则叫负向信度牵引。明星做广告，一般来讲是正向牵引，但明星做了虚假广告就是负向牵引。在组织和团队中也是一样，充分发挥组织中有资历和能力的成员的作用，让他们参与到信度牵引的队伍中来，那样组织效率就会事半功倍，大幅提升。

4.4.5 理性从众

从众向来被评价为消极意识，但从众有时也是积极的。当个体犹豫、紧张、无法申诉自己主张的时候，有时场域中的力量使你果敢坚强起来。幼儿园的老师在威胁一个受委屈的孩子不许哭的时候，其他小朋友的哭声会给这孩子哭的勇气。当老师面对孩子的集体发声，可能也会检讨一下自己的行为。面对社会中的不良现象，大家团结起来，行动起来，就会形成舆论力量，也会促使社会变得理性起来。当面对不良现象，一个人的抵制可能会变得犹豫，当大家都起来抵制的时候，这就是理性从众效应的释放。

4.4.6 资本立场

资本立场是指资本面对专业团队时的自动思维逻辑。如果这个世界有两个人，就是男人和女人，如果组织中有两个人，就是老板和雇员。资本应该受到尊重和维护。“资本和对资本的保护，是再正常不过的情感”，资本聚集的马太效应决定了拥有资本的是少数人。资本的属性是可以分享不可以分割。职场中的人一定要遵守这一原则。对资本，要么忠诚，要么离开。试图去对资本分享的人，是企业和资本的同路人，试图和资本分割的人，或是资本的敌人。不明白这一点，谁脸先着地都有可能，但一定是两败俱伤。

4.5 场域的系统

有多少人在职业系统中，很少有准确的统计，但社会精英的绝大部分是在职业系统中，他们代表有价值群体，正是价值群体带来的系统的价值性，我们才不得不去认真研究系统对场域群体的处境意义。团体凝聚力是指组织成员之间相互吸引和个体留在团队中的意愿强度，也是组织向其成员施加影响的基础。在场域系统中，我们讨论和研究如下问题。

4.5.1 系统的力量

我们研究系统的力量，来源于个体对系统的依赖和关切。为什么那么多的人不喜欢系统约束，却肯于为系统服务，这是因为系统内有一些权力，系统外不具备。

1. 奖赏权

系统的力量来自资源的分配能力，越是资源丰富的系统，这种奖赏权的体现越明显和具体，同时资源丰富的系统，也愿意并习惯用奖赏权来维系系统的秩序。

2. 强制权

强制权是指对不依法照章办事的人，施以监督惩罚。

3. 法权

法权是授予现存社会的代理者权力。

4. 参照权

参照权是指人们对某个社会团体的认同和尊重，比如，人们对公务员职业上的认可和尊重。

5. 专家权

专家权是指分割具有不同领域话语权的专家们，分别是指不同场域情景中的权威。

系统内有了外部不具备的资源，才吸引更多的社会精英齐聚于系统的旗帜下，尽管系统中对个体极具约束性和挑战性，但他们还是前赴后继分享系统的力量。

4.5.2 系统的组织

系统的组织就是指系统的架构。社会学角度把团体划分为初级团体和次级团体。

初级团体和次级团体的差别在于规模的大小。

初级团体规模比较小，组织成员具有“亲密合作与面对面的沟通关系”。而次级团体规模较大，公司、军队、政府机构、学校等则为次级团体，有明显的阶层，并且“分工明确，以非感情的依赖相结合”。

在组织中有正式组织和非正式组织，正式组织是以正式编制计划为前提，属于公开正式的组织模式。非正式组织是以责任性付能的非编制性组织，有时非正式组织要比正式组织在沟通上更体现效率。不论组织形式是什么样的，组织结构要完成的是描述组织所属的范畴对象，明确组织责任和分工，建立组织间沟通的层次与次序。

4.5.3 系统的适应

系统的适应常常会带来个体的成长。在组织适应中首先要“牢记宗旨，不忘初衷”，当一个人把自己的命运交付给系统时，就应对系统有所了解，牢记在系统中自己要的是什么，同时也接受自己要舍弃什么。

系统适应还需要对权威适应。系统中的权威形成是非常复杂的，既有背景历史，也有个体之外的因素。在系统中挑战权威是非常危险的。

系统适应还需要规范适应，系统中有语言的规范、行为的规范，具有约定俗成的力量，不管你有怎样的个性经历，到了系统中，同化就是适应的前提。

4.5.4 系统的约束

系统对成员最大的约束是妨碍其独立性发展，但系统成员的成长意愿必须符合系统对个体的期待。我们长期在系统中的人，自我价值长期偏移，在以系统要求行事的时候，会有一种倦怠感和无力感，在系统中习惯夹着尾巴做人，实际上，夹尾巴是为了有一天有能力翘尾巴，但真有那么一天，你可以翘尾巴的时候，你却忘了这么回事，这是因为多年的惯性使然。这些典型的约束让我们体验习得性无助。我们怎样在系统中学会适应约束，学会在“盒子里飞翔”，重要的一条就是丰富内在的精神追求和修养，改变不了现实，就从自我改变开始，在遵守系统规范的前提下，保持独立个性，守望住自己心中的那块麦田。

4.5.5 系统的界限

系统的界限是指个体在场域中，尽职守分，不缺位，不越位，不篡位。在场域中，界限的原则是非常敏感的，什么时候讲什么话，站在团队中的位置、照相中的排位、名单上的顺序，都代表界限意义。“当自己是领导的人，别当领导是自己的人”，指的就是界限问题。界限是一种背后的原则，有时界限也会在不自觉中移动。所以，界限敏感是一种职业的素养。学会在系统中寻找和调整自己的位置，界限不是一味地退让，有时也是积极争取的结果，退有时是一种进，顺势而为也是一种境界，“巨石在山间，动则危，停则止，玩巨石于山仞，非力也，而是势也”。

4.6 场域说服

说服是一场改变，但有时说服也是防止改变。说服工作是在场域中花费很多时间和精力的工作，说服是解决态度问题的，实际指向是行为问题。克服思想约束，根据主观判断，做出行为决策，是场域说服的一个基本过程。销售员努力说服可能的客户，政治家说服选民接受并同意他们的纲领，经理说服面对困难的团队成员去调整工作态度和立场，这些都属于场域说服。在场域说服中我们会讨论以下问题。

4.6.1 逻辑的真实性

在场域说服中最具感染力的不是最后的结果，而是论证这个结果的过程。让对方听起来“言之有理，持之有据”，在场域的人际互动中，人们对真与假的识别原则是具有决定性的，当一个人在许多信息中，判断出哪个信息不真实的时候，这个信息对他人产生的影响会微乎其微。

逻辑真实也体现在主动说服的能动性上。一个路人皆知的现实结果，好像用不着去努力说服，但在逻辑真实性的证实过程中，也会经历由表及里、由此及彼、去伪存真的信息提炼，最后的结果不是产品的简单需求，而是服务的体验需求。真实性说服主要由语言功能来完成，但有时是在非语言的情况下实现的，经典例证就是诸葛亮七擒孟获。

4.6.2 降低门槛

在成功地说服工作中，一般说服者的信度非常重要，现身说法最能产生出感染力。如果说服者具有先天的成功优势，就会使说服的影响力下降。说服者越是出身平凡、历经曲折后取得成功，越能提升说服的力度，大多数人更愿意相信经过不懈努力而取得成功的激励，而不相信机会和取巧。我们在做典型宣传时也会选择平凡的人做出不平凡的事的那些楷模，向典型学习，人们习惯用自身做比较，平凡人的成功，才让人看到通过努力后的希望。而那些优越于我们的人，去说服别人跟随模仿，就会产生“高门槛”，人们会因此产生畏难情绪。

4.6.3 恐惧的应用

在场域说服中，恐惧的应用是普遍而有效的，这就是日常说的“反面典型”。在说服过程中，不是强调怎样做才是正确的，而是强调不这样做，会出现什么样的不利后果。这种说服尽管有效率，但容易出现伦理风险，过度恐惧，会使人避而远之，使说服出现负向影响。个体接受说服的立场会有三个前提，第一是真实；第二是合理；第三是做得到。应用恐惧的说服，应参考这个原则。

在场域说服中，运用恐惧说服的原理改变人们的行为，在法律法规中广泛使用。恐惧说服的原理是：这个问题是严重的，这个问题可能影响个人，需要采取行动来避免这个问题，必须采用什么方法解决这个问题。

4.6.4 说服中的压力

在场域态度的转变中，说服会促使他人在被说服的过程中，有机会公开自己的观念，使被说服人的立场公开化和确认。如果人们把自己的观点公布于众，那么就很不容易被相反的观点说服，更不大可能改变自己的观点。公开自己的观点，也可以使说服者明确表示团队必须达成一致意见，一些团体信息被接受，并得到公开的拥护，就会形成“群体极化效应”。群体中反复存在的观点，更容易改变人们的态度和立场，有时也使其他说服者很难改变群体中的态度。现代组织中采用新入职成员对企业文化制度信守承诺的方法就是公开了他们的态度和观点。在团体中改变态度是社会学现象，是在场域说服中被公认的一种策略。

4.6.5 多方证据

在场域说服中，说服者从多个角度来证明自己的观点，形式上会让不同层面的个体，共同验证同一观点，内容上不是从单一角度去说明问题。“在战略上重视敌人，在战术上藐视敌人”就是多证的例子。个体在接受说服之初，出于立场判断，会从相反的角度去审视信息，从而决定立场和态度，当说服者主动帮助他人找到来自相反方向的观点时，正好满足了被说服者的自辩过程，这也叫“信息代替”。当他有观点没证据的时候，你给了他证据，就是帮助他做选择性判断。一般来讲，越是接受过良好教育的人，越不会轻易接受单方面证据，从某种意义上说，接受单方面证据，意味着与他们自尊的维护是矛盾的。

4.6.6 数据统计

数据是场域说服中有力的信息证明。在各种社会动员中，人口学数据统计是被广泛应用的。多数人，什么人，可能的人，怎样的人；什么事，多少事，可能的事，怎样的事；这些都是人口学数据统计所要表达的内容。人口学数据统计会锚定人们的场域位置，在少数人知道的情况下，常常被描述为机会；在多数人知道的情况下，常常被描述为事实；在高端人群知道的情况下，常常被描述为趋势；在普通人群知道的情况下，常常被描述为时尚；数据在大师的手中，更是支持自己观点的艺术。在鲁迅散文集《野草》的第一篇“秋夜”中，鲁迅描述道：“在我的后园，可以看到墙外有两株树，一株是枣树，还有一株也是枣树。”

4.7 场域冲突

场域群体的组成是为了实现共同的目标，但就像社会群体存在的目的一样，有场域群体，一定会有不同程度的冲突，冲突会在群体为实现共同目标的某一个阶段出现，就像医院的存在，不是人们生病的假设，而是人们生活的现实。我们不喜欢冲突，但我们离不开团体，当冲突是因为地位、资源、体验而斗争的时候，我们就要想一下，当目标群体因为冲突而解体的时候，那些地位、资源、体验是否会一起消失，到那时冲突再也没有机会发生，留下的只是痛苦的记忆和憎恨。因此，我们要永远记住，冲突的目的是保证团体更好地存在。

4.7.1 冲突的原因

冲突是发生在双方要求、目标、动机不匹配的时候，当一个个体不能得到自己想要的东西，而认为别人不该得到东西的时候，冲突就发生了。冲突发生的原因体现在以下几方面。

1. 有限的资源出现分配缺陷

资源本身就有不可再生性，合理分配资源是群体的共同意愿，但资源的稀缺性决定了分配的缺陷，一旦资源分配被组织成员理解为是争取和斗争的结果，那么冲突就在所难免。个体诉求由于资源限制出现不匹配的时候，就会引燃冲突的导火索。

2. 多元文化引起的冲突

在场域冲突中，群体成分的复杂性，决定了冲突的必然性。年龄结构、文化背景、新旧之间都会引起冲突。在 20 世纪 60 年代出生的人，价值体系是归属于忠诚；在 70 年代出生的人，价值体系是奉献与回报；在 80 年代出生的人，价值体系是感觉和体验；在 90 年代出生的人，价值体系是个性独立，在现代组织中跨文化的背景也是冲突的主要来源之一，组织中新旧成员之间的利益诉求也会激发矛盾。

4.7.2 冲突的价值与限制

在应对冲突的过程中，能展现组织成员的动机和能力，对解决场域中冲突能力的考核，是组织中常见的能力考核指标，在冲突的过程中，对出现问题的澄清、界限划分，使一些隐性问题得以关注和解决；当冲突和危机到来时，有时能够恰当地使部分成员联合起来，形成凝聚力。冲突带来的局限也是显而易见的，长期的冲突会损害人的心理和生理健康，因为冲突会影响工作上的时间和精力，冲突也会破坏组织中的氛围，工作场所的暴力行为大多与冲突有关系。

4.7.3 冲突管理的风格

在场域的冲突中，不同的成长背景、人格特征的个体，面对冲突的时候，会呈现出不一样的处事风格。

1. 竞争型

竞争型的冲突解决模式具有效率，非输即赢，但也有破坏性。

2. 感性型

感性型的冲突解决模式是采取息事宁人的态度，可能为了解决冲突，不惜牺牲自己的利益。

3. 折中型

折中型的冲突解决模式是在处理冲突时，采取各退一步的方案。折中会缓解矛盾的冲突和激化，但场域中的原则会受到挑战。

4. 拖延型

拖延型的冲突解决模式是将冲突搁置，有的时候时间会使冲突发生变化。个体之间的冲突常常是情绪冲突，一旦情绪消失，冲突也会随之消失，但有时也会酿成更大的冲突。

5. 合作型

合作型的冲突解决模式是充分考虑双方利益，在保证自我利益的同时，也保证对方的利益。冲突解决后，会形成一种新的合作关系。

4.7.4 解决冲突的办法

解决冲突的方法有以下几种。

（1）认识冲突的存在，找出冲突的原因，真实地表达自己，了解他人对问题的看法、态度及情感。

（2）排除情绪干扰，首先解除敌视状态。

（3）坚持谈判，谈判的最高原则是以双方都以为是胜利者为原则。合理妥协、慢慢让步、重新认识，在消极中找到积极的因素，当双方为工作发生争执时，首先要接受动机的善意性。

（4）把视角统一起来，因为在两个以上的前提下讨论问题，是找不到共同点的。寻求第三方的立场，当第三方提出局外立场的时候，会让人感到公允和诚恳。

（5）换位思考，站在对方的角度，检讨自己可能出现的问题。

4.7.5 建设性的斗争

建设性斗争是要求冲突双方，在承认分歧的同时，寻找和创造解决冲突的路径和氛围。

（1）控制冲突的范围，抓住核心问题，不及其余。有时冲突双方在据理力争的时候，会引出其他的不满，会造成冲突升级。

（2）控制冲突的影响，冲突涉及的人越少越好。这样会减少心理压力，人是好面子的，冲突面太大的时候，会形成骑虎难下的局面。

（3）用自己的理解重复对方的观点，让对方认可，冲突中的任何认可都是缓冲带。

（4）让自己和对方平静下来，保持平和，静能生慧。

（5）表达自己的立场和自己所关心的问题，在冲突中解释原因，寻找办法。

（6）把双方的共同点找出来，求同存异。里根 1985 年 12 月 4 日在演讲中说道："我忍不住要对戈尔巴乔夫先生说，如果现在有一个来自其他星球的异族前来攻击地球，那么我们在这种会议上所采取的行动将会变得多么简单了，我们很快发现我们同是人类，共同生活在这个地球上。"

（7）可以帮助对方表达观点，提供双方都满意的建议。

4.8 场域中的效率元素

在场域中，决定个体工作效率的元素是丰富的，了解场域效率元素，为管理者提供工作方向，在场域绩效中抓住关键性指标，对于个体提高场域效率，就是提高组织的认可度，丰富自我成长和竞争力，它是由内向外转化的表达过程。

4.8.1 工作群体

人群不是群体，群体和人群的重要区别在于群体中的成员有绩效互动，每个成员的行为会对其他成员产生影响，群体成员持有目标和信念，归属同一个群体。工作群体是价值群体，在这个群体中会产生目标、制造、写作、产品、分配。

工作群体具有“项目特征”。形成阶段，群体成员加深了解，形成共识；震荡阶段充满冲突，成员抵制来自群体管理与约束和权利归属的矛盾；规范阶段，成员形成了紧密联系，共享相同的目标；执行阶段，成员朝着同一个目标积极推进；解体阶段，当目标结束后，会进入短暂的休停期。工作群体的规模、构成、职能和效能，都会影响群体成员的行为模式和群体总绩效。

4.8.2 情绪管理

情绪具有表达功能，不论从事简单还是复杂的工作，都可能以情绪活动为背景。无动于衷、昏昏欲睡有问题，情绪激动也会有问题。赫布曲线说明，当人情绪激活水平很低的时候，效率水平也很低，情绪唤醒会使效率逐渐提高，但情绪超过一定程度时，情绪开始干扰效率。叶克斯·杜德森法则表明，简单的工作，较大的心理压力对取得好的绩效有利；复杂困难的工作，较低的心理压力，更有利于成就的取得。工作难度适中，心理压力适中，工作绩效才是最好的。

创造良好的心理环境，让个体的情绪稳定处在心平气和的心理状态，根据工作难易，创造不同的环境氛围，形成适当的心理干预，运用个体情绪的调整方法，影响情绪波动。调整呼吸、适当运动、大声说出来，都是情绪调整的有效方法。

4.8.3 群体态度与价值

群体态度与群体价值是个体对场域环境的评估，认可组织文化、管理制度、人际关系水平会提高工作效率。当个体对组织认同度高的时候，会产生优越感和归属感。喜欢不喜欢组织环境，决定人对组织的参与程度，一个坚持否定组织文化的人，很难做长期归属的打算，临时性打算，就会产生“暂时责任”。

个体对组织的评价和组织对个体的评价是相互关联的。我们讨论谁先忠诚谁？是组织先忠诚员工，还是员工先忠诚组织，这个问题就像讨论“先有鸡，还是先有蛋”的问题一样，一直在讨论，始终没答案。

4.8.4 工作流程

工作流程的设计，一般是指工作流程的监控。这里说的流程设计，既包括工作程序的监控，使人、财、物流动具有科学性、合理性，也包括组织的整体流程，流程交叉点多，漏洞多，就容易出问题。流程设计一般应该可预见、可实现、数量和质量统一、有时间限制、可量化。比如在组织中，人才的进阶机会就会体现流程合理化的问题。在个体职业成熟和技能达到一定程度的时候，就会产生自主创业的需求，大多数情况下这个人就会离开组织和团队，独自发展。（他）一般还是要从事过去的核心业务，当一个新的组织产生的时候，旧的组织就会多一个竞争对手，在经济活动中蛇吞大象的例子发生得太多了。如果在组织发展的框架内，设计合理的人才发展规划，比如，总公司、分公司、子公司、母公司的人才留用模式，为优秀人才创造发展机会。还有组织的议事流程设计、集体人格培养制度的设计，都会成为组织成长的重要保障。

4.8.5 时间管理

“对时间的不同理解，决定了不同的人生”。当个体对时间的精细化管理做得优秀的时候，会大大提高工作效率，与个体职业能力提升、信心建立、价值回报都具有十分重要的关联。培养正确的时间管理能力，应该做好以下几点。

（1）准备业务列表，加强工作的计划性。业务列表是体现工作事项的范围和出现频率，业务列表设计最好有结果和评估，有以往时间管理的档案，这样做开始很难，但养成习惯以后就不难了。

（2）设置工作优先项，十分重要的、比较重要的、不太重要的，在时间排序上先易后难。需要注意的是对优先项设置的合理评估。“小事不小”说的就是这个道理。

（3）将工作做同类项合并，这样在绘制工作路线图时就不会产生重复和浪费。

（4）为紧急的事情预留时间。有些时态在平常是一种情况，在特殊的状态下又是另外一种情况，比如，大雪封路、堵车、飞机晚点等，都需要时间预留。

（5）在一个时间段里，集中精力完成和做好一件事情。在时间管理上，知道不做什么，具有更重要的特殊意义。

4.9 场域问题

在场域处境中，发现和解决问题的能力，使部分个体会经常性地保持正确，形成了威信的来源。换句话说“威信来自你经常性地保持正确。”善于解决问题是一种能力，这种能力积累与信息、判断、选择、行动有关。

4.9.1 察觉问题

问题解决和决策开始于个体意识到问题的存在，“当你面对问题匆匆而过的时候，无形中你养成了一个最不好的习惯”，“天下大事必作于易，天下难事必作于细”。与所有解决问题的方案价值相比，发现问题是更具有意义的。发现问题是一种习惯，而问题分子在组织中最有可能成为能力分子。

察觉问题有三个维度：一是在行动前，习惯思考，谋定而后动；二是肯于发现问题的人，大多是具有独立人格的人，他们不与虎谋皮，也不过多地关注自身的利益，而是着眼于对真实的揭示和研究；三是好奇心，对外界事物保持热情和好奇，站在远处和高处观察问题。

哈佛有一个特殊人才的培养计划，培养“最后一排型”人才。他们可能不是行动者，而是观察者，最终他们总会发现人群中哪些行为是更合理的，进而加以整理和推广。

4.9.2 界定问题的原因

界定问题的关键因素。关键因素是指决定物质发展方向和事物性质的那部分条件。

在工作领域，界定问题的关键因素如下。

人：什么人需要做什么样的工作，能力胜任情况，做好这件事还需要哪些帮助，承诺是什么。

材料：用什么样的材质和材料，品质怎么样，材料的价格和成本运算，性价比是怎样的。

机器设备：工作是否需要机器和设备，机器的使用和保护，机器设备的使用信息和更换条件。

物理环境：环境上是否有问题，安全情况及保障，光线的调整，噪声的控制，环境是合适还是需要调整。

方法：工效流程是否合理，操作者对新的技术标准掌握得怎么样，有无培训需求。

在原因的界定中，注意找原因的原因，而不是被表面原因所蒙蔽。

4.9.3　研究和寻找新的和可替代方法

实践证明，用旧的办法不能解决问题的时候，就要去寻找新的方法和替代方法。在组织文化中，我们运用管理的方法、教练的方法、激励的方法，这些方法都是被实践证明过的有效方法，还有没有更新的方法、更直接更有效的方法，心理学在管理学中的应用是否意味着管理的革新与发展。这种方法的产生不是单纯的效率提高，而是激发组织成员良好的工作状态、不断的进取精神、紧密的团队合作，进而实现组织的美好未来，这种创新的管理会像一面被擦亮的镜子，从里面可以看到组织成员智慧的光辉。

4.9.4　创造更多的方法

场域问题的实践证明，在工作方法上，永远不会只有一个最好最完善的方案和方法。而是在更多的方法中，选择最合适的方案和方法。管理中常说，凡事至少有三个以上的方法，在方法创新的问题上，要发挥组织成员的智慧和才能。一般领导决策是判断多种方案和方法的选择，而不是由领导自己来设计方法和方案，具体工作者才是那个领域中的专家。“问领导做不做，要比问领导怎样做好得多。”

4.9.5　做出决定

做决定就是做选择，这是采取行动前的最后一道屏障。做决策会出现决策民主和决策效率的平衡。民主会产生热情，体现组织成员的存在感和归属感，为决策做出贡献的组织成员会产生成就感，但过度依赖民主就会出现效率问题，会出现久议不决的情况。组织决策模式如果是效率模式，往往会做权利性的决定，这种决定虽然有效率，能迅速做决定，但会压制不同声音，为日后的行动埋下隐患。

4.9.6　实施行动

实际的行动要坚决而果断。在事前的决策过程中，充分酝酿实施行动的合理性和可操作性，可运用民主和集中的决策方式，广泛地听取建议和意见，但执行中要排除干扰，统一行动意志，做好流程监控，及时发现操作中出现的问题，进行主动的反馈和处理。将事前、事中、事后各个阶段进行有机链接，在统一的领导下，将行动做到实处。

4.9.7 评估选择

评估分五个层次：一是对项目决策的评估，这个项目选择是否正确，是否会有更好的未来期许；二是对项目流程的评估，对项目的时机节点、流程的合理顺序及监控水平进行评估；三是对综合配套进行评估，已具备的条件和需要具备的条件；四是现状评估，项目的进展情况、流程和监控反馈结果；五是风险评估，存在和可能存在什么样的问题，解决方案是怎样的。评估可能会花费相当长的时间，因为评估的结果，可能会在更长的时间里显现。

4.10 场域的压力

人生如“器”，个体必然要承受压力，适度压力是个体成长的必要条件。所以，在压力管理中，有时减压，有时还要加压，无论是加压还是减压，都会有四点动因：外部环境的刺激；主观刺激；环境中的改善；主体适应与改善。压力会有不同的表现和表达角度，我们还是在场域中的压力，也就是职业环境的压力问题上进行讨论。

压力是一种推动个体生理和心理因素超出稳定域限的一种力量，它使人处于紧张状态，压力影响个体的身体和心理健康，我们研究压力不是解除压力，而是研究压力的应对问题。

4.10.1 工作中的压力源

工作的压力源主要来自七个方面。

(1) 工作本身所固有的特点。工作是问题的连续体，工作场域中，人们不断面对问题，解决问题，解决了旧问题，又会出现新问题。对问题的解决，有时会挑战人的行为能力，或暂时打破能力平衡，就会产生压力。

(2) 在组织中个体所扮演的角色，适合、适应、适度是稳定性要求，超出适合、适应、适度就会打破这种稳定性，让人感到沮丧。

(3) 不同人格对于外界刺激感受不同，对压力的评估会有所不同，也会影响到行为反应。

(4) 工作中的人际关系。人际关系实际是工作绩效的一部分，他人对个体的评价、关心、支持、压制、排斥都会给个体带来压力，人在失衡和不稳定、不确定的场域环境中会产生压力。

（5）职业生涯的发展带来的压力。人们都努力于当下，谋划于未来，对未来的担心、目标的不确定、职业前景的不确定会给个体带来压力。

（6）组织文化和氛围给个体带来压力。总有一些地方容易让人产生荣誉感和成就感，也总有一些地方让人产生逃离感和沮丧感，这就和个体所处的组织文化和氛围相关。

（7）家庭和工作的关系协调，包括精力的分配、相互认可、家庭成员成长的状况。这些感觉会以压力的形式存在于个体的意识中，但却随行于个体生存的每个角落里。

4.10.2 压力行为的症状

在压力状态下的个体行为会具有“带压”特征。

（1）与人相处时易怒，情绪不稳定。

（2）感觉工作和生活中有无力感。

（3）对周围和对生活缺乏兴趣。

（4）经常性或周期性地对疾病感到恐惧。

（5）有挫败感，认为自己不成功或很难成功。

（6）不能或很难自主判断。

（7）自我憎恨，不喜欢自己。

（8）感觉自己丑陋。

（9）对其他人缺乏关注和兴趣。

（10）不能完整地表达自己的真实感受。

（11）感觉自己是别人的讨厌目标。

（12）缺乏情境中的影响力和幽默感。

（13）有被忽视的感觉。

（14）对未来恐惧。

（15）感到自己做人和在家庭中角色失败。

（16）感觉没有真正的倾诉对象。

（17）注意力很难集中。

（18）不能在做完一项工作后，很快地进入下一项工作，没有保持工作状态的连续性。

（19）不喜欢开放的环境或害怕独处。

（20）压力的行为症状会带来身体症状，头痛、食欲不振、失眠、恶心、高血压、消化不良、胸闷气短。

4.10.3 主体冲突

主体冲突是指在工作压力中的不适应感觉和感受。对工作范围的工作责任不清楚，目标不清晰，对工作中起到的作用价值产生怀疑，低工作满意度，高工作紧张度，低自信，低自尊，高度焦虑，高离职倾向。主体冲突还体现在相互矛盾的工作要求，自己不愿意做超出自己工作责任范围的工作。主体矛盾更明显的特征是面对压力，主动调整的自信心不足或意愿不强，随弯就弯，或产生破坏性行为。

4.10.4 对压力源的改善

改善工作压力源是指对造成压力场域环境的改善。

（1）重新设计工作，使工作合理化、规范化，这样就能形成稳定性。

（2）重新设计工作环境，从人、机、物、流程、材料等方面改善工作现场条件。

（3）建立灵活的工作时间表或建立以目标为导向的考核方法。

（4）鼓励参与民主管理，为组织提出合理化建议。

（5）对个体进行职业成长的培训、咨询，提供职业规划的帮助。

（6）分析个体的能力，增强自知和自信，建立职业目标。

（7）推动个体融入团队，使其得到同事的关心和帮助。

（8）建立有效和公平的激励机制。

（9）周期性地分析工作成果，并形成制度。

（10）保持合理的压力水平。

通过压力源的改善，体现社会和团体支持，使个体在缓解压力的同时，抗挫力和行动力得到提升。

4.10.5 工作压力的应对

（1）认识并承认目前存在的问题，压力是工作的一个主要特征，在各个时期任何人都要经历，与个体在场域中的所处环境不存在特殊关联。

（2）正确判断压力状况，如果个体主观动机出现对压力改善的意愿时，随后就提供多种可选择的减压方法。

（3）采取三级干预缓解压力。一级干预是改善工作场所压力源，以给组织成员更多的灵活性和决策控制力；二级干预是分析和判断压力状况；三级干预是帮助组织成员从压力事件中恢复的手段和方法。

三级干预不仅是解决个体的场域压力问题，更重要的价值是通过压力的三级干预，加强个体和组织的互动，改善压力下的场域关系。

第五章　解释风格

自然界有它本来的样子，它从不辩解和愤怒不同的认识和理解。但人就不一样，他们拥有互相验证的知觉、视觉、听觉、嗅觉，这时候人们已离开自然世界的自然本身，用自己的感知创造了一个属于自己的或者是属于那个群体的世界。因此，决定我们观点的常常不是那个自然存在的事物，而大多数是我们对事物的理解，但自然世界也并不是我们理解的那样消极，它只原谅人们的小错，从不肯原谅人类的大错。所以，尽管人类可以自由地反映和解读，但一定要小心翼翼，避免犯更大的错误。人们在自由思考的同时，必须建立自我批判体系。这种体系由信念、立场、假设、常识、性格、基因等要素组成，以上要素最终会形成个体对事物的认知体系，在这种认知过程中，同时出现了个体一贯的解释风格。解释风格首先要有连贯性的思维统御，这种连贯的思维统御使我们明确了建立在某一事物中的态度、原则和立场，这就是“主见”。在场域的价值体现中，迷失自我主见的人，肯定会出现立场缺失；立场缺失的人肯定会出现表现缺失；表现缺失的人肯定会出现价值缺失；价值缺失的人肯定会出现命运缺失。其次，个体的解释风格应该顺向，而不是矛盾。成熟的解释风格是在统一的大前提或大原则面前，表达不相违背的观点，而不是在解释风格中出现随意性的表达矛盾和冲突。最后，研究和了解人们的解释风格中的共有规律，甚至是共同缺陷也可以使我们避免犯错和不重复犯错。

5.1　信念解释

信念是个体对事物的稳定性看法和认识，当个体遇到场域中的事件和情境，个体会在第一时间反映这件事是对还是错、是同意还是反对、是喜欢还是厌恶，这种反映的结果可能不会在第一时间表现出来，但这些信念性体验一定会在第一时间出现，这种反映与个体的认知经验密切相关。

5.1.1　建立坚定而有根据的信念

每个人都有一套用来指导行动的信念，所不同的是信念有正确和错误之分，支撑其信念的理由和根据有强弱之别。“信念就是相信你所有的经历都为之证明，并且最有可能实现的事情”，“幸运的人类一生都被雄心壮志驱使着，雄心的职责是驱动生命的列车，而你的职责是使雄心保持活力”，“是信念把我们变成了怎样一个人”。不满现状是所有人取得成功的动力，信念就是那个内心中始终不能让你平静的东西，时刻催促你改变现状。每个人都想做自己想做的事，成为自己想成为的人，信念是人行动的纲领，是人行为最可信的理由。人们用信念阅读自己、他人和整个世界，我们对世界的所有认识，对每一件事情产生的想法，以及我们赖以生存的环境和整个世界的特征，所有一切都源于每个人不同的内心信念和生活阅历。

5.1.2 信念的形成渠道

信念是人的行为纲领，那么信念又是怎样形成的呢？信念形成的渠道来自四个方面。

（1）普世的指导。所有民族所推崇的宗教都是那个民族的信念，也会转化成个人的信念。问题的意义常常是由先哲们提出来的，全世界有史以来为数不多的人在影响不同的时代、不同的民族，而无数人的信念都在证实和丰富这些基本观念，只有这些普世的原则，会把这个世界变成无数不同的人，也正是这些信念，把无数的人变成相同的人。

（2）文字记载和传播。这个世界宁可没有语言，也不能缺少文字，所有的信息传承都是由文字的一脉相传而得来的，“读万卷书，行万里路”说的就是这个道理。现代人，读书量越来越少，但不等于阅读文字少了，那是网络替代了传统的图书，我们必须相信一个事实，人看到的文字总比语言的表达丰富上千倍。

（3）真实的证据。在人的过往经历中，总有称为“事件”的遭遇，人的信念是由若干个“关键事件”连接而成的。我们看见经历的真实，让我们更相信真实的本质。当我们无法相信的事实，有一天突然出现在我们面前的时候，可能“瞬间”就会改变我们心存很久很久的信念。

（4）我们自身的注意力。信念去收集证据，证据也会坚定信念，那些坚信有外星人的星外文明爱好者，最终会相信星外文明的存在，与那些不关心外星人的人相比，他们有更多的数据和信息，这些信息，往往是由几个偶然的关注，连线成一个稳定的看法——信念。

5.1.3 信念体系

如果有一个人说我不相信政治，我也不相信文化，我更对说教和历史不感兴趣，我就是关注属于我的切身利益。这个人不能说他没有信念，但肯定地说，他一定不会有信念体系。“居庙堂之高则忧其民，处江湖之远则忧其君。是进亦忧，退亦忧”，“先天下之忧而忧，后天下之乐而乐”，这是范仲淹的信念体系。信念体系就结构化来讲，应该是国家、社会、组织、个人层面；就内容来讲，应该是文化、政治、经济、历史。信念不一定使一个人成为专家，但信念体系的完整和形成，会使人建立多维的认知体系。正是由于这四个层面的信息支持和四个内容的文化储备，个体才可以被称为具有现代意识的文明社会中的成员。在信念系统的建立中，缺失的部分，往往是个体最为关心的部分，当一种本应提倡的信念被忽视和冷漠时，不是能量上的不足，就是心理上的绝望。

5.1.4　生活中的信念

生活中我们被自我信念决定着，如果把生活信念分为两种类别，一个是正向的，一个是负向的。正向信念告诉我们有能力、有力量、能胜任、能成功、受尊重、富裕、完美；负向信念告诉我们无能、没有力量、失控、软弱、受伤害、贫穷、陷入困境。有正向自我信念的人，有超强的自信和责任感，但可能会自恋；有负向自我信念的人，会追求更多的改变，体现自律和约束，但可能会自卑。真实的生活信念是正向和负向交替掺杂的，个体在某一方面可能是正向，在某一方面可能就是负向，在某一阶段是正向，在某一阶段又是负向，关键是体验这些生活中的信念，会给我们带来什么样的结果。自信而不自满、自责而不自卑、贫穷而不贫贱、谦让而不软弱。当我们被正向信念操纵时，我们可能容不下不同见解；当我们被负向信念操纵时，我们可能不能自拔，这时个体需要得到的帮助是做信念的平衡校正训练。

5.1.5　信念产生的固执

曾经有一位聪明的巫师告诉国王，他发现了把沙子变成金子的魔法。国王非常高兴，给了巫师一大笔钱。巫师向国王展示了这个方法，整个流程也不复杂，在这个炼金的过程中，巫师告诉国王，只要脑海中不出现“阿布拉达不拉达”这个词，就能炼金成功，但只要脑海中出现“阿布拉达不拉达”这个词，魔法就会失败。国王尝试了无数回，发现只要脑海里不想出现那个词时，那个词就会立即出现，最后国王失败了。信念不能没有，但也要防止固执，在生活中，许多事情与我们信念相悖时，我们就会产生烦恼和抱怨，“羊多叫一声，就少吃一口草”，抱怨不停只会让你失去更多，所以，信念是我们的奠基石，固执是我们的拦路虎。

5.2 立场解释

我们有时候不知道立场是怎样形成的，但我们会清楚地感觉立场在帮助我们做选择，那么立场会不会影响我们的观点呢？结论是立场决定了我们的观点。立场和信念有关，但立场会更直接执行信念的现实参与。当个体立场明确后，行动就开始了，立场是个体在场域中的主动性表达，没有立场的人，在场域中的参与感就会减弱。在现实生活中，明确立场才能让人印象深刻。从这个角度上说，人的个性就是立场的个性。

5.2.1 环境影响

立场的形成是多因性的，有环境的熏陶，有自我的成长，也有社会文化的影响。中国改革开放几十年，在这个历史演变的过程中，每个人都留下了历史的痕迹。那时，出生于富人家庭的孩子，会体验到社会经济变革给自身带来的红利，他们的父辈充实而自信，他们喜欢当下的生活，对未来有着十分美好的憧憬，这样家庭的孩子，到处都充满了满足感，这时他们就有可能建立了自信的立场；可能一个孩子出生在父母的企业解体、下岗待业的家庭里，从小就听到抱怨、不满和牢骚，这个孩子的负向立场就有可能显现。这里仅仅举一个例子，来说明立场的形成，与我们居处的环境有直接的关系，孩子们会在一定阶段走出自己的家庭，但人一辈子走不出家庭的影响。立场的形成既有经验性元素，也有后天的学习和成长因素。这样就能解释为什么同一家庭和社会环境出来的人，会有不同的立场选择。也就是说，在承认人受基因性环境影响的同时，我们也要充分关注到个体在立场形成过程中的主动能力。在困境中看希望，还是在希望中找困难，这几乎形成社会中的两个阵营、两种性格，当然也会形成两种结局。

5.2.2 对人的基本看法

立场是人际关系中的衡量指标，对人的本质怎样认识和理解也决定了个体的立场风格。中华传统文化讲人性善，人与人之间靠的是诚信价值来维护；西方文化说人性恶，用契约价值来维系。哪一个认知更接近本质？如果合二为一当然理想，但这只会是庸俗的平衡。有时，立场就是一种选边和站队。要么选择这边，要么选择那边，两边都选，就破坏了丛林法则。在对人性的认识上，的确不能用善恶来简单区分，但说到立场就不能模棱两可。晏子使楚，当时楚国为了羞辱晏子，让他从狗洞入城，晏子说，人到人国走门，人到狗国走洞，你说我来的是人国还是狗国？最终还是从门而入。对人的立场也是这样，你怎样对待别人，别人就会怎样对你。

5.2.3 乐观和悲观

乐观还是悲观，积极还是消极，也影响到个体的认知立场。林黛玉看到花，就想到今天我来掩埋你，哪天谁来掩埋我；薛宝钗看到飞絮，就想到，“好风凭借力，送我上青云”。在特定的环境中，需要乐观，有时也需要悲观，但一旦形成立场倾向的乐观和悲观，就会左右事情的结果。社会上的人，悲观有悲观的价值，乐观有乐观的意义，悲观往往产生思考，乐观多能成就事业。在生活处境中，我们更提倡建立乐观的立场。乐观是一种方法，也是一种修炼。个体一旦掌握了乐观的立场和风格，不但自己会有一个豁达的人生，也会感染他人，我们应该记住一句话——“疾病是传染的，乐观是感染的”。

5.2.4 哲学前提

在建立解释立场的过程中，哲学会起到十分重要的作用。生活中人们不是哲学家，但生活就是要透出哲学的勇气和智慧。小岗村的农民，不是社会发展的设计者，但他们的行为却推动中国改革的社会进程。如果有可能统计的话，会发现许多人的立场选择来自哲学的选择。“为什么我的眼中常含泪水，因为我对这片土地爱得深沉”，这是来自民族革命时期的哲学声音，“黑夜给了我黑色的眼睛，我却用它去寻找光明”，这是来自新时期的哲学思考。择章选句，名人名言，这些都是我们产生哲学立场的重要来源，哲学既产生孤独也产生凝聚。有时，看起来哲学家和他们的观点，不食人间烟火，但他们却是人群跟随的旗帜。当有可能的情况下，人们之间用哲学的立场去沟通，将会是刻骨铭心的，用哲学立场交往的关系也会历久弥新。

5.2.5 民俗

民俗对解释立场的影响也会十分明显。民俗就是一个民族约定俗成的集体行为规范。中国人不需要理由，一定要过春节，就像西方人过圣诞节一样。个体不但遵守自己家乡的习惯，民俗也是外界解释这个民族特征的窗口。旅游不见得就是游山玩水，更多的是体验民俗风情。一个不遵守民俗的人，将被群体边缘化。民俗不是一成不变的，民俗既体现那里历史的厚重，也表达现代的鲜活，一个有创造性的民俗文化会体现世界性意义。民俗经过长时间的历史沉淀，会形成那个地方的文化。在棒球场上，美国人在观看比赛中，被球打到，一般会提出投诉，但大多数韩国人被棒球打到，会自责站错了地方。这说明了民俗在解释风格的立场和作用。

5.3 假设解释

假设是个体解释风格的重要特征。

"没有假设我们该如何生活"，这样的句式在语法意义上讲也是一种假设。假设是一种心理缓冲机制，当遇到与自我心理不符的时候，当发生一些挫败事件的时候，人们常常会用假设行为，想象另外一些空间的结果，就会在心理上得到一些安慰。各种方案设计有许多是以假设为前提的。赌博心理一般都是在侥幸假设心理驱使下形成的，浪漫的情感，也是从假设的思维中找到激情的力量。

5.3.1 事前假设

事前假设对结果会产生重要影响。首先要假设预期具备合理性，预期过高的假设，不管结果多么正常，甚至完美，个体都会有一种失落感；预期过低的假设，不管结果是否完满，都会有些懊悔。事前假设有时会引起行为阻碍。一个不得不面对的公开演讲，个体会假设许多可能的结果，人来得多少、都会是什么样的人、对演讲的话题感不感兴趣、演讲能不能得到认同、认同和不认同的后果会是怎样。事前假设会干扰行为注意力，使个体在行动中患得患失，同时因为消极性的事前假设，许多人甚至中断行动。事前假设也会有积极的意义，有时假设思维会在事前帮助个体寻找思维盲区，假设就像雷达一样，使整个事件的连接更周到、更完整。

5.3.2 事后假设

事后假设是事后个体对事件发生的过程做尽可能的"复盘"，寻找更积极的意义或者是发现影响事件的各种关键性因素。在事后假设中，对历史的事后假设对我们有现实完型的价值。网络上的一个段子：潘金莲撑开窗户，撑窗户的棍子掉下去了，于是西门庆看到了，于是他们相遇了。如果潘金莲当时没有开窗，那么她就不会遇到西门庆。如果没有遇到西门庆，那么她就不会被迫出轨，那样武松就不会怒发冲冠，这样他就不会奔上梁山。如果武松不奔上梁山，哪怕水泊梁山 107 将依旧轰轰烈烈，但是如果没有宋江和方腊的战役，方腊也不会被武松单臂擒住。只要武松治不了方腊，枭雄方腊就能取得大宋的江山。只要方腊取得了大宋的江山，就不会有靖康之耻，也不会有偏安一隅，更不会有金兵入关。金兵不入关，就不会有后来的大清朝。没有大清朝，当然也不会有后来的闭关锁国，也不会有慈禧太后。没有慈禧太后，没有闭关锁国，自然也不会有鸦片战争，更不会有八国联军侵略中国。没有这些战争和不平等条约，中国说不定凭借五千年的文化，已经是最发达、最强悍的国家了。这虽然是怂人编的笑话，但恰好能说明事后假设的原本。“假如上天再给我一次机会，我会对那个女孩说三个字，我爱你，如果非要给这份爱加个期限，我希望是一万年”，周星驰在大话西游中的经典台词，是典型的事后假设。

5.3.3 假设判断

假设有时候会赋予判断真实的意义，有些规律，甚至是一些公认的规律，不是来自现实验证，而是来自假设判断。假设判断能间接验证我们的解释风格。当组织成员假设判断组织不信任他的时候，会自动调整对组织的忠诚度，忠诚度的下降，会引起组织的不信任，最后印证了他的假设判断。假设判断有时会具有积极的意义，“喜出望外”就是超出假设判断的预期给人们带来的惊喜。当个体能力和表现超出组织对他的假设判断的时候，个体会引起格外的关注和犒赏。

5.3.4 假设解释的意义

假设解释既然是人性的伴生品，在人的生活中如此重要，那么假设解释的正面意义有哪些呢?

（1）假设解释会使思维变得科学完整，我们在制度的制定中，出现许多缺陷，就是假设思维不完整。太多的事情，我们只做行为规定，不做行为后果判断，没有假设思维的思维最有可能成为“半截思维”。粗放式的管理，粗放式的改革，都会因为假设思维的缺位，而产生现实困难，最后常常是问题倒逼我们去思考。

（2）验证性又是假设思维的又一重要价值。“没有思考的生活不值得去过”，我们不怕犯错误，就怕一错再错。假设思维会在事前、事中、事后做验证性思考，避免人们犯重复的错误。

（3）假设思维最有可能引发批判性思考，让人们多问几个为什么，多想几个怎么办。

（4）假设性思维还具有弥补性思维的功能。当个体遇到挫折时，人们会用假设思维，重新设计可行性方案，如果说失败是成功之母，还不如说检讨失败才是成功之母。

5.3.5 假设的局限

（1）假设不是事实，因为假设缺乏证据的支持，自以为是就是把假设当成事实来理解和判断，在人际关系中，太多的假设思维，造成了太多的误解和无奈。如果假设男人和女人之间没有真正的友谊，只要男女之间关系过密，就一定会发生问题。

（2）假设思维自我设限。当一个人判断自己没有受到尊重，而恰恰获得尊重是这个人的核心价值，那么这个人在场域的人际关系中，会产生许多拒绝行为。因为，许多人际联系一旦和自尊挂钩的时候，为了使其核心价值不受损失，那个人会更多地选择逃避。

（3）假设会使人丧失机会。当时间限制了选择的时候，假设思维总会走出来帮倒忙，为什么时间这么紧迫，就会假设其中会有时间陷阱；为什么机会来得这样突然，就会假设其中有欺诈的可能；为什么好事会降临到我的头上，就会假设天上不会掉馅饼。

5.4 我向解释

我向解释是指个体站在自我倾向的立场上，对事物的认知和看法。人的惜我本能决定人们对事物的看法，会在自我的原则上趋利避害，还可以有一种理解，我向解释代表自我真实。个体在对事物的认识判断中，除了受社会、权威、制度、法律约束的影响外，对自己的接受和信任具有顺序性的优先，于是，很多解释和理解就是以自我为半径的表达与陈诉，这种认知模式虽然存在局限性，但它更符合个体的认知逻辑。

5.4.1 价值归属

价值归属一般是指人在场域中价值体现的一种偏向自我的心理表现。在组织中常有这样的现象，当总结成绩的时候，个体会把这些成绩的取得归属于自己的努力；当绩效出问题的时候，人们就把责任推向别人。就是在自我的范畴内也会出现，成功了，个体会把它理解为自己的能力，不成功个体会理解那是自己的运气。在我向解释中，人们通过对自我优秀业绩的理解和表现，能充分表现自己的能力、表达自己的诉求、保护自己的利益。价值归属对东方人来说，表达得会圆润委婉，人们在解释中，会曲折地表达自己彰显能力的愿望。比如，赞美别人，实际上是抬高自己。我向解释中，价值归属习惯的局限会引起人际关系的冲突，当归功为己、问责于外的习惯，不能被他人认知和接受时，来自内在的自我评价的冲突和来自外部的利益冲突都会引起负向反应。

5.4.2 个人偏好

个人偏好是指在我向解释中，个体根据个人的原则和态度对事物进行认知和判断。个人偏好在不同的个体反映中，会引起不同的影响。我们常讲上行下效，就是个人偏好的影响在起作用。个人偏好还会出现代替性需求，家长要求孩子学习，并不等于家长本身喜欢学习，而这时孩子的学习，也不是自我意愿中的态度，孩子的学习单纯取决于家长的需求，这里的学习要求就是取代了孩子的要求，哪怕是合理的要求。在组织中也是这样，个人的偏好在个体范围内只决定自己的解释和选择，但上司的偏好，集体文化中的偏好，都会在不同程度上影响到下属和身边的人。

对偏好的共同解释，也会建立起各种圈子和社会联系。20 世纪风靡欧洲的小团体运动（集体性成长）则更好地发挥了共同偏好的效应，他们把有共同偏好的人们组织到一起，通过共同的互动，从他人的态度、风度、技巧中发现从未遇到的自己。

5.4.3 利益同质

利益同质是指在我向解释中，个体的立场更倾向于和自我有共同利益的一方。同情、共情往往来自利益同质的心理驱动。我们常说感同身受，指的就是在共同阶层、共同特质、共同利益的人之间比较容易产生理解和共鸣。少部分人绝对富裕，就意味着大多数人相对贫穷，而随着中产阶层的崛起，社会就变成菱形结构，富人和穷人都属于社会的少数，当同质群体结构发生变化的时候，社会的异质声音就会越来越放大，更多的阶层提出自我的利益主张，越是社会结构发生变化的时期，越是考验国家的政治智慧的时期。努力使每个共同利益的阶层都体现正当的利益和诉求。同质利益阶层也会带来局限，会使社会不同的阶层之间产生隔阂，增加社会和组织的管理成本。

5.4.4 经验

经验是指个体在以往经历中的自证成果。经验会给人带来解释经验的码头，这些解释的码头，常常被经验主义者占领着，经验主义者的口头禅是“我走过的桥比你走过的路还多”。经验的解释在某种程度上说，是宝贵的财富，当个体运用经验武装自己，保护他人的时候，会使自己少犯错误，使他人少走弯路。

经验主义的局限也是非常显现的，经验主义常常排斥创新和创新思维，他们不赞成冲动和热情，他们常常给新生势力带来痛苦，同时经验主义又时常打压来自创新成果的挑战。

5.4.5 兴趣关注

兴趣关注是以来自喜好的不同给予事物的解释和关注。“兴趣是最好的老师”，在某些领域由一个门外汉，变成一个行家里手，主要取决于个体的兴趣关注，聚焦于某一事情，聚精会神于某一事物，前提是你选择对了事情和方法，成为专家那是早晚的事。兴趣关注对于问题的解释和认知是生动的，它常常不被利益所左右，有时是用“无住生心”的境界去把玩他们关注的领域。通过关心带来了解，通过了解带来投入，通过投入带来机会，通过机会带来事业。

5.5 偏正解释

偏正解释是指个体在对事物的认识上，存在片面和不顾事实的解释现象。没有人相信自己的真实想法是片面的和不顾事实的，但这样的事情会无时无刻发生在生活中。“别人的错误在我们面前，我们的错误却在我们背后”，“成功总有许多老爸，失败只有孤独一人”，“人们宁愿接受更残酷的现实，但经受不住长期的忧虑”。这些思维现象都是我们在认识问题、解释现象中比较典型的反应。有些人，总是关注积极事件，解释它们的原因；有些人则过多地关注消极事件并解释它们的原因。偏正解释和立场解释不同的地方是，偏正解释是被夸大了的观点和立场。

5.5.1 自我服务偏见

我们所有的人都有自卑的情结，而那些看起来没有自卑情结的人只是在伪装自己。而事实上许多人对自我的感觉是不错的。多子女家庭中，对老人的赡养就反映自我服务偏见的真相。你去单独访问个体在家庭里对老人照顾方面的表现，按每个人自述的结论，一般都表现得孝顺、责任、贡献、付出，如果按照个人表述会让人理解为这将是一个完美的其乐融融的家庭。实际上“每个家庭幸福都是一样的，但各家有各家的不幸。”自作聪明和侥幸的心理也是自我服务偏见的表现之一。“别人可能，我怎么可能”，“到他那里是这样，到我这里就不一样了”，这些都反映了虚假独特性，这些片面的思维常常会使人犯掩耳盗铃的错误。老子说：“圣人去甚、去奢、去泰。”就是指出人要去掉过分、去掉奢华、去掉骄傲。

5.5.2 理由的形成

理由的形成是指在现实中出现一些问题的时候，是去找原因还是找方法。从逻辑顺序上人们常常是找原因，但是人们忘了找原因的目的是为了找方法。没有方法的原因，最终都会成为借口。

当有人被指责说谎的时候，大多数人心里和话里都会表达出“别人不也是这样干的吗”。

问题仅仅到这，借口就不会停止。喝酒的人，高兴要喝、悲痛要喝，有钱要喝、没钱也要喝，天好要喝、天不好也要喝，喝的理由无穷无尽，保护喝酒行为继续下去。

责任分散也是借口的一种形式，基层有抱怨，反映到管理者，管理者也抱怨，反映到社会，社会也抱怨，反映到国家，国家也抱怨，反映到世界，世界也抱怨，反映到上帝。大家都把手指指向别人，最后把问题指向无处。“猫呢？猫上树了；树呢？树被火给烧了；火呢？火被水给熄灭了；水呢？水被牛给喝了；牛呢？牛被扒皮了；皮呢？皮做鼓了；鼓呢？齐咕隆咚锵了。”这就是我们儿时玩的智慧。

5.5.3 权威影响

权威影响是指在现实中，人们对权威的尊崇和服从。权威从来都来自那时、那刻、那人，离开了当时的背景，权威就会产生局限。人们用权威的观点解释事物，从心理动因上来说有三个方面，一是利用权威的观点给自己的观点做依据，反对权威就会落下无知和傲慢的名声。这种权威是根据个体需求而选择的，学生的权威是老师，员工的权威就是上司；二是思维惰化，不是对现实事件进行推理、分析和判断，而是用现成的结论。公认的权威结论，会使不愿意承担的人逃避责任；三是讨好权威，有些势利者，把上司的语言变成语录，向上司取巧献媚。

权威影响也具有积极的方面，在学习个体和学习性组织中，通过对权威的尊重、学习、研究，使权威得到分享，形成原则，指导和提高工作绩效。

5.5.4 界限前移

界限前移是指事前干预，把评价的权利放到他人的那边。所谓防御性悲观主义者就是以失败假设为前提，他们不是承认失败，他们的主观行为不是放在如何成功，而是把关注点放在如何不失败上。界限前移在场域中的语法意义是“我可能说得不对，如果说错了请大家多原谅”，“我是个外行，不是懂得太多，但我也要说几点看法”，“帮到了，你不用感谢；帮不到，你也不要埋怨”，这些都是界限前移的表现特征。防御性悲观主义者的主要行为模式是“呈现脆弱”，骨子里更是要坚持自己的主张和解释风格。

5.5.5 排斥的反应

偏见会带来排斥，有时候排斥是一种立场，有时排斥也是一种情绪，解释不清，也不用解释。但在排斥的背后，总有一种内在的解释模式。当女人对男人，无论是怎样的男人，都予以排斥的时候，最有可能和她早期体验有关，当排斥潜移默化变成立场的时候，也就使个体形成了信念。排斥的解释立场一旦形成就很难改变，但这种排斥严重影响到工作和生活的时候，就需要他人提供帮助。

5.6 常识解释

常识解释是指个体对一般性规律的认识，一般性规律体现同一性、稳定性。不尊重常识，就不会被常识认可，不尊重常识的人，会被他人定义为无知。生活中我们常说：“人可以犯错误，但千万别犯常识性的错误。”常识是一种修养和教养，人们的行为举止也无时不在表现出常识知识。在公共场合中，喝汤不能出声，这在全世界可能都是一种常识，一旦不被遵守，就会干扰他人对个体的评价，也会干扰他人的环境情绪。无礼貌地打断别人的谈话，也会引起他人的不满和不安，这些现象都属于常识性解释范围。

5.6.1 思维性常识

思维性常识是指思维的完整性和合理性。“通情达理、知书达礼”就是思维性常识的反映。同理心、同情心，能够看到客观事实，能够理解他人的处境，社会和民族的同一性，可反映思维的常识。东方人的人性内敛就表达了东方人的思维常识。中国人的寒暄方式也充分体现了“闲话不闲”的思维方式。西方人的理性直接也反映了西方人的常识性思维。从这一点上看，常识也是场域中的问题。在这个地方可能是常识，在另一个地方就会成为例外，常识有时是一种规范，具有评价力量。法官与一位当事人讨论案情，法官问当事人，是否考虑上诉，当事人回答说：“上树？年轻时还行，现在这岁数可不行了。”法官无语。常识就是这样，能在短时间体现个体的身份和行为并带来他人评价。

5.6.2 行为性常识

行为性常识是指人的言谈举止适合环境要求的规范。仪表着装就是行为常识的主要体现。“奇装异服”能够反映人的独立个性和审美追求，但公共场合对仪表着装的要求是讲究的。比如，参加音乐会、参加社交集会都对个体着装提出规范性要求。在职业环境中，对行为性常识要求更加严格，比如，中国人民解放军实施的各种管理条例，都是对行为性常识提出要求。

5.6.3 交际性常识

交际性常识是指在人际关系中的常识性反应。社交中的常识性反应十分丰富。握手表达关系的距离。男女之间礼节性的握手不能满握；刚刚接触的个人之间握手，不能摇握；老朋友久别重逢不仅摇握，还要加上拍肩的动作表示兴奋。而公关性的握手就不能表现得太率性。

在人际交往中，目光交流也是一样，较亲密的目光交流是在脸上的“大三角”交流，社交场合是在脸上的“小三角”交流。对待人接物中的“过三门”（办公室的门、电梯的门、汽车的门），“迎三送六”（见面迎前三步，送别跟随六步），这些常识性解释，都会对个体行为产生评估性的影响。

5.6.4 语言性常识

语言性常识是指在人际交往中口头性语言的常识性规范。在场域的人际交往中，要想建立共同语言，就是要找到共同话题。“见什么人说什么话”就是指语言的常识性是否得体。有许多人交流上出现困难，当四目相对，却默默无语，很多人为此感到苦恼。一个人请客吃饭，对来了的人说：“该来的怎么都没来?”有些人听了不高兴，就走了；“不该走的咋都走了?”这人又说了一句，又走了一些人；最后，只剩下最好的朋友没走，这个人委屈地说“我说的也不是他们呀”，那个朋友听完这句话，也生气地走了。这虽然是个笑话，但能表达语言常识不当带来的尴尬。《红楼梦》中的刘姥姥到荣国府打“秋风”，当王熙凤向刘姥姥大吐苦水的时候，刘姥姥奉承地来了一句“怎么说，也是瘦死的骆驼比马大”。形象生动地描绘了刘姥姥语言性常识的缺陷。

5.6.5 反应性常识

反应性常识是指对个体常识性违背的解释方法。包括共同性反应、区别性反应、一致性反应。

共同性反应，是探讨个体是否会始终有这样的表现。

区别性反应，是探讨在不同的情况下，个体是否会表现出不同的行为。

一致性反应，是探讨其他人在这种情况下，是否也会表现出这种行为。

在课堂上学生们睡觉，共同反应是这个学生经常在课堂上睡觉；区别性反应是有的时候他在课堂上就不睡觉；一致性反应是不仅他在课堂上睡觉，而且许多学生都在课堂上睡觉。如果个体在课堂上睡觉是个体的反应性常识错误，但许多人在课堂上睡觉，就要反思是课程设计和老师教课能力是否犯了常识性的错误。

5.7 性格解释

用性格来解释人的行为和个性常常是我们对不同类性格的认知工具。性格认知来自两个方面，一是自我性格的认知；二是他人性格的认知。人们渴望对自己的了解，胜过对他人的好奇，当我们把自己归类到各种性格描述的时候，好像我们从未像今天这样了解自己；当我们按照性格分类描述自我思维的时候，我们总会发现自己在那个性格描述中熟悉的个性。性格解释极富塑造意义。我们周围的人，很少从未关注和了解那些关于性格分类和描述性格的书籍，当一个人知晓一些性格知识的时候，他们很快就会引起身边他人的关注。对不同类性格人的理解，性格解释也是一个非常直接的认知工具。

5.7.1 思维型的性格

思维型性格的人其热情极少外化，逻辑的思维就是他们赖以生存的价值支撑。荣格将这类性格的人归纳为五个特征：一是尊重事实，他们从不相信没有根据的说服，亲力亲为是他们行为的主要特征，他们相信自己的判断，从不迷信别人强加给他们的观点；二是思维性格的人愿意挑战困难的问题，穷其究竟是他们内心的积极动力，越是多数人不敢逾越的领域，越会引起他们的好奇心；三是思维型性格的人坚持原则，他们不愿意随波逐流，他们是自身的主宰，收买对他们毫无意义，这种人是对事的忠诚，而不是对人的依附，他们是实干家；四是对于他们钟情的事业敢于献身的精神，他们常常能以敏锐的直觉知道自己要什么，不要什么；五是他们可能变得专制、固执、自负，不接受任何批评，性格也会显得枯燥乏味。

5.7.2 情感型的性格

情感型性格的人是以人际关系为使命的性格，他们有五种特征：一是随时随地地保持热情，他们就像你等待了多年才出现的朋友，让你迷恋和惊喜；二是他们一般都是付出型的，为了维护和他人的关系，他们会做实际上的投入。这种性格的人，不会因为情感失败而心灰意冷，当他们出现感情困难的时候，他们会相信阳光总在风雨后；三是他们接受新的事物，时尚是他们生活的重要主题，和他们相处，是要满足他们对品质的要求。这种性格的人更重体验，凡是让他们感到有品质品位的东西，他们会毫不犹豫地投入；四是他们是情景的营造大师，他们浪漫鲜活，生活中各种各样的新点子体现他们的活力和追求；五是这类性格的人，不愿意在思维中苦熬，他们会多愁善感，情绪波动，有时和他们相处的困难是树欲静而风不止。当他们觉得被冷落的时候，就是他们采取报复行动的开始。

5.7.3 感觉型的性格

感觉型性格的人是以实现价值为导向的性格特征。感觉型性格的人随时以目标导向为自己的行为导向。感觉型性格也有五个特征：一是尊重事实，从不做不切实际的幻想的事情，他们不是生活中的苦行僧，价值付出是以平等交换为前提的。他们有时体现忠诚，但这种忠诚是要非常有根据的，不然他们绝不会轻易付出；二是他们是一群平和而具有处理环境能力的人，他们随时随地都可能成为环境的评判者，这是因为他们不会把自己置身于没有价值的关系纠缠中，他们是头脑冷静的人；三是他们既是物质创造者，又是分享者，他们对利益有先天性的敏感，机会对他们来说走一个就会来一个，这不是他们不重视机会，而是机会对他们来说，从不会在他们面前轻易溜走；四是感觉型性格的人与各种形式主义格格不入，在他们眼中，他们就是效率的化身，“告诉我，不需要解释”是他们的口头禅；五是感觉型性格的人容易以自我为中心，冷漠、自私，有时为了他们要的东西，也可能不择手段。

5.7.4 直觉型的性格

直觉型性格是以发现为使命的一群人，这种类型的人和思维型性格的人有许多相似之处，但他们是以想象力为特征的性格类型。如果说科学家需要的是勤奋，对直觉型性格的人来说，他们更多地体现的是天分。直觉型性格有五个特征：一是直觉型性格的人是一群光明磊落的人，他们不善于权变，不屑于玩弄阴谋，他们不约束别人，也不受别人约束。他们独往独来的风格，会让他们感到魅力无穷；二是他们是天生的艺术家，具有发现审美和创造审美的能力，这个世界不能全都是他们，但没有他们这个世界会变得庸俗和无聊；三是他们的职业忠诚度是最高的，他们的职业虽然不能用围墙来表达，但一般是他们一旦选择了他们钟情的事情，就会愿意毕其一生的精力，全然投入其中；四是他们性格直率，不太在意别人的看法，他们标新立异，让人过目不忘；五是在这个人群中，出类拔萃的毕竟是少数，许多人无数次的开头，却缺乏完整的实践过程，这是天才最多的人群，但他们中的一些人会潦倒一生，贫穷最有可能在这个人群中发生，问题是他们不惧怕贫穷，有时还以此为荣。

5.7.5 主副性格

人们在探讨性格分类的时候，总会觉得自己不好站队，可能既有这样的性格特征，又有那样的性格特征。实际上，在复杂的人格表现中，如果用四种、五种、九种类型来描述，相信性格特征就会相互渗透。当你遇到挫折后，尤其是规律性挫折，就应该检讨一下，是否在工作和生活中，颠覆了你的主副性格的结构。当一个人在场域中，真正的性格被压制，而副性格的种种表现对你来说就会感到不适或产生挫败感。

5.8 标签解释

标签解释，“我是谁”，“从哪里来”，“到哪里去”。我们要回答这样的问题，我们要回答别人提出这样的问题，我们能否向自己说清自己，向别人说清自己，就需要做标签解释。我们也会用“你是谁”，“从哪里来”，“到哪里去”等同样的问题去了解和解释他人的标签。标签解释要回答的问题就是要说明“你要表达的你自己”和“别人要表达的他自己”。

5.8.1 现在是谁

回答这样的问题大概有四个维度，你现在承担的职责是什么？你能够专业地解决什么样的问题？你自己和他人的评估是什么？在时间上你现在承担的职责是可持续的，还是暂时的？关于个体的标签解释，这恐怕是第一步，也是不能省掉的一步。人们判断自己的能力，他人判断你的价值，无一例外是要从回答现实开始。在标签解释中，有的人是清晰的、准确的、完整的，有些人就是说不清楚。关于标签解释，也存在个体的态度问题，首先你对现实满意吗？如果不是，大概你就不愿意重复对现状的描述，许多人回避标签解释，一是有没有，二是对不对，三是好不好。现实描述如果能满足一个人的自尊，回答起来就会比较轻松。这里需要注意的是，标签解释传达的信息不完全是你是谁、能做什么，而是要传达能力的信息，有时还要传达对关注者的能力信息。当个体表达出自身的能力能够帮助他人的时候，会体现自我满足的需求，也体现满足他人的能力和愿望。

5.8.2 未来是谁

对未来的解释是对当前不满的弥补。许多人会有“我不知道我现在是谁，但我知道我将来是谁”的体验，现实是将来的引线，现实越来越短，不代表未来会越来越长。在回答将来是谁的时候，会引起我们对未来憧憬的冲动。但也有人借未来而逃避当下。在当下和未来的衔接中，我们都有曾经的过去，有些人沉湎于过去，幻想于未来，但就是没有很好地把握当下。我们对在未来的认知中，容易出现的误区是当我们还没有实现未来的时候，我们就把自己当成了未来。当我们在现实中遇到冷遇和不公，都使我们把改变寄托于未来，而放弃了当下的努力。人有十年“旺”，当我们从这一个十年，规划下一个十年的时候，在我们的记忆中，常常是重复而不是改变。

5.8.3 真正是谁

要避免在现实中碰壁，就要了解真正的自己，但人都有自我偏见，可能使人很难了解真正的自己，特别是在不真实的场域环境中，“镜像自我”也会出问题。在现实生活中“来说是非者，便是是非人”，有的人当你的面，表达对你的看重和敬重，对你做标签解释，但他们对你长处的评价，有时恰恰正是你的短处。但人的弱点在于，接受别人赞美的时候总会找出许多接受的理由，接受别人批评的时候，总会找到许多拒绝的理由，久而久之，就会丧失自知能力，就像皇帝的新衣。当人们听不到真正声音的时候，就是失去真实自我的开始。

现代戏剧中，有一种艺术形式，就是内心对白。当演员在场域中说着冠冕堂皇的台词时，其心里的真实想法用旁白的方式表达出来。人应该借鉴这种戏剧模式，把与自己心灵对话的通路打开，做到了解真实的自己。

5.8.4 可能是谁

这个时代缺乏榜样，但不管怎样我们都要想方设法找到自己的榜样。现代人的心灵语言是“我谁都不做，就做我自己。”实际上，这个观点看上去比较时髦，但最有可能使自我迷失。想要做到什么，你就要交什么样的朋友，你要了解这个领域成功的人。在我可能是谁的问题上，人们存在一个误区，我们满足于把事做对，但有时我们忽略了把人做对。做什么人，是人成长中重要的标杆，是十分必要的心因引擎。因为事情做不完，事情总要变，而坚持选择不变的人生方向，做什么人，就显得比什么都重要。做自食其力的人、做养家糊口的人、做有益社会的人、做报效祖国的人、做奉献人类的人，也许是人生最重要的五个成长进阶。

5.8.5 想要成为谁

想要成为谁，这是自我独立的一种标签解释，也是理想和现实相结合的一个追求目标。要想成为谁，需要有一个成功的脚本，没有人能随随便便成功，在成长的过程中，必须有一个计划的人生。在组织中，有正式员工，有非正式员工，可人生并没有正式和非正式之说，但在成长的过程中只有通过不懈努力、准确计划才能达到理想的彼岸。当然在编写人生脚本的时候，要认清自己真实的动机、能力和有效的行动。

5.9 基因解释

基因解释，是指个体所具有的自然和本能属性思维特征。人们有时排斥基因，就像如今人们反转基因一样。基因风格限制了人的自主发展，我们每个人都有改变基因的愿望和冲动，但有一点我们不能否认的是，我们即使改变，也只是改变基因过程的内容，而不是基因。社会学意义上的基因不是单指先天的遗传，而是更广泛的文化基因、性别基因、阶层基因、职业基因、家庭基因。

5.9.1 文化基因

生长在不同文化背景里的人，就会有不一样的行为价值取向。文化是解释人的行为的直接线索。比如，有神论者、无神论者，有神论者把自己的命运寄托于宗教，他们对神秘现象更感兴趣，他们相信因果轮回，他们行为善良而温和，他们有时对来世的寄托多于现实的欲望；无神论者与其相反，他们相信自己是造物主，坚定而扎实地坚持自己的理想，他们心中没有太多的约束和羁绊。生活在都市中的人和乡村中的人也是不一样的。现在都市里的人和乡村里的人比较起来，归属感就比较弱。都市里的人，敢于放下过去的既得利益，如果哪里对他们的理想有诱惑，他们会毫不犹豫地投身其中；乡村里的人不是这样，家乡就像一根风筝的线，不论走到哪里，他们的心永远会放在他们赖以生存的土地上，这也就是常说的乡情。

5.9.2 性别基因

性别基因的解释风格更让人觉得清晰明了，人们常以性别特性来解释行为原因。性别基因不仅仅是生理划界，更是社会学划界。男孩子从小被心理塑造成强人、男子汉，和女孩子相比，哭对他们来说有时就是一种奢侈。他们的长辈和周围的人总告诉他们"男儿有泪不轻弹"，告诉他们，你是男子汉要坚强勇敢。"穷养儿，富养女"，这些传统的理念就是基因解释的代表性依据。在两性关系中，由于基因性解释不同，也会引起麻烦和误解。许多男性认为频频邀请约会，会使女性非常开心，而事实上，这种行为对于女性来讲，她们把男人不恰当的邀请理解为骚扰。男人对异性的兴趣远远超出他们的自我评估，虚假普遍效应，使男人更容易自作多情，他们很容易将女人的一个微笑收藏在情感的账簿上。

5.9.3 阶层基因

每个人的性格特质不同，但一旦进入社会规定的阶层，就会有一些同质化的现象，比如，领导风格、行为特征。有人评判当一个人担当了更高一级的职务后，他的风格就随之发生变化，"官升脾气长"。实际上，社会对阶层都有象征意义上的要求。下级私下评价上级时候说这个人举止像个领导样，说这个人有领导水平，都会有刻板印象。在其位谋其政，你如果是领袖阶层的人，就不得不拿出发号施令的样子。对于下属阶层也是这样，社会感知能力差的人，有时身处下层，却摆出一副领导的派头，或不恰当地发号施令、指派和管理他人，这样的人最后的升迁之路会异常曲折。因为，生存法则教导人们阶层的适应和行为范式，在你还没有形成个性自由的时候，这些是你必须遵守的行为准则。

5.9.4 职业基因

职业基因是指各行各业的行为范式和准则。职业基因为在职业中的行为解释提出了线索。有一些行业在漫长的演化中，虽然离当初的形态越来越远，比如理发行业，发展到今天和他们前辈挑挑、打嗡的职业形象已相去甚远，但在这一行业中人与人之间的殷勤沟通却是代代相承的。就像人们解释中国饭店里的厨师，他们为什么至今还在遵守拜师学艺的传统，在餐饮业里，大师傅对后厨的掌控能力就是职业基因解释的依据。

5.9.5 家庭基因

"父母是孩子的第一任教师"，个体成长受家庭的影响是最明显的。一般来说，未成年的孩子在相当一段时间内的理想就是把自己变成像自己家中父母那样的人，人在家庭初期的成长中，父母在孩子的眼中神通广大，无所不能，到了青少年时期，他们也有一段相当的时间去反叛他们的父母，坚持自己的个性成长，他们希望不再步他们父母的后尘，自以为和父母相比更会有一个远大的前程，到了成年后，他们会发现，当年的想法有些幼稚可笑，不管他们接受不接受、愿意不愿意，他们后来都慢慢地变成了父母当年的那个样子。家庭基因除了自我解释，还会出现家庭成员的相互解释，母亲对儿子说“你怎么和你爸一样呀”；第一次上门的女婿，对未来的岳母大人细心观察，他不是关心岳母大人的现状，而是关心媳妇的未来。

在各种各样的面试中，考官们对应试者的家庭背景都比较关注，因为对于一个年轻人来说，他们长期成长的那个家庭环境对他们的自身成长显得太重要了。这里说的不是家庭环境优越有多重要，而是这个家庭赋予每个人的责任是多么重要。

5.10 归因解释

归因是解决问题的一部分，当人在现实中出现问题的时候，人们更关心现实结果背后的原因，找到原因所在就是归因的过程。归因的意义在于澄清责任以及我们面对复杂问题的时候，谁应该做什么样的事情，采取什么样的行动。

5.10.1 内归因

内归因是指把人的行为作为结果依据，从个人行为的角度出发，对个体进行表彰或惩罚。组织中的管理者，既对绩效的环境负责，又促使组织成员为工作绩效负责，当组织成员成为管理对象的时候，管理者很自然地把注意力放到内归因上，面对问题，他们不是优先考虑改善绩效环境条件，而是把问题的原因归到组织成员缺乏高水平的工作能力，没有努力尽职工作，个人成就需求水平低等方面。内归因显而易见的局限是会引起组织成员和管理者之间相互不信任的情况发生。

归因的角度决定了对问题的接纳和宽容度。孩子学习成绩出问题，大多的家长采取内归因的方式，这对孩子不公平，会在孩子的记忆中，形成关键事件，成年后，他们更容易寻找辩解的理由，以洗清被误读的自我。

5.10.2 外归因

外归因是指把行为结果归结于个体之外的因素影响。站在组织成员的角度，他们对现实中出现的问题更可能采取外归因的方式去看问题。外归因和内归因有时会产生交叉归因。心情不好、心理不稳、情绪上受到干扰，通常意义上说，一般会把这些因素看成内归因，因为这些心因性反应属于个体内在反应。但对于个体来讲，他们会把心情不好、心理不稳、情绪上受到干扰表述为外来的影响。一般来讲，归因应该是内外两个方面的平衡，组织管理者多注意环境建设中的问题，而个体也应该注意个人对环境的贡献问题。适当的视角调整，对组织中的人际关系，特别是上下级关系十分重要。当然这个调整不是自动出现的，而是组织和个人的改善动机和沟通效率的问题。

5.10.3 主观归因

由于归因的风格不同，所以归因有其主观倾向性。个体内归因解释风格的人会把取得的成绩归于外因，把出现的问题归于内因，这是一种对自尊极其敏感的人，他们时刻警惕和不让自我心欲膨胀，有时候他们缺乏一种对自己的自信心；个体归因是外归因解释风格的人，一般不会被一时的成败利害所影响，他们坚信自己的成功，他们很少建立自我检讨的习惯。他们眼睛向外，易发牢骚。

作为团队的管理者，对不同的归因风格的人，要采取不同的引导。对于内归因风格的个体来说，他们需要外归因的引导；对于外归因风格的个体来说，他们需要内归因的帮助。归因平衡是个体成长和成熟的标志，也是管理者管理风格形成的重要考量。

5.10.4 错误归因

行为的结果常常是由内部和外部因素共同导致的，但在特殊情况下，环境会起特殊的作用。错误归因是在关注个体的人的时候，我们只专注于这个个人，情景只是成了参照背景。另外，在现实生活中，人们也常常忽视那些决定现实状况的环境因素。

5.10.5 归因中的失误

那些具有判断评估资格的人，可能是一些权威者，如老师、领导、家长、教练，个体从来和权威者存在隔阂，权威者以为他们是对的，但具有独立性的个体就是不愿意无条件地接受权威们的告诫，这种脱离的本能，就使权威者的信息失灵，一个孩子在家长眼中永远长不大，但在别人看来就不是这样的，从这个角度看，权威的评价是靠不住的。另外，人们在被关注的时候，表现容易失常，在关注压力的情况下，人们越是想表现得优秀，却越是事与愿违，这时归因性解释就难免出现失误。

第六章　积极绩效

绩效通常是能力分子实现的，但积极绩效是由优秀分子创造的。“你可以买到一个人的时间到固定的场所去工作，你可以买到你所追求的绩效，你可以买到那些遵守规定的人，但你买不到热情，买不到全力以赴地忘我投入。”能买到的是绩效，买不到的是积极绩效，而你要把企业做好，你就不得不想法获得这些。

绩效不是孤立的，个人绩效只有通过组织的绩效认可，才会有真正的意义。在各种各样的人才追逐中，表面上看用人单位在追逐能力分子，提出各式各样的技能要求，组织愿意使用现成和能用的人，因为他们是能力分子。但能力分子不等于优秀分子，优秀分子不能简单地用技术能力来概括。技能创造价值毋庸置疑，但技能是一种有价格的交换，交换的原则本身意味着是等价交换，因此，组织中要设法追求超越这种价值的价值，才会有积累的力量。超越交换那部分的价值是宝贵的，它常常是一种财务外的衡量，但比财务内的衡量要重要得多。一个技术合格的人才，如果动机、沟通、责任、自制等方面不能有效保证，总会在某一个地方影响到个人和组织绩效。我们常说“好人不一定好用，不好的人一定不能重用。”好人通过培养可以好用，但动机、沟通、责任、自制等方面十分欠缺的人，早晚会成为组织中问题的一部分。

一个积极绩效一定会是专业技能和心理效能两个部分的体现，职业心理效能学的任务，不仅是为组织培养一大批好人，而是培养同时拥有技能和效能的优秀分子。

6.1　绩效区域

从绩效的角度来说，人的能动是受限制的，所谓能力，就是说人总要努力寻找和靠近与自己相适合的环境，这个环境不论有多好、不论有多差，人是以适应为前提的，人对环境的适应是有自主性的，人往高处走，很少有人愿意长时间处在静止和没有发展的处境里。在说到现实环境的时候，人们就验证了“现存就是合理”那句话。当与现实中的人讨论他们的处境的时候，他们总会找到自我存在的理由。从职业心理的角度来讲，人们总是处在四个发展区域中。

6.1.1 舒适区

舒适区是指由于个体资源、能力、特长因素导致个体长期稳定于一个发展范围。舒适区一般是指职业的舒适区。人在成年以后，对职业的选择是不可回避的问题，很多人回忆起当年的职业选择，常常是感慨良多，也有人做了许多职业选择的假设，但舒适区表达的，就是现在你所坚持的职业，这就是属于你的区域。当初，有些人可能是凭着某种关系进入了一个职业，有些人凭着专业学习进入一个职业，有些人凭着当时的处所进入了一个职业，实际上，职业上的舒适区就是离你最近的那种可能。不管当初你多么纠结，不管当初你的想法是什么，过了若干年后，这个区域就是你赖以生存的区域。舒适区的适应，不光给我们带来利益，还会带给我们资历、势力和安全感。当一切的能力、经验、凭证包括个体意愿都为你做职业挽留的时候，这就是你的舒适区。

人在职业选择中，首先要找到属于自己的舒适区，才会找到职业上落地生根的感觉，职业舒适区能保证我们的存在，但人的本能告诉我们当人们一旦满足了职业安全感，就一定产生下一个阶段的要求，就是进入犒赏区。

6.1.2 犒赏区

犒赏区是指人在职业过程中引起关注和形成影响的需求。人们一生在安全和挑战中走来走去。安全感一旦满足，挑战的需求就随之而来，挑战遇到压迫，他们又渴望回到安全感之中。犒赏区和舒适区不一样的地方是犒赏区最有可能是职业生涯的一个片段，一个关键事件。人的职业生活虽然长期处于舒适区中，但却停留在犒赏区的记忆里。比如，某一年得了什么样的奖励，为了这个奖励的获得我们付出多少辛苦的努力；在什么时候我们经受了什么样的挑战，我们最后怎样取得了同行甚至对手的尊重；在什么时候我们遇到了意想不到的打击，我们是怎样扛过来的；什么时候，我们能证明我们做得很棒，我们每个人都有或总会曾经追求犒赏体验。在虚假普遍认同的心理干预下，会让这种犒赏心理来满足我们的自尊。犒赏区让我们感到局限的是，人们常常把自己的能力评价固执在这种高峰体验中，过高地估价自己，有时对于经常处于舒适区的个体来讲，总有一种说不清的情绪，那就是寂寞。

6.1.3 体验区

体验区是指个体在职业的某一领域产生一种独特的理解和超越。在体验中的人，他们是以拯救自我的心态出现的，他们要求在自己的领域中做到独一无二，他们努力求证自我天才的数据，时间有时对他们来说是停止的，他人的评价对他们简直是不屑一顾，利益也不是他们要追求的，而这种体验往往是和更大的成功和利益相联系的。体验区里的人，大多数是冒险家，他们有时并不知道他们追求的一切最终会给他们带来什么。体验区中人的疯狂有时会连累他们身边的人，可能是离他们最近的人。有人不顾现实地沉浸在体验区中不能自拔，他们中有的人干脆放弃了赖以生存的舒适区，但这种偏激和偏执，最容易出现自我认知上的错误，他们自以为为了理想不懈奋斗的时候，他们以及他们的家人，有时已是伤痕累累。

6.1.4 价值区

价值区是指个体能力和选择环境得到了充分的满足和验证。价值区中的人，既不像舒适区的人不时地感到平庸，又不像犒赏区中的人不时感到空虚，也不会像体验区中的人那么兴奋和疯狂。价值区中的人，不用真实的辛苦，从某种意义上说，他们是遇到对的时间、对的事和对的人。价值区中的人更能体现的是机遇。但我们也不能简单解释他们的机遇，他们是一群高智商和高情商的人，更多地体现智慧、豁达和克制。表面上看，是机遇眷顾了他们，实际上是他们固有的品质也创造了无数的机会。有时价值区也是这样体现的，一杯咖啡，在家里喝就不用多花钱，但到咖啡店里就另当别论了；在家里唱歌，没有人去收费，但到了歌厅里，却有无数层次的收费标准。这些现象分析起来，就是价值区在发挥作用。

在价值区的人，最需要警惕的是梦里不知身是客，这个区域虽然诱人，但绝不能一劳永逸，当有一天尘埃落定的时候，就需要你清醒知道你是谁，“拿你当啥，你啥都是，不拿你当啥，你是啥?”

6.2 绩效状态

在效率团队中，有时同时存在多种绩效状态，积极绩效、平庸绩效、风险绩效、消极绩效，不同的绩效的程度状况，决定了这个时期的组织绩效水平。在组织绩效中，要十分努力地争取积极绩效，重视和改善平庸绩效，警惕和监管风险绩效，消除和防止消极绩效。

6.2.1 积极绩效

绩效是利用资源产生的绩效，而积极绩效则是资本范畴的事情。组织文化对积极绩效产生重要影响，由组织文化创造出来的积极绩效是组织的核心竞争力。资本层面的因素，首先，要考虑人的因素，把人当作成本，还是把人当作资本。用以人为本的理念来理解，这是两个不同层面的管理水准。如果把人当成成本，是削减模式；如果把人当成资本，是追加模式。其次，组织的战略和流程，也会产生积极绩效。组织战略要有效地调整组织成员的心理预期，使组织战略和组织成员的个体诉求想到一起、合到一处、做到一处、上下同欲，以期实现组织的液态化管理。液态化管理的表现形式是自知和自觉的行动，一定是属于积极绩效的范畴。

核心技术和资源也能产生积极绩效，人无我有的核心竞争力，也是资本层面的东西，属于积极绩效。积极绩效有时是无条件的绩效，“有条件要上，没条件创造条件也要上”，在当年的历史环境中这叫时代精神，而在具体的组织环境中，这就是积极绩效。

6.2.2 平庸绩效

平庸绩效是指有条件地完成和创造绩效。在经济组织中，积极绩效不可能是全体绩效。优秀分子也会是少数。而平庸绩效是组织中大部分绩效反应。有投入才有产出，而产出的定额指标具有稳定性和可测性。所谓有条件完成，主要是指交易产出、投入产出、承诺产出、管理产出。平庸绩效的标志性的理念原则是“端谁碗，归谁管”，在整个绩效产出过程中这些交换原则是组织绩效最基本的原则，也比较容易把握。所以，我们在讨论职业力的时候，得出这样一个概念，“职业力是你通过满足别人，进而满足自己需求的交换能力”。

平庸绩效最有可能通过心理效能的提升、组织文化的塑造而上升为积极绩效，也是组织管理应该追求的一个基本目标。

平庸绩效的局限是，投入一停止，绩效就下滑，甚至停止。所以，在平庸绩效体现的不是诚信的原则，主要体现的是契约的原则。

6.2.3 风险绩效

风险绩效是指明知绩效中存在不稳定因素，但在风险中实现的那部分绩效是我们所需要的，用“火中取栗”描述风险绩效也许是比较恰当的。

在经济组织中，绝对安全的绩效是没有的，高风险意味着高回报，况且我们在取得绩效的过程中主动地建立风险抵御和化解机制。绩效中的风险我们常常理解为资本风险、市场风险、竞争风险、用人风险、欺诈风险。按照职业效能风险的防御，我们就应该讨论用人风险和欺诈风险。有效能的人，具有流动性风险。当个体的初衷没能满足、当效能评估出现分歧、当成长性需要重新选择的时候，用人风险就会出现。用人不当也会出现管理风险。

防欺诈是从经济组织存在的第一天起就开始发生的问题。欺诈会带来危机，财务欺诈、功能性欺诈、信息欺诈、成果欺诈，每一个组织差不多都要面对，而自我欺诈是一切虚假欺诈的根源。见利不见害也会使组织承受风险。有时个人和组织为了暂时的利益参与欺诈，但是必会埋下更多欺诈的隐患。

6.2.4 消极绩效

消极绩效是指在绩效中引起破坏作用的那部分绩效。如果管理者有一种方法，能够统计出组织中出工不出力的现象或工作拖延的现象给绩效带来的损害，结果一定是惊人的。盖洛普提出的中国人职业精神投入的状况令人担忧。消极绩效的破坏力是显而易见的，首先这种消极藐视的是组织文化和制度，消极绩效的表现者首先是制度的破坏者，要注意消极绩效中的一些特殊成员，他们代表的不仅仅是自己，可能他们代表的是更多人的想法。消极绩效的传染作用不能低估，如果不及时制止会引起连锁仿效的现象。

在组织特殊时期，更要关注消极绩效，消极本来不是人们心里固有的东西，而是环境在其中占有很大的比重因素。当消极绩效在组织中蔓延的时候，这时管理者的眼睛不要只盯在单一性问题上，而是要检讨组织环境中的一些亟待解决的问题。

6.3 绩效者类型

绩效讨论中对人的分析，也应是绩效讨论的出发点。在对待物质利益和职业价值方面，会有许多不同的价值取向。关系型的人，更在意场域中与同事之间的相互认同和帮助；归属特征的人，更追求稳定的职业和收入；志在理想的人，会对自身的发展提出价值要求。

6.3.1 现实主义者

现实主义者，具备经济人的属性，这类人总是要争取利益最大化。现实主义者在绩效环境中的体现如下。

（1）利益是他们的驱动原则，“无利不起早”是他们人生的信条。

（2）现实主义者甘心情愿地接受领导，不愿意负起与利益不相干的责任，他们不会轻易成为志愿者，“凭什么”是他们首先要问的问题。

（3）现实主义者不会为自己设定固定的目标，因为他们的注意力是在利益上，只有利益才会牵着他们的鼻子走。

（4）他们对安全和安逸有同等的需要，只有金钱才能鼓励他们工作。

（5）他们中一少部分能够鼓励自己克制，能担当起管理的责任。

对于现实主义的人，不要企图改变他们，他们喜欢的是简单。对他们的考核就是要以结果为导向，重视任务的完成，这种方式也叫任务管理，尽量少给他们增加与收入无关的任务，鼓励他们积极完成工作绩效。在物质激励方面要做到量化准确，分配及时。对他们中的消极怠工者要采取更严厉的管理措施。

6.3.2 集体主义者

集体主义者十分重视在场域中的角色、作用和认知，良好的人际关系是调动他们的决定因素，集体主义相信关系就是生产力，同时绩效也来自社会环境和心理因素。

对集体主义者的管理和积极性的调动应注意以下几点。

（1）不能把目光仅仅停留在绩效上，而应该重视人、关心人，特别是满足人的自尊价值。

（2）重视他们的关注点，吸收他们参与民主管理，培养他们提高人际关系维护能力，培养和形成他们的归属感。

（3）重视集体荣誉和奖赏，对于集体主义者来说，过多的个人荣誉会让他们感到压力。对于集体主义者要相信他们的两种忠诚，相信他们忠诚组织，也相信他们忠诚所在的团队，不要试图让他们只做唯一的选择。

（4）重视与他们进行有效的沟通，他们常常会把自己当成组织和团队中的主人，对于责任意识不必去刻意地培养，但要让他们感到被关注和重视。

集体主义者在阶段性上会表现出超乎寻常的冷漠，那是当他们不太在乎自己和这个集体的关联，当他们的归属感受到冷遇和得不到支持的时候，他们会表现出伤心失意或过度反应，不过也不用过分担心，集体主义只要不离开这里，早晚他们都会把自己当成这里的主人。

6.3.3 理想实践者

理想实践者需要发挥自己的潜力，表现自己的才能。只有充分地表现并得到认可，才会使他们得到最大的满足。马斯洛说：“每个人都需要成为自己所希望的那种人，能力要被运用，只有发挥出来，他们才会停止喧嚣。”理想实践者具有敏锐的洞察力，有创造性，思想过度集中，他们主张在环境中产生影响，他们是少数人，有时他们需要独处。

对理想实践者，给他们一份他们喜欢的工作和责任就等于给他们以快乐。他们是工作狂，排斥指挥和教训，他们工作靠的是自觉，有能力把工作变成快乐游戏，让人感到奇怪的是，他们有时竟能把工作变成休息。

相信他们的能力，他们都是把信送给加西亚的主人翁。一般情况下，指责他们是比较错误的做法，尽管有时他们固执己见，但只要是在理性实践中，他们就早已发现了问题的根源所在，并自动承担他们应该承担的责任。推功揽过是他们良好的优秀品质。注意发挥他们固有的良好想象力和心理智慧，与他们为敌是管理者的大忌，因为他们常常代表的是正能量，他们的破坏力和创造力一样具有威力。

6.3.4 环境适应者

环境适应者最有可能也是环境的胜利者。他们的角色扮演有时看起来有些复杂，因为环境适应法则让他们具有多种脸谱，他们是良好环境的拥护者和维护者，他们适应而不是破坏环境，在环境中他们就是一个魔术师。但在他们身上有一种势力倾向，他们的原则和个性有时会弥漫于环境之中，他们是一群机会主义者。对环境适应者应当以权变的思维使他们在人群中体现自我品质。对他们的看法和评价，不是以特征类指标来衡量而是以状态类指标来衡量，对他们委以重任，当环境适应者被责任约束后，他们会表达和回归自我立场，改善他们在人群中的看法，对他们应该用灵活的管理方法，对他们之间的不同，对他们自我阶段上的不同，都应该给予关注。对他们提出更高的要求，也是一个明智的做法，因为他们的灵活和智慧有足够的能力使他们这样，同时他们在关注的目光中体验到自信和价值。

6.4 绩效挂钩

许多企业和他们的负责人，总在讨论组织中的绩效管理为什么会常常流于形式，有时好像绩效管理只是少部分人的事情。这里我们就要讨论如果要做好那里的绩效管理，就需要有一个前提，就是那里的绩效考核能否与组织中更多的人产生联系，那个考核能否和实际中的分配挂钩，那个考核是否决定那个单位的分配结果，这些都能改善考核流于形式、考核没人关心的情况，使那里的考核影响到更多的人。

6.4.1 绩效和能力挂钩

在组织中有能力的人即便是在自我绩效中，也会体现着示范和带动作用，有能力的人天生就是一个领导者，他们不满足于自我绩效的完成，他们以独有的方式，领导和影响他人，这类能力不仅仅是技能，而且是关系绩效方面的所有问题，这种人会把他们的眼光放远到未来。

关于对有能力的人的激励就是让他们感到有一种影响界限，而这种界限对他们来说，存在意义是不可或缺的。有能力的人最渴望得到的不是金钱，也不是名誉，他们最关心的是“领地”。所以关于能力的挂钩，就是让有能力的人，成为那个地方的领袖，并充分地授权给他们。可能许多人怕担责任，但他们不是，承担责任对他们来说就是一种信任。管理他人，也许是他们很早就产生的一种强烈的愿望，对于想拥有权力的人来说，获得授权就像取得大力神杯般的荣耀。

6.4.2 绩效和业绩挂钩

在组织中，总有一些“独具匠心”的人，他们所有的注意力都会放到做好事情上面，因为他们知道做好本职的事情对他们意味着什么。和具有管理能力的人相比，他们也有能力，只是他们更关心和专注于自我绩效。这类人界限感非常清晰，有时会让人觉得他们是私利主义者，没错，作为他们的管理者必须清楚，他们工作努力的背后，就是一种对价值回报的渴求，在这方面必须满足他们，并且尽可能地迅速满足他们。对于业绩至上者，少谈期权分享，他们宁可拥有今天的月亮，也不去奢望明天的太阳。即便是谈到未来，前提也是要满足于现实。对他们来说，他们的劳动受到尊重和认可，并及时兑现是最开心的事情。对于绩效价值倾向的人来讲，要管理好他们的忠诚度，因为太多的地方需要能创造绩效的人，他们会经常面对来自同行和竞争对手的诱惑，跳槽非他们所愿，但有时是迫不得已。

6.4.3 绩效和态度挂钩

在组织中有一种随时随地保持工作热情的人，他们对组织充满感情，对领导充满敬意，他们活力四射，是典型的利他主义者。他们可以随时承担有争议性的工作，肯于负责，他们愿意牺牲自己的利益来满足他人的需求。有一种需要引起注意的倾向是在他们的环境里，许多人既不是能力分子，也不是绩效主义者，即便他们拥有能力和创有绩效，他们也不会因此自居，他们的核心价值是得到荣誉和爱戴，与拥有物质的激励相比，他们更喜欢鲜花和掌声。他们在组织中，常常是行为的标杆、学习的榜样。

作为他们的管理者，应该注意对他们的成长给予保护，特别是在组织氛围出现问题的时候，他们容易受到误解、中伤和孤立。同时作为态度导向的人，也应学会自我保护，在曲高和寡和实用主义的现实里，你就做好你自己，不去强求和要求别人和自己一样做。态度价值导向的人，有时更重视过去，他们需要组织和他人对他们的优秀表现保持记忆。有时会事与愿违。记忆会成为时间的包袱，过于沉重的时候，会影响到当下，甚至压垮自己。

6.4.4 绩效和成长挂钩

“你现在的职位是对你过去最好的激励，成长学习也是最好的待遇。”在组织团队中，有一些人，总是有一种向前的力量。这就是指那些以学习和成长为价值取向的人。对他们来说，为他们创造学习和成长的机会，就是他们最需要的事情。在学习的兴趣上，虽然在职业不同的时期都会有所表现，但一般更集中于职业初期和职业的快速上升期。学习是以年轻人为主的积极行为，有时候帮助年轻人学习和成长，为他们创造更多的机遇，就是帮助组织成长和自我成长。

学习型组织成员最重要的价值满足是自我成长和职业成长的同步性和联系性，对于学习型的组织成员来说，一是处理好工作与学习的关系，经济组织对效率产出有更直接的要求，学习重要，但绩效的产生会更重要；二是处理好选择性学习，怎样做到学有所长，学有所用，而不是学非所用；三在是现实和未来之间建立准确的体验，对于一个前途远大的人，得到证明的是将来，而不是现在，所以甘于寂寞也是学习型组织成员要学习的重要一课。

6.5 绩效平衡

积极绩效中，有一个最重要而又被常常忽略的结果性指标是平衡指标。绩效最基本的理解是，绩，是我们做到了什么；效，是你是用什么样的代价做到的。我们在培养孩子的过程中，孩子考进什么样的学校，进入什么样的专业，最后据此有了什么样的工作岗位，这就是“绩”的范畴；孩子为此丢掉了童年时光，丢掉了亲子关系，丢掉了性格成长，甚至付出健康的代价，这就是“效”的范畴。对一个家庭来说，单一性成长满足的绩效，一定不会是积极的绩效，组织团队也是这样。有可能阶段性经济指标很好看，市场份额、销售收入、顾客认知度、赞誉度都表现良好；但另一方面，机器设备长期超负荷运转，组织成员机械地工作、满意度不高、分配关系不理顺，企业的投资方向出现分歧，这样的企业组织的绩效谈不上是积极的绩效，在暂时性的业绩成功面前，却埋下了许多陷阱和隐患。

组织的积极绩效的平衡包括财务指标、流程合理、市场号召力、员工成长。

6.5.1 财务的平衡

财务指标会体现投入、股东信任、资金平衡、企业收入、员工收入。

（1）投入不足会使企业组织的产品形成先天性不足。投资的预算不仅是流动资金、固定资产、生产经营的投入，而且还要考虑成长性投入、预备性投入、危机性投入，有些投入带有隐性特点，许多企业资金链断掉不是因为显性投入没计划好，而是隐性投入的缺乏。在财务方面出现不可预测的空洞是最有危害性的。

（2）财务的表现还要保证股东的体面和诉求，只有股东对产品有信心和倾力支持，才是企业的不竭资源，不考虑股东的利益，违背股东意愿的企业行为无异于杀鸡取卵。

（3）回笼资金既是财务的管理问题，又是产品的能力问题，对于资金的计划和监管是企业组织再生产的核心问题。

（4）企业和员工的收入，是财务指标合理化的重要衡量。企业组织的不同时期，收入会表现出阶段性特征，但无论组织处在什么样的阶段，基本收入的保证是稳定人心的重要一环。组织管理在困难阶段，愿意用愿景激励属下成员，但要考虑他们的心理接受程度。

6.5.2 流程合理

我们的社会经济曾在某一个历史时期出现原始性积累、野蛮性生长、粗放式管理。不论怎样，那时的需要和历史阶段都会为后来留下重要的隐患。在企业组织中流程的不合理性是受客观环境限制的，但就像有些城市的建设留下的隐患一样，在流程设计中想要重新改善或半路调整就会出现“事倍功半”的现象，改起来很辛苦，不改会更辛苦。有时候流程设计不合理，还会留下既得利益的影子，他们不是没发现，而是把眼下的困难留下来给后来的人做。所以，坚持合理的流程设计，是组织战略必须调控的内容。用战略性思维、可持续发展思维和完整性思维对流程进行合理设计、合理监控、合理执行、合理评估，在流程的设计中，重要的是要尊重项目管理的原则和规律，同时需要道德勇气。

6.5.3 市场号召力

企业的品牌建设与产品的品牌推广是市场号召力的重要部署。在市场号召力的初期，重要的环节是调动重复使用率，我们用推广营销战略，有时候甚至是让利，以重大的投入实现第一次销售，但第二次、第三次的销售实现是市场品牌能力的重要表现。想尽一切办法，实现客户的多次重复的消费，与日后产品和品牌形成市场忠诚度有密切的关系。

产品的市场号召力建设需要企业组织具有战略眼光，企业组织不能仅满足于实现销售，更重要的是集结营销的力量，销售是简单的货与币的交易，而营销是市场的号召和引领，一个客户不一定随时都需要你的产品，但只要需要就会选择你的产品，这就是营销的魅力。

6.5.4 员工成长

企业组织要实现四个满意：一是企业满意，二是股东满意，三是客户满意，四是员工满意。员工特别是关键员工才是企业的最大客户。做优秀企业的人都会明晓这个绩效法则。

在组织成员的成长中，财富成长的需求是理所当然的，但这一定不是全部的成长。财富成长虽然是基本需求，但也的确是基本限制。对物质分配的追求在员工的职业初期是非常重要的，到了职业成熟期特别是个体实现经济相对独立的时候，这时组织成员的要求会变得多样性、独特性和体验性。很多管理者不知他的员工为什么会离开，有时还选择了相比环境更差一些的工作。如果不打破单纯性的利益思维，那么员工离职的原因也许永远都是一个谜。

6.6 绩效付能

人的能力可分为主体能力和客体能力，主体能力是个体本身具有的素养，但有一种能力是由外部环境给予的，我们称作客体能力，我们把由外界带来的客体能力叫作付能。付能分为信任付能、责任付能、目标付能、归属付能。

6.6.1 信任付能

当一个人被充分信任的时候，他的能力会有较大的提升，或者有较大的提升空间。在人际关系中，信任是能够给个体带来价值感的一种付能。当有人向个体表达“这个事情交给谁办，我都不放心，只有交给你去办，除了你，我再也想不起来谁更合适。”这就叫信任委托。一般情况下，受到特殊委托的人，会有一种被认可、被激励的感觉。如果在集体的场域中，出了一件很棘手的事，要是向所有的人提出“你们谁愿意承担和解决这个问题”，就不如很明确地向一个人表达信任的委托意图。

信任付能不能是随机和随意的，一个慎重的委托，应该在受托人身上体现历史和交往资历。一个不慎重的委托，会让人感到虚假。

信任付能还有一个重要原则，即“疑人不用，用人不疑”。知情权对被信任一方非常重要，因为真实可靠的信息能体现信任的程度，也有助于被信任的一方较好地完成意图。

付能者的资历也是一个重要因素。信任的托付方越具权威性和影响力，这种付能的效率就会越高，同时委托方对现实需求的迫切性也会使受委托的一方增强使命感。

6.6.2 责任付能

在组织中，分正式组织和非正式组织。在正式组织中，责任是清晰的，权利是明确的，利益也是有保证的；在非正式组织中，既不存在权利，也不存在利益保证，但在任何一种组织中非正式组织的影响力都很强大。区别就在于非正式组织虽然没有正式的权益付能，但却有责任付能。个体在组织中一旦被赋予责任，他的能力就会明显地提高。在人群中，少数人会感觉到自己的责任。如果在人群中，大部分是女性，只有少部分是男性，那么，这少部分男性表现得十分活跃；反过来在群体中，男性是大部分，女性是少部分，那么女性的表现也会十分活跃。在同样男性和同样数量的人群中，人们的兴奋度就不是很高，或者责任意识就会比较分散。大人在孩子的面前，责任能力会得到提高，特殊身份也会提高责任意识，比如军人，当群众遇到危险和困难的时候，如果有他们存在，他们就会变成一群最可爱的人。

6.6.3 目标付能

在场域环境中的人，目标动机有可能会提高个体的积极绩效。“当个体从学习的角度接近任务时，个体的目标是在提高能力上；当个体从绩效的角度接近任务时，个体的目的就是成果实现”。这段话的意思是说，不一样的目标，决定人们对任务成果的注意力和评估。尽管不同的目标都会提升他们的能力，但目标的不同却能引导行动的方向和价值的方向，目标本身就具有付能性质。

6.6.4 归属付能

明确归属是实现积极绩效的又一重要元素，没有人愿意在说不清归属的地方做过多的投入。归属付能有五个方面的理解。

一是任务归属，哪些是你应该做的，哪些是你必须做的，哪些是你可做可不做的，哪些是你不能做的，这就是任务归属付能。

二是利益归属，在绩效考核中，我们常说“能者有其岗、能者有其责、能者有其权、能者有其享”。讲的是利益归属付能。

三是长期归属，让组织中的个体有归属感，首先要体现个体存在上的安全感，这种阶段性的理解越稳定，时间越长，个体就会更多地投入。临时的工作、临时的职务、临时的责任、临时的合作都会产生临时的绩效。

四是影响归属，客观归属对主观归属产生重要影响，这种环境对人提供的归属意识，要远比主观归属意识更有效率。

五是感恩归属，稻盛和夫在《活法》中提出“活着就是要感谢”，感谢产生归属感，感谢也会使企业家们把企业做得像个“家”。

6.7 绩效设计

在积极绩效中，绩效设计能够使绩效考核成为组织中的一种正式和公开的制度，进而改善和提升组织和成员的绩效水平。

6.7.1 绩效设计的元素

绩效设计的原则是在工作中增加多样性、自主性和完整性。工作设计元素包括关注提高组织的文化影响及个体的责任；关心和提高工作质量；关心最大化地使用人们的技能。以上三个方面内容是在绩效设计中关注的工作要素，涉及工作场所对个体的影响作用。同时在绩效设计中，还要关注个体的主观体验。主观体验也包括三个方面的关注：关注有利于个体的发展，成长性是个体在高层次方面的追求，具备成长动机，才会体现工作责任；关注个体的工作动机，“愿意做，并由此得到尊重”，这是人们参与意识的重要体现；关注技术和人的和谐。现代技术发展，是机器越来越像人，人越来越像机器，但人的主体感受性是不容忽视的，不论现代科学技术如何发展，绩效中最后解决问题的是人，而不是机器。除了以上工作场所关注和个人体验的关注之外，绩效设计的元素还包括，关注人们工作和生活质量，使组织成员在创造经济价值的同时也获得幸福和快乐体验。绩效设计另一个要考虑的元素是对顾客的需求与反映。把客户当成有体验价值的群体，关注为他们服务而不是单纯地获取。产品设计中的人性化设计和营销中的人性化服务有助于客户对产品的认可以及对产品忠诚度的产生。

6.7.2 工作特征模型

在绩效设计、结果导向和组织成员中形成较高的工作动机，提高工作满意度，体现较高的工作效率就是积极绩效所要表达的动机和意图。形成较高的工作动机，是要通过技能的多样性、任务的识别性、工作的重要性，增强个体在工作经历中意义性的产生，意义性的产生，会满足组织成员的安全感、归属感和自豪感。提高工作满意度是通过组织成员的主观体验使个体能感到工作责任和工作成果，员工满意度包括外在满意度和内在满意度。外在满意度包括工作环境、薪酬福利、人际关系；内在满意度包括成长机会、归属感和成就感。员工满意度的形成也是较复杂的，组织能否把组织成员的满意度切割得十分清晰，实际上是比较困难的，个体对社会的满意度、对家庭的满意度、对自我的满意度、人与人之间的满意度和对组织的满意度都会产生必然联系。因此，满意度不是消极被动的满足，而是要启动组织成员识别和建立满意度的能力。在特定的情况下满足个体的要求，不如去帮助一个人建立积极乐观的心态，因为人的一些欲望从根本上是无法满足的。

6.7.3 工作简单化

绩效设计的两端，一是工作简单化；二是工作丰富化。绩效设计中的简单化设计原则是技能要求标准化、管理控制最大化、完成任务时间最短化。为什么绩效设计中要追求简单？因为“简则能言，易则可从，有言则可大，有从则可功”，这是孔子对易经的精辟理解。在现代企业中“复杂的事情简单做，简单的事情反复做，反复的事情认真做”是对简单化的准确阐述。

绩效设计简单化的有效做法如下。

（1）系统编码工作任务所要求的信息，实现工作任务的菜单式管理。

（2）消除员工对他们自身活动的判断和控制。“OK”管理的核心理念是停止思考，认真执行。在组织中，制度形成前，应提倡思考和民主讨论，一旦制度形成就要坚决执行。简单化设计是对组织成员提出不能怀疑制度的要求。

（3）尽可能简化任务，简化任务的有效方式是把工作任务分解成片段化，分工越细，工作才越简单。

（4）制定标准程序和任务的完成时间，简单回答，谁、在什么条件下、在什么时间内完成谁所赋予的工作任务。

（5）只用简单的激励手段、简单的刺激会带来简单的行为。

（6）保证绩效监督的透明度，确保绩效中不出现欺瞒的现象。泰勒主义者是工作简单化的倡导者，他们强调的是在工作设计中，应使用标准化和最小投入代价的原则。

6.7.4 工作丰富化

绩效丰富化的设计原则是任务的多样性、目标的选择性、责任的识别性。“绩效设计从属于工作策略，而不是从属于生活质量”，这段话的含义是，在绩效设计中更大程度地满足组织的需求，而个体的需求属于从属地位。绩效丰富化的基本做法如下。

（1）工作轮换，人们经常轮换做一些类似的工作，部门轮岗，都会丰富组织成员的技能，同时又能增强部门之间的相互理解。

（2）横向工作扩大化，由组织成员独立完成一项工作的多个环节，或主要环节，实现工作设计中的完整性和多样性，也会提升组织成员的单兵实力。

（3）纵向工作扩大化，是个体接受了额外的具有高水平的责任和挑战性工作。这样的工作授权，增强了绩效中的独特性、多样性和完整性。

（4）自我管理权，是积极绩效设计的内容之一，实际上的项目团队，没有必要过多地体现组织管理中的一些象征意义，比如，出勤、纪律、制度服从。而是由项目赋予的责任和流程自主性、创造性地工作，甚至有时需要他们自己来界定任务、责任与绩效水平。

6.8 绩效界限

在绩效管理中，不能不讨论界限的问题。一份不想和一份特别想做好的事情，都不是最佳状态。当不想遭遇特别想的时候，对人际关系来讲，几乎就是灾难。想与不想就是一个人的心理界限。当绩效出问题的时候，不论怎样寻找原因，这个原因都会指向责任者，无主的责任原因，就等于放任失误的延续，这是一个责任界限。做好你自己，做你该做的事情，这是身份的界限。什么叫内，什么叫外，对人来讲，皮肤就是界限。通常来讲，我们针对人的皮肤向内的方向为主观，皮肤向外的方向为客观。这些都是说的界限问题。

6.8.1 工作分析

在企业组织中，分工是最能体现分配的重要依据，分工的前提性工作是要做好工作分析。工作分析程序的设计，可以为组织和个人提供系统信息，包括工作任务的本质、责任、设备使用、环境及其在组织中的阶层和地位，工作分析的结果是完成工作描述。一个好的工作分析是许多工作及活动的前提。就人力资源来讲，工作分析与人力资源规划、招聘、培训、绩效考核、薪酬、劳动关系有密切的关联。工作分析的主要工作内容来自工作岗位对个体的要求、工作任务的描述、能力模型。在工作流程的设计中包括能力及胜任能力分析、工作数据分析、选拔程序的设计效度、培训和职业发展计划、工作设计及再设计、工作评价和安全等。工作分析的程序通常包括个体取向和工作取向两种类型，而大多数的工作分析角度还是聚焦于工作角色及要求。

工作分析是劳动合同的约定补充，组织成员对工作分析理解得越准确、越透彻，在今后的工作中越自觉、越有效率。

6.8.2 区域界限

在组织场域中，会形成各种不同的责任区，管理幅度就是一个责任区的问题。管理幅度是指在某一责任点上，配置什么样的资源和保证这个资源对责任区实行有效率的管理。在一个组织中，管理幅度大，管理层次就少；管理幅度小，管理层次就多。这种配置就充分体现绩效的平衡。把一个能量非常大的人放在一个很小的责任区里或把一个能量较小的人放在责任区较大的地方，都会形成资源配置的浪费，也会导致绩效挫败。责任区内的配置也是有严格要求的，同质、同责、同能、同享的人多，有时就会造成责任分散。一模一样的人在一起，很难形成有效的配置，合理的差异化配置，用合适的投入，选择最合适的人，这是一个配置的基本要求。

在绩效界限里追求覆盖，但一定要避免界限重叠，管理没有死角、没有盲区，这是分工界限所追求的。但如果出现界限重叠，一是会产生冲突，二是会模糊责任。

6.8.3 排序界限

“有所为，有所不为”的语法意义就是讲排序的选择。排序也是一种界限。在组织环境中，有重要又紧急的事情，有重要不紧急的事情，有紧急不重要的事情，有不紧急不重要的事情，能够充分理解排序界限的价值，就有可能使工作张弛有序，有条不紊。要强调的是排序不是简单地排序，什么人去做紧急而重要的事，他们是否有经验、精力和能力的限制，主要的人一定要去承担重要的事吗？在组织环境中，重要的人一定要承担重要的责任，但不一定要做很重要的事情，如果在一个十分复杂的工作中，要想完成最后的一锤定音，就需要更多的事前连接，而这些连接要求技术型、专业型的人来完成，到了关键人物出现的时候，已是事情拍板定案的时候。所以这种排序就是一种界限。

在排序界限中，要运用权变的思维，有时候不重要的事会转化成重要的事，有时候重要的事也会变成不重要的事。在组织中，生产一线和销售一线可能始终会重要，但在特殊情况下，特定时期，保障体系就会变得更关键。现代战争后勤前移，就正好说明了这一点。

6.8.4 架构界限

组织架构的设计也能清楚地区别绩效界限，在组织设计理论中，组织的架构设计决定了三个界限功能：一是范围界限，组织架构要把组织中的诸多要素通过部门设计整理，把属于组织范畴的内容通过组织架构表现出来，架构不是互不相干的，而是具有十分精确的逻辑功能；二是结构界限，也充分表达了阶层界限，在组织架构中体现谁大谁小，谁主谁次，谁轻谁重，同时责任范围也是由组织架构来体现的；三是组织联络路线，在绩效界限中，层级管理就是组织的联系路线，越级沟通一般来说是一种不当的个体行为，决策的形成、保密范围都有严格的层级界限和顺序。

排序界限在组织架构中，也会因使用而改变排序界限，垂直职能式的组织架构和矩阵式的组织架构在排序界限中就有很大差别。

6.9 绩效诊断

个体在绩效激励中比较恒定的诉求，具有一致性要求的相关要素可称为绩效节点，在正常情况下，组织成员的表现能力是可跟踪和描述的，绩效考核中的信度和效度平衡着组织中的个体行为。但一贯表现稳定的组织成员，偶尔出现状态类问题，并有持续发生的可能，就需要对个体进行绩效诊断。绩效诊断有两个角度，一是组织绩效诊断，组织绩效的真实水平，绩效管理是否科学和有效；二是个体绩效水平及组织对个体的考核是否存在偏误。

6.9.1 公平

（1）如果在报酬、关系和机会中出现过大的差异，就会出现不公的情况，个体评估自己与他人关系的付出中，有一个感觉换算，当个体觉得自己投入比别人高，收益比别人差的时候，不公平的感觉就产生了。

（2）模糊收益也会产生不公平的感觉，这时的感觉不是与哪个个人比较，而是与一个社会阶层或其他组织做社会性比较，它有可能是代表性感受，也可能是个人感受，这时不公平的感觉也会产生。

（3）不公平的感觉会带来情绪，越是觉得不公平越会产生痛苦，而这种痛苦久而久之会产生信念，这时个体失去的是平常心。

（4）维护公平会增加环境适应成本，当个体出现不公平感觉的时候，会自动减少对任务付出的努力，结果会引起新的认知不公，如此循环、冤冤相报，最有可能导致关系终止。如果出现这种情况，在公平成本上个体还是利益受损的一方，组织对社会，是最小的经济细胞，个人对组织可不是这样，自己受损失还要累及家人。

6.9.2 比较体验

人们知道比较常常会带来负面效应，但没有比这种方法更能迅速有效地判断自己与他人的关系距离，自己在他人眼中的评价，反映自己处境的真实状态。因此，比较体验是绩效诊断中的重要考量。人们在比较感知中，会去寻找资历相当、能力相近的对象作为比较的参照体系，所以比较是个体视线之内的感觉。比较体验有时是积极的，人们通过比较来设计“近点追踪方案”，把当下能做到的变成现实，把可能做到的变成目标。但比较体验也会产生负向情绪，产生嫉妒，甚至产生破坏性行为。比较不是单个个体根据他人判断自己处境的依据，而他人也可以通过比较对个体进行诊断评估。而这个他人或组织根据比较做出的评估，会给个体带来新的压力。

6.9.3 薪酬回馈

在职业环境中，薪酬是组织对个体绩效能力最直接的评价。薪酬的动态模式和静态模式，都会对个体产生影响，也是绩效诊断的一个非常重要的依据。我向偏执会一直影响劳资双方的关系。管理方认为已经付出了交换所必需的报酬，而个体总觉得个人的投入大于报酬的回馈。通常管理方不会把薪酬的计算口径原原本本地告诉给组织成员，这也许是个体永远要承受的一个谜，他们只会按照个人的计算口径，理解自己的这份薪酬。

在组织绩效体系中，当组织薪酬低于市场同业薪酬平均水平 25% 以下的时候，组织规则制度、组织成员的义务几乎是接近失效的边缘；当组织薪酬高于市场同业薪酬平均水平 75% 以上的时候，组织管理、文化、制度影响也会降低。只有在组织薪酬水平恰当的时候，才能实现组织“以最小的投入，得到最大效益回报”的追求。

6.9.4 发展可能性

在商业文化和高价值体现的组织环境中，发展的可能性在相当的程度上，可以诊断组织的绩效表现和水平。许多高价值群体或被马斯洛称为自我实现的人，他们为了自己的发展前途，既可以牺牲眼前的利益，也可能拒绝更优厚待遇的诱惑。他们看重的是自我的价值实现和未来的发展机会。所以，这种类型的组织，要为员工创造学习、培训、提升和职业成长的机会。一旦组织成员出现绩效波动或出现规律性离职的现象，首先就要诊断组织环境能否满足个体的成长和发展要求。在绩效设计的时候，要考虑到个体的成长绩效。要做真实的投入，一旦组织把培训学习当成走过场、权宜之计的时候，就会使成长性员工感到利益受损，学习和成长的付出者永远是成长性个体在发展道路上的恩人。若干年后，在成长性环境中走出来的人，会对组织充满敬意和感恩，反过来，没有在成长环境中经历的人，会对组织充满抱怨。

6.10 绩效功能

“有了绩效考核不一定就会成为成功的企业，没有绩效考核几乎没有一个成功的企业”。绩效考核是绩效管理最核心的内容，而绩效管理也是企业组织管理的最重要部分。绩效考核从其作用和功能上讲至少有四个方面的作用。

6.10.1 激励功能

绩效对组织来说是完成了一项工作，对个人来说是通过完成绩效在组织中获得评价和报酬。绩效激励的功能在于强化组织成员的热情和动机，激励是使组织成员感受获得努力成果后产生的预期影响，同时使他们相信自己有足够的能力完成工作任务。通常人们会在这些情况下受到激励。

（1）预期成功的可能性很大，通过努力获取绩效的可能性是显而易见的。因此阶梯性绩效是组织绩效管理中的一种创新方法。所谓阶梯性绩效就是把绩效指标的“梯子”放下来，通过指标分解，由易到难，让个体感受到自我控制的能力。

（2）激励充分的投入，使组织成员相信，通过努力工作自己能够争取到预期的绩效回报，当一个人对绩效回报感觉不定的时候，投入的动机会大打折扣。

（3）绩效回报能够证明组织成员的优秀能力。事实上，人们在客观中实现物质财富，很大一部分都是为了实现自我能力证明。

6.10.2 导向功能

绩效考核的导向功能是引导组织成员积极正向的行为模式。在组织实践中，实现导向功能的组织成员有以下几点行为特征。

（1）不管行为是否有助于目标实现，个体对其所从事的工作充满热情和喜爱，这时的目标已经变成了实现绩效的工具，而个体真正的注意力是在解决问题后的成就感。

（2）追求个人和组织目标的实现，在完成绩效过程中，是个体优秀的表现导致了物质激励，而不是物质激励导致了优秀的表现。说到底人的趋利性更重要的是满足自尊，没有自尊的获利行为会显得低级无趣。

(3) 绩效不是为了生产产品，而是生产服务、生产优秀的品质。在组织成员中灌输品质意识，因为“不论再简单的东西，只要有了品质就不是低档货”。

(4) 追求成功是为了从他人那里获得有成就的社会身份或作为一个有能力的个人身份。

6.10.3 反馈功能

绩效考核是一个动态系统，它是由工作分析到人力资源规划、从能力分析到工作设计、从成果评估到薪酬激励、从培训开发到劳动关系，是十分复杂和丰富的。在绩效方案的设计中，虽然在制度层面、契约层面、流程方式上解决了对工作的指导，但是否合理、是否需要调试、是否还可以创新，还有待于实践的检验，这种检验的过程就是绩效系统的反馈过程、总结过程、纠正过程和检讨过程。这种反馈从功能意义上讲，纠正了制度约束的局限，而真正从人性化管理的角度出发，这种绩效反馈常常来自组织成员的实践总结，体现他们的主观体验。准确实现绩效中的反馈功能，最充分地调动组织成员的参与意识，而参与意识的表现并由此得到激励会增强组织成员的荣誉感和价值感。

6.10.4 规范功能

绩效考核中的规范功能是实现职业标准化的重要前提，也是组织制度文化的主体内容，规范功能的实践来自三个维度。

1. 行为标准

在组织中，团队和团伙的重要区别在于团队成员的行为共振，这种行为共振带来了行动的一致性和效率性，怎样能做到行为一致性，就在于做好绩效中的行为标准设计，在行为标准方面，既要考虑企业组织的仿生学模式，同时也要遵守国家和相关行业的行为标准。

2. 操作标准

操作流程是经过专业性、经验性和历史性的归纳和总结，是历经反复调试和验证而形成的，它是工作操作中的基本定式，有了这个定式，工作标准化就能够得以执行。

3. 决策标准

指挥系统的规范性、科学和民主的决策机制、有效的用人选拔机制、公开的绩效奖励机制，这些都是组织中决策管理的基本环节。“制度面前人人平等”的管理理念，只有在规范功能实现后，才能得以畅行其道。

第七章　交付的意义

个体在不同的阶段，需要用交付状态来体现自我的价值。提到交付又可能会联想到某一产品，产品完成和确认质量后，接下来就是交付环节。用这样的例子描述人的交付可能不太恰当，但是事实就是这样。人生也是一种经营，如果我们看到一些优质产品堆积在仓库里的时候，我们要去分析这种情况发生的原因。可能是产品的需求点不对，很好的产品没有需求，即便有了需求别人不知道它在哪里，怎样得到，这些问题都解决了，还是卖不出去，那就是投入的问题了。想一想人如果没有完成交付会是什么样的呢？你是好人，但没有人需要你，你有能力而且被需求，别人不知道。即便这些问题真的都不存在，那么你用什么样的方式让人接受。当然也可能是因为个体积累的原因，确实不被他人接受，真有这样的人吗？有，但会很少。更多的人不是你积累有问题，或者缺乏存在的价值，而是交付出了问题。交付出问题的时候，人会非常痛苦，好在有一个替代模式。有的人能力交付出了问题，但他可以用情感交付来替代，当然有些人在感情交付中出了问题，他会投身于工作当中。我们看一个人，发现长期交付压抑使个体总是存在于困顿或迷惑当中，不知什么原因交付出问题的时候，这种反应程度不同地出现在脸上，被他人察觉。也就是说，交付是个体必须经历的人生画面。即使不能在能力、情感、特长方面全面地交付，起码应在某一方面得到交付。如果诸多方面的交付都没有完成又缺乏替代模式，那一定是一个非常值得同情的问题人生。交付不是单纯的个体经历，他人认知也是交付的又一个方面。在全世界每个地区和国家都经历了诗歌的兴起和衰落。做唐宋时期的诗人要远比当代诗人幸运得多。在欧洲做文艺复兴时期的诗人也比现代诗人表现得高端、大气、上档次。每个时代都会有诗歌和诗人出现，诗歌作为人类心灵语言中的明珠，在我们这个时代最多是低调、奢华、有内涵。由此可见交付会有环境的影响，时代的烙印。远离音乐和诗歌并行的年代，人们也会好奇音乐为什么会长久不衰，作为音乐方面的杰出人才，仍然会受到人们的追捧，说到底也是时代的呼应。这个时代不是向内的时代而是向外的时代，这个时代不是沉思的时代而是呐喊的时代，从这一点上看，诗歌和诗人的没落及音乐人的流行，都不难做出解释。人的交付不光是交付给了那些具体的人，而是交付给了整个时代。

7.1 交付的价值

交付的核心价值是被接受、被理解和被关注。人在场域中的位置锚定不是虚幻的，也不是漂移的感觉，而是要具体地落下来，直接针对某一具体的关系。在没有实现交付之前我们准备和寻找的过程就是实现交付的过程。交付是分阶段的，人生也不会只存在特定和一成不变的交付。

在交付中的价值体验会使我们成长、成熟，也会经受考验和曲折。交付的本质还有一个特征，不是把我们交付给和我们一模一样的人，而是把我们交付给比我们年长的人、经验和经历更丰富的人、与我们性别不一样的人，但要有一个前提，就是已经做好接受我们交付准备的人，从我们交付的对象描述看，我们的交付价值就会存在关怀、托付、倾注、教导。

7.1.1 关怀

交付从某个意义上讲是一种心理契约，当一个人接受另一个人交付的时候，就会在彼此的关系中得到关怀，在交付关系中，关怀有五个方面的体现。

（1）投入关怀的人，会对你的所有信息给予关注，这种关注是全面的，他们既关注你优秀的地方，也会关注你不足的地方。关怀你的人不但喜欢你的优点，也能宽容你的缺点。

（2）关怀你的人经常会是你成长和成熟的见证人，也就是所说的他证。他们见证你从小到大、从弱到强，他们为你取得的进步高兴，为你出现的失误扼腕叹息。

（3）交付关系的关怀是长期和稳定的。有能力关怀的人都是有良好操守和品德的人，也就是说不是所有的人都具备接受交付的条件。经过交付承诺的人，常常是守信的，当你工作与生活遇到困难和挫折的时候，你想回头的时候，第一眼，他们就会站在你的身后。

（4）关怀有时是一种很难设计的界限，远一点说是朋友，近一点说是亲人。在交付关系中，有时关怀会破坏关系的平衡，一旦成全心理发挥作用的时候，也许关系反倒会变得疏远。关怀有时也可能突破交付的初衷，进而破坏了平衡的交付关系。

7.1.2 托付

人生如旅行，每个人的经历都背负着太多的沉重，在交付关系中托付让你感到一种不可缺少的支持。托付有以下三种方式。

1. 秘密的托付

人的心灵解放在某种程度上是秘密的解放程度。说出你的秘密既是表达关系的距离，也是情绪的宣泄。为什么西方人去教堂中忏悔，就是要讲出心中的秘密。秘密太多会让人的心里不安稳，在现实环境中说出秘密是一种风险，将秘密讲给具有交付承诺的人，是人们心灵深处的需求。

2. 安全托付

具有交付关系的人们中间，有一种比较特殊的承诺。当关系中的一方出现困难时，另一方会义不容辞地出手帮助，这种关系是一种安全的堡垒。

3. 约束托付

交付双方在互证的同时，也具有十分默契的约束机制。当一方在自律和道德方面表现出克制约束的胜利后会得到另一方的心理赏识，这是让人感到很激励的事情。

7.1.3 倾注

（1）交付关系中的一个重要价值是相互吸引。在场域中，找到具有品质的交付关系是十分困难的，这是因为交付关系中的一个重要衡量就是相互接纳和相互吸引。而在相互吸引的过程中，交付关系中的人常常是以最好的状态、积极的表现来引起对方的认可，这种关系具有积极的互动性，能够激励个体全身心地投入或参与某些事情。

（2）交付关系中，人们经常会发现交付承诺另一方是最能理解和支持你立场和观点的人，正是有了相互的关注和吸引，才能使对方比别人更了解你的行为和动机，因此你的想法会最大限度地得到对方的理解和认同，使这种关系更持久，也会更深刻。

（3）在交付双方关系中，最宝贵的就是关心、帮助而无须回报，这种帮助是利他的帮助。交付双方都会站在对方的角度和有利于对方的立场去选择思考和行动。利他的行为可以充分证明关系中的存在价值和能力价值。

（4）真正有意义的交付关系是互相成长的互惠关系，在交付关系中特别需要建立这种互利和交换的界限，互利才能使双方的关系长久并良性发展，交换则会给这种关系带来隐患。在人际关系的交换作用下，常常会发生交换满足关系终止的现象。因此，交付关系要建立在动机正确的前提下，并保持这种立场。

7.1.4 教导

在价值交付关系中从来不缺真诚的教导与教诲，交付是一种追求，这种追求决定了引领价值。关系中也并不一定要确立一方为优势者，每个人的生活经历和体验都是独特的，信息的来源都可能是互补的。在交付的关系中有经验的互证，有思考的分享，有心灵的教导，有成长的激励。在交付关系中应该防止的是控制、下结论、武断和不尊重。交付关系中的教导是一种自觉行为，真诚是相互教导中的效率保证，对关系双方最大的破坏缘由就是虚假认证，在虚假的背后会出现目的和企图、阿谀奉承、虚假评估，这些都会使交付关系走得不远。

7.2 交付的内容

交付关系中的内容十分丰富，比如，对某事物的看法和观点，对一本书的读后感，一场戏剧的启发和灵感，一个项目的评估和总结。我们在林林总总的交付内容中，归纳出三个最主要的交付内容，即情感交付、能力交付、成果交付。这里需要提出的是情感交付不是感情交付，因为感情交付一般是指男女之间的一种情感互动，但情感交付的范围和所指就要宽泛得多；能力交付的内容也很丰富，工作能力、学习能力、生活能力、特殊能力，它既可体现于职场、社会、家庭，也可以是个人的爱好和追求；成果交付指的是有价值绩效和个人价值成果得到认知、认可的程度。

7.2.1 情感交付

情感交付是指人际交流中的愉悦性，在情感交付中移情发挥着非常重要的作用。

（1）移情是一种自己喜欢但又不具备的那部分心理需求。一般移情可以理解为希望对方弥补自己缺失的那部分因素。当缺失性心理遇到互补型个体的时候，就可能产生情感交付的需求。

（2）相互认同也是情感交付的重要原因，兴趣相投、同理同心，一方能充分调动另一方的表现热情。任何一种交付都是从关注开始，当然，有时关系的结束也是因为关注终止的，但相互认同在排序上是情感交付的开始。

（3）责任也是情感交付的另外一个原因。作为人与人之间的基本情感来说，人们更愿意帮助那些能帮助、想帮助的人，也就是说在情感交付中，会有一方呈现自我脆弱从而引起另一方关注并产生责任的动机。责任有时体现为内在动机，是本质性的体现，有的责任是外在动机，比如，承诺、他人评价等。内在动机的责任相比外在动机的责任更长久、更稳定。

（4）境遇，特殊事件、关键事件都是人境遇引发的情感交付。这种交付可能发生得突然，但给人的记忆和感受有时是深刻的，这种情感交付并不是随着关系结束而结束，而是随着岁月的经历成长，有些交付关系反而会历久弥新。

7.2.2 能力交付

能力交付是指在交付关系中，个体的能力得到充分的认可，个体能力既是有区别的，又是相关联的。能力有三个维度：一是可能有这个能力，能力评估的第一性是自我评估，能力评估水平高的个体自信力就会很强，这种能力的自我评估是自我激励的重要形式；二是愿意通过这种能力表现付出意愿或者付出程度，在交付关系中能力水平是一个指标，付出程度又是一个指标，百分之五的充分满足不同于百分之百的不充分满足，前者是尽力而为，后者是全力以赴；三是能力交付得到一方反应如何。在交付关系中不单是你付出的多少，而是对方能接受多少。能力交付有五个维度。

1. 生存能力

“在通往天堂的道路之前，重要的是活着。”存在才决定一切，存在的品质是后来的事情。基本满足、简单富裕是个体能力表达最原始，也是最真实的状态。一个没有存在条件的交付是不可靠的，而且有可能使关系受到伤害。

2. 成长能力

成长能力既鼓励当下，也会成就未来，双方既关切当下也关心未来。对交付关系的未来预判，实际上是对当下的信心支撑。

3. 特殊能力

“不怕招招会，就怕一招鲜”，明显的能力特征会使一方在交付关系中脱颖而出，交付关系中既然是一种选择就一定要有一个坚持选择的理由，独特个性和独特能力首先会满足这种选择的理由。

4. 能力的关联

在交付关系中能力关联是重要的交付选择依据，你有多少能力确实和对方有关，这是对方选择的重要依据。

5. 创造能力

创造能力是指交付关系中，双方表现出的活力和激情。常见常新，虽然对关系来讲是一种考验，但它却是交付关系中最重要的选项。在有生命力的关系交付中，双方总会千方百计地让对方体验到存在、关心和投入，而所有的表现形式不是相同和千篇一律的，无聊和无趣是关系终止的关键性因素。

7.2.3 成果交付

成果交付是交付关系中的收益考量，有六个维度。

1. 培育性成果

培育性成果是经过双方共同努力而取得的绩效成果。在交付关系中，共同培育成果是令人鼓舞的，一加一大于二的交付模式是成果交付的重要表达形式，从无到有、从弱到强、从小到大，双方共同创造的成果是良好交付关系的收益也是见证。

2. 原发性成果

原发性成果是指交付双方本来就具备的能力和可预期的目标。原发性的成果能够体现交付双方的独到眼光和鉴赏能力，原发性成果不是预料之外而是预料之中。它有时的确需要对方的独特判断和见解。

3. 共享成果

很多交付关系都会始于无而争其有，当通过交付双方共同努力而被一方占有和独享的时候，就是交付关系呈现重大危机的时候。有难可同当、有福不同享，这是交付关系中难以逾越的关卡。

4. 独有性成果

独有性成果与其说体现交付双方的独有性，倒不如说是关系的不可取代性。成果的独有性和关系的不可取代性会使关系更加稳定，对于交付关系的自信，才是关系成长的重要保障。

5. 吸附性成果

吸附性成果表现是交付关系中的相互依靠、相互依赖、你中有我我中有你，双方对交付关系的高满意度具有吸引对方的独特魅力。

6. 持续性成果

持续性成果体现交付的可持续性，当成熟的专业性和领域性取得阶段性成果的时候，带来的可开发性和拓展性，因为在一个领域中的开发成果一般情况下不会是孤立的，当在信息、资源、技能方面取得一定成绩的时候，可持续开发和相关联性开发的机会就会随之到来，这也会对交付双方起到共同激励的作用。

7.3 交付的类型

交付会带来亲密关系，但交付要比亲密关系丰富得多。我们在讨论交付类型时就达十几种，而且有多种不同的归纳方式，就交付关系的角度看，存在对等交付和不对等交付；就交付的形式看，有正式交付和非正式交付；就组织性角度看，有团体交付和小团体交付；就性别的角度上看，有同性间交付和异性间交付；就时间的角度上看，有临时交付和长期交付。

7.3.1 对等交付和不对等交付

对等交付一般是在资历和能力上，动机和态度上趋于一致的交付关系。这种交付关系是对等互助的，不论开始还是结束都会是理性选择的结果。

不对等交付指的是托付性关怀，一般是指一方对另一方有指导、帮助的承诺，或者说相对成熟的一方在经验、资源、成长中对另一方提供可能的帮助。

7.3.2 正式交付和非正式交付

正式交付是指有文字记载、合同契约等形式的正式约定。一般个人对组织的交付就会出现正式交付。在特殊情况下，社会成员、家庭成员、朋友间也会出现契约形式的交付。

非正式交付是指以口头承诺和以情感为前提的交付形式。非正式交付关系是非常普遍的，因为交付多以非功利性交往为前提，所以人们在情感上或在交付关系的演进中更多地接受非正式交付的形式。

7.3.3 团体交付和小团体交付

团体交付一般采取正式交付的形式。劳动合同和文化制度的承诺书、入职申请表都是团体交付时的重要形式。团体交付一般情况下是不对等的，是个体对团体有参与意愿，甚至是向往。团体在交付契约形式中的承诺更多是规范的、通用性的，而个体的承诺则是具体的、条件明确的，这些是由交付不对等引起的。

小团体交付是指一批志同道合的人共同发起、自愿参加的交付形式。小团体交付在自愿参加的原则下，进出自由。但也会有一些非正式的约定，比如，要承认和认可团体的宗旨，要维护团体的利益，履行成员的义务等。

7.3.4 同性间交付和异性间交付

同性间交付本身也有许多形式，有专业型交付、相惜型交付、阶层型交付、闺蜜型交付，等等。

专业型交付是一种不对等交付，咨询型、参谋型和指导型就会产生同性之间的交付关系。相惜型交付关系是指具有共同生活经历和遭遇或共同经验使他们之间形成交付关系。阶层型交付关系是指在衣食住行、消费习惯方面具有的相同性使他们形成了交付关系。

异性间交付关系相对复杂也敏感，但交付关系的可能性和交付价值的充分性体现得更加有效率。异性间交付也存在许多形式，代际型交付、亲密型交付、托举型交付、感情型交付。

代际型交付关系中双方年龄差距较大，在交往形式中淡化性别意识，关怀、教导价值是其中的主要形成动机。亲密型交付不排除性别意识的参与，异性相吸也许是亲密关系中的原始动机，但亲密关系也会有一定的界限，当双方在交付中约定关系底线的情况下，一般会得到遵守的原则是“比朋友近一点，比情人远一点”，起码关系在转向另一种形式之前会是这样。这种交往形式是神秘而令人向往的。托举型交付是指交付一方以对方成长方向、专业定型和目标实现为主要动机的交付关系。这种异性间的互动有时是单纯的，当一方对另一方的事业发展给予肯定的情况下，为使评价变成事实使一方处于使命感的状态，另一方则是心悦诚服的尊重。感情型交付是指婚姻内外有性别意识直接参与的交付形式，也包括异性间单纯的精神互动。

7.3.5 临时交付和长期交付

临时性交付多源于应急事件，在特殊情况下产生的关系。比如，特殊环境因素、压力因素、危机事件都有可能产生交付关系。临时性交付可能有口头承诺，但当现实关系结束的时候，这种关系也会结束。

长期交付既是一种承诺，又是一种现实，当交付关系经历了憧憬、经历了矛盾、经历了斗争，最后又经历了认可和默契，这样的交付就会形成长期而稳定的关系。这种关系不仅带来事业上的收获，而且在感情上的收获也是十分珍贵的。

7.4 交付的动机

交付能增强人们的幸福感，因为交付是一种成交行为，它能满足人们的内心交付动机。人的成长和收获从交付角度上说，真的不是全为了自己，还有许多帮助他人的自我实现要求。“人的所有价值都在他人那里”，这句话听起来觉得片面，但细想想也有一定的道理。在农村，农民种粮食、蔬菜、水果，当然有一部分是自己用的，但多余的一部分，他们会想办法交换出去。人们的交付也是在自我成长的同时把经验、能力、成果和情感交付出去，换回来的可能是金钱，但这只是交付回报的一小部分。越是交付价值高的个体，交付回馈的内容越丰富。交付动机的满足包括价值实现、归属认定、认可需求、能力体现、平衡要求。

7.4.1 价值实现

被需求是交付关系的基石。“在一切商务活动中或是在一个商业过程中，有你没你都一样的时候，说到底就不是一桩买卖。”交付也是这样，在其中你总有一些东西吸引对方，一方对另一方来讲是很难被取代的，这是一种价值体现。我们会发现人有两种个性，一种个性的人十分愿意帮助他人，每当做了好事，他的内在满足比被帮助的那个对象更幸福；同时，也有一部分人特别容易也愿意得到别人的帮助，对他们来讲得到别人帮助的同时，也会使他人找到价值感。当一个积极帮助他人的人和一个能够发动他人帮助自己的人相遇的时候，交付关系的实现就不可避免。

7.4.2 认可需求

认可在心理学语法意义上看，也许不规范，但在交付关系中认可的体验却是生动鲜活的。特别是在追求个性化价值的过程中，在没有形成个体的价值体系时，常常不被尊重和理解，甚至会被偏激所伤害。当“认可”出现的时候会让人有一种春风化雨的感觉，它会对交付一方给予无私的激励和鞭策。当然，这种认可在通常情况下是相互的认可，在认可前提下达成的交付关系是令人兴奋和向往的，它不仅是注意力的投入，还是时间的投入、沟通的投入。认可就会使双方找到机会在一起，并集中于他们关切的问题。认可需求要注意的是“封闭式欣赏”，当偏向认知传达给对方的时候，有些错误的认证会使交付的一方在错误的方向越走越远。

7.4.3 归属认定

交付是一种“认领”行为，人们对美好情感的追求和投入，人们对能力的实现和表达，人们良知的高尚和自制，都需要“归属和认领”。有的人一生情感都不曾得到真实的交付，有些人也为此付出了一生的努力。有一些人不停地交付就是在交付归属上出了问题。在交付中如果不能慎重识别，就会出现“冒领者”。这些机会主义者可能出于某种需求，接受或诱惑你完成交付，实际上归属的错误判断会使交付情感受到伤害。临时性的交付，不应成为归属的范畴。没有完成归属交付的灵魂，永远会出现一种飘忽不定的感觉。归属也要有一个逐渐成熟的过程，有些归属的变化，不是选择出了问题，而是需求产生了变化。

7.4.4 能力体现

我们不能把交付机械理解为“专一”情感，个体在交付上有多样化的需求。当然，交付也会受到精力的限制。个体不可能在所有方面都能完成有质量的交付。个体能力会证明你的交付能力和精力。实际上职业交付和情感交付是两条平行的轨道，一个人能否同时完成两个交付也可以考量人生的完善程度。央视有一档节目叫《艺术人生》，实际上讲的是人生的艺术。人生的艺术就是在于尽可能地发挥你的潜力和能力，在完成职业交付的同时也完成情感交付。这是因为职业交付是人生存的经济基础，情感交付是心理上的上层建筑，哲学家们总是在证明“经济基础”决定“上层建筑”，“上层建筑”反过来影响“经济基础”。

7.4.5 平衡要求

在交付关系中，体现交付关系中的平衡要求，成长是一个矛盾体，鲜明的个性是追求的目标，个性鲜明又常常使个体排斥在群体之外。所以，群体中的相互交流、优势互补就成了交付关系中的基本诉求。为什么在团体交付中，许多理论和现实都提出差异化配置，因为同质化的交付团队，很难适应多样化的环境要求，销售需要亲和力、拓展需要运筹力、管理需要控制力、品质需要注意力、技术需要创造力、事业需要坚持力，没有哪些交付的个体同时具备这些能力，但要想事业成功缺少不了这些能力的配置。因此，高质量的交付关系是由多元素能力组成的，以保持个体与组织在成长中的平衡。

7.5 交付的风格

每个个体的交付风格都不尽相同，他们会影响到交付的形式、过程及结果。交付风格有五种典型的范式值得讨论。

7.5.1 独立型的交付风格

不论交付关系进入什么样的阶段和程度，独立型交付风格的一方，都会坚持自我的存在，他们不会因为交付关系的存在而失去自我。这种类型的人被问道：“父母能为小孩做到最好的事情是什么？”他们会回答：“做我们自己的事情，做好我们能够做好的事情。”这句话的意思是说，在交付双方的关系中首先把自己放在一个思考的重要位置。再默契的亲密关系也不应该放弃自己应有的位置。在交付关系中的每个人都应该重视和对待成长的机会，在父母和孩子的交付关系中，典型的现象是父母愿意为孩子的成长而放弃自我成长，结果多数的亲子关系因此产生隔阂而变得疏远。

7.5.2 奉献型的交付风格

这种交付关系是不对等的关系，但可能是对等的期待。一方按照自己的职业计划和理想努力工作，而另一方则放下自己的追求，陪伴另一方取得事业方面的成功。他们的共同期待是“苦尽甘来”。

奉献型交付关系的形成主要因素有以下几个方面。

（1）资源能力的不对等。由于事业起点不同，在交付关系的初期双方都还能坚持自己的事业和追求，随着一方事业的逐渐起色，而自身能力出现局限的时候，需要另一方的牺牲和投入。

（2）机会和机遇的不同，造成两个人的事业差距，而一方的事业刚刚起步，局限是多方面的也是弱小的，考虑到经济和安全等原因，交付的双方形成共同的合作。

（3）人格表现方面的影响也造成交付的一方主动放弃看似不错的前程而投入另一方的事业。

奉献型的交付关系是长期而稳定的，也会给双方合作中的事业带来强大的动力，但也会出现交付风险，这种不对等的交付形式是关系中的重要隐患。

7.5.3 实用型的交付风格

实用型的交付风格体现的是结果导向原则，一旦关系形成就会给现实的危机和压力带来改善。有时实用型交付关系很真实，在情感因素的交付关系中，内化评估是主要原则。而实用型交付关系以外化评估作为主要依据，实用型交付目的性明确，一般属于事业型关系交付，会带来良好的回报和反馈。实用型交付关系中的简单因素也会较少干扰到相关联的其他人。实用型交付关系虽然是一种简单的交付形式，一般时间上也不会无界限地延长，但确实有些实用型交付关系，以短期合作开始而最终演化成长期交付关系。

实用型交付关系也会带来一些风险因素，有些关系虽然没有交付条件，但在实用价值的指导下，还是实现了这种交付关系。结果往往是由短期的收益变成了长久的困扰。

7.5.4 完美型的交付风格

追求完美型交付关系常常会给双方带来深刻的印象和经历。不追求就不会完美。完美型交付关系首先是以完美型人格为前提，这种类型的关系追求形式上的完美、内容上的完美、环境上的完美和结果上的完美。

1. 形式上的完美追求

完美型交付关系在形式上是中心化模式。他们把这种交付关系理解为环境中的中心，他们不会理会世俗的看法，把交付作为彼此生命中的托付，这种关系有时会轰轰烈烈，是交付关系中最具楷模的一种风格。

2. 内容上的完美追求

这种交付关系多数是一种意识形态方面的交流，表面上不食人间烟火，他们把注意力放在人类规律性的探讨和发掘之中，暂不论他们从事哪个方面的研究，哲学的讨论是不可缺少的。

3. 环境上的完美追求

在这种交付关系中他们追求充分的信任和安全，在他们之间排他性是一个重要原则，他们具有对环境完美要求的特征，会所、茶楼、咖啡厅、主题文化餐厅经常是他们约会的地方。

4. 结果上的完美追求

追求结果和完美，“不自由，毋宁死”是完美型人格的宣言，在完美型主义者的交付关系中，也体现“宁为玉碎，不为瓦全”的个性风格。不追求过程是多么复杂，他们看到的结果是一种超然物外的升华。在追求完美交付关系中，有时会表现得关系脆弱，两个人都是完美主义者就会远离人群，曲高和寡，两个人其中一个人是完美主义者而另一个不是，则冲突不断。

7.5.5 增进型的交付风格

互相增进型的交付关系是民主平等的，他们在关系中相互吸引、相互欣赏，在关系分工上体现同样的贡献，他们有长远的计划和追求，不会为细节问题争吵不休。增进型关系是关系中的理想化类型，但这种关系中的平衡是一种十分困难的事情，这种类型关系的局限性是双方的理性和相敬如宾，会使关系僵化或缺乏活力和生活气息。

7.6 交付的仪式

人生有很多种仪式，结婚庆典、宣誓仪式、新闻发布会、生日庆典都属于仪式。仪式的基本作用有四个方面：一是个体的中心化；二是被关注和尊重；三是广而告之；四是激励。人被中心化的场景基本是在仪式当中体现的。出生是一种仪式，死亡是一种仪式，婚礼也是一种仪式，可惜的是三种人生的重要仪式当中，只有婚礼是个体具备参与意识，其他两个个体却不具备参与意识。

中心化是以个体为主，围绕个体而进行的一种仪式。生日也是一种关注仪式，它表达了亲朋好友对个体的爱戴和祝福，新闻发布会、签约仪式则是广而告之的仪式。誓师大会、成人仪式则是起激励作用，还有祭奠仪式，那是对历史的记忆和缅怀。交付仪式是交付关系中的重要表现形式，大体可分为公开的交付仪式、不公开的交付仪式、秘密的交付仪式、实质性的交付仪式。

7.6.1 公开的交付仪式

结婚是公开的交付仪式，一个人加入新的家庭是将个人的一生幸福交付给对方，因此，婚礼是人生最富重要性的交付仪式，包括亲人们的祝福、有威望者的证婚、法律缔结的文书，结婚仪式标志着一种新生活的开始。拜师仪式也是交付关系中的一种重要仪式，老理讲的“一日为师，终身为父”表明的是仪式的重要性。就职演讲也是公开的交付仪式，表达个体对自己选择的职业的动机与追求。公开仪式以提升交付关系的达知率为目的，以便在相关的范围内得到正式的认可。同时，公开仪式也具有纪念功能，公开仪式的日期往往是一个重要时刻，在今后的日子里这个时刻会被作为回顾和纪念，当人们用特殊日子做纪念仪式的时候，总会产生总结和展望的关系。

7.6.2 不公开的交付仪式

不公开的交付仪式一般发生于非正式交付关系中，交付关系的影响范围决定了交付仪式是否公开，不公开的交付更重视心理契约，交付关系的发生和终止都属于个体行为，不牵扯现有的交付关系。不公开的交付仪式不等于没有交付仪式发生，比如，交付承诺、交付确认、小范围聚会，他们也可以邀请仪式的见证人，只不过范围比公开仪式小得多。不公开的交付仪式也许不存在保密动机，但许多交付仪式还是愿意在没有太多干扰的环境中进行。

7.6.3 秘密的交付仪式

秘密的交付仪式大多是在涉及第三方利益的前提下所进行的仪式，比如，小团体的组建、反他利益的集会、已婚或婚外恋人之间的排他性交付仪式。秘密的交付仪式对个体的影响是非常深刻的，有些特殊交付仪式随时能提升交付双方的忠诚度，秘密交付仪式的心因性基础是特殊性的接纳和信任，某些交付仪式的神秘性会增加交付一方的刺激和快感，秘密交付的作用是显而易见的。“背人没好事，好事不背人”，虽然这句话只是常识性的见解，但也解释了秘密交付的风险性，这是因为秘密交往的排他性既影响个体的正常思考，也存在排他的妨害关系。

7.6.4 实质性的交付仪式

实质性的交付仪式大多发生于固定关系当中，比如亲缘和姻缘，当支付方的其他一方与他人产生姻亲关系，无论这种仪式存在与否在实际的理解上已经存在了交付关系，比如，姐姐的婚姻会给妹妹带来新的交付关系，姐姐生了小孩也会给妹妹带来自然的交付关系。异性之间的亲密关系不管仪式发生不发生，交付关系已实际发生。这种交付关系有时虽然是间接的，但你的亲人与他人发生交付关系，必然使你参与其中形成一种新的交付关系。

7.6.5 仪式的变异

任何一种交付仪式都有承诺功能，仪式也是承诺兑现的时间节点，在双方考核承诺的过程当中，言行差异会引起冲突，有的时候仪式中的情绪和承诺会被对方理解为正式承诺，于是仪式正向功能也会向负向功能转化。因为人们记忆中的仪式从情绪上来讲属于敏感期，敏感期中的情绪记载如果没有得到行动的认证，仪式中的记忆就会变成“忌日”。

7.7 交付的阶段

兴奋阶段、平缓阶段、矛盾阶段、接纳阶段是交付关系中的四个阶段，它们的排序不是机械的，兴奋阶段出现以后还会出现兴奋吗？答案是肯定的，但标志性的阶段特性还是可以描述的。交付关系的初期，太多的兴奋和高度关注是这个阶段关系的重要特征。平缓阶段交付关系双方会认真和冷静考虑这种关系的现状和未来，并尝试设立交付双方的界限和权利，这时矛盾阶段就会随之到来。有人愿意尝试越过矛盾阶段，实际上交付双方在平缓阶段中都已准备了“斗争的武器”，战争也就不可避免，在战争中的矛盾阶段会产生四个结果：一是交付关系结束；二是冷战，残酷的犹豫和选择搅得双方意乱情迷；三是服从规则，双方互相离不开只有用妥协的方法进行下去；四是通过斗争明辨了是非利害，交付双方携起手来追求共同的未来，有时也可能经历了双方或单方面妥协，继续保持相互的关注使交付关系进入下一个阶段——接纳阶段。

7.7.1 兴奋阶段

任何关系都有浪漫情节的兴奋期，由于交付双方刚刚接触，只能靠直觉和经验来判断对方或者这段交付的各种可能性。兴奋阶段充满能量和激情，交付双方怀着积极的热情和活力，在充满了不确定性和可能性的兴奋阶段人们的心理预期都是朝着理想中的追求而努力前行。在兴奋阶段的交付关系中双方感到彼此的关照和亲近，也容易使交付双方自觉与外部失去联系，也容易产生假象。他们感受亲近和链接，其实仍然是分离的，虽然充满能量，但都是有限的亲近。例如，初为人父人母，在新生儿刚出生时热情地为小生命购物，为小生命计划未来，在梦想和理想的交织中充满了快意，小夫妻和他们家人这时的关系通常是其乐融融的；友谊刚开始的时候会对新的朋友充满关注和好奇，有许多精力一同交谈，发现共同爱好和兴趣，经常共同参与社交活动，但这个阶段双方其实并不真正了解；商业上的合作也存在兴奋阶段，那可能是一个交付双方都能接受的共同梦想，使他们渴望在一起，谋划愿景、想象共同的未来，共同讨论一个庞大的计划，把商品销售到更广阔的市场。

7.7.2 平缓阶段

任何一种关系交付中只要有足够的关注和交往时，都会看见对方的本质，就会发现除了你需求对方的地方之外还有一些你不需要和不喜欢的地方存在，于是这个阶段的交付双方都在“悄悄地摸着兜里的手术刀”，试图按照自己的想法改造对方，看清了对方的限制和特征时，兴奋阶段的浪漫就开始消退了。这时双方的关系在兴奋阶段延迟作用下，双方相信对方会按照自己的愿意去调整自己，只要对方珍惜这种来之不易的看似前景美好的交付关系。这时候矛盾阶段的斗争萌芽就已悄悄开始，但这时关系双方表现得并不激烈，他们在克制和温情中开始逐利，也会出现一些要求。和兴奋阶段不一样，这个阶段的要求是正式、严肃的，这个阶段的交付双方都还处在不想结束关系但又不怕结束关系的阶段，因为此时双方的投入还没有那么具体和深入。

7.7.3 矛盾阶段

当一种诚恳的建议和隐蔽的要求被对方不理解和断然拒绝的时候，矛盾就不可避免了。在交付的经验中，人们最不愿意重温以往失败的复制性经历，于是在控制对方的时候会把现在的“他”当成过去的“他”。而当事一方在全然不知的情况下，被控制和限制也会出现极力摆脱和反感。矛盾阶段的主题是“支配、驯服和控制。”实际上矛盾和斗争对关系来讲也不是一无是处，很多的关系体验都是在每一次矛盾和冲突过后，产生一些新的原则，并被另一方逐渐接受。斗争有时产生一种新的关系。同时在矛盾斗争中也使交付关系双方学习接受差异。

矛盾和斗争会使矛盾双方付出代价。“人与动物有一种区别，动物的迫害最多是剥夺，但人的迫害却是各式各样。”当矛盾阶段结束的时候，也是受伤的结束，而没有结束的关系即便存在，也许是“迫害”的开始。

7.7.4 接纳阶段

经过矛盾阶段洗礼而存在下来的交付关系是十分幸运的。首先，矛盾阶段的斗争验证了交付关系的真实性，使双方在关系态度和坚定性上得到了考验，有时在接纳阶段评价矛盾阶段时，很多成功关系都会感谢那些艰苦的斗争过程。在接纳阶段，即便是弱势的一方也会得到另一方的重视，因为接纳阶段的交付关系由“我—他”变成了“我—我”。他们个人都受到重视、接纳和肯定，在接纳阶段的双方体验仍然是敏感的，他们不再去幻想和臆想对方，而确信人的自主性和各自的目标。接纳阶段交付关系的双方已做好了心理准备，愿意分享彼此的内心世界，彼此分享对话，做任何事情都会强化彼此的亲近感。接纳关系阶段的特征是彼此保持亲近性的接触，了解彼此的生活，经常利用一些时间分享彼此的想法，分享各自的兴趣和体验，共同学习和成长，创造出可能的浪漫和具有彼此都接受的交往模式，爱使道德为关系所服务。

7.8 交付的维护

任何一种关系都不是一成不变的，它像一座景区中的老房子，时刻需要焕发新的活力，需要交付双方精心维护，维护交付关系需要做到：承诺、同步、自我疼惜、抉择、清理与修剪。

7.8.1 承诺

承诺需要意志，清楚地表达承诺和认真保守承诺是成熟人格的一部分，对进一步发展双方的交付关系也很重要。承诺不是向对方的承诺，有时承诺是针对自己，愿意贡献于自己选择的人和目标。在承诺的约束中我们一定要相信，守承诺的一方最终成长的一定是自己。在交付关系的承诺中有时看起来守诺方会失去很多，有许多时候守诺一方可能是受伤害的一方，但是承诺和遵守承诺是一种修炼，如果在一个不可靠的交付关系中，因为信守承诺而受伤从此放弃承诺的人在日后才会成为受害者。因此，“在承诺中运用意志可以发展出强大成熟个体化的自我”，如果在关系中双方共同遵守承诺，不但自我得以成长，关系也会随之成长。

7.8.2 同步

在人与人的交付关系中共同经历非常重要，不论交付双方在交付之前有多么不同的经历和背景，在确定交付关系以后重要的是要经历和创造共处背景，也叫背景关联。同步创造共处背景的意义有三点：一是同步的共处背景是关系创造的结果，交付双方共同创造一起参加活动、一起参加学习和工作的机会，和共同的朋友相处，这些接触机会都不是自然而然产生的，它需要有人付出努力，而且具有“营造情景的能力”；二是同步的共处背景会使交付双方的立场、观点、判断、行为产生共鸣。因为共同的经历最可能创造关系的共识，共识的背景会提供相同的信息来源和判断依据以及行为共振；三是同步的共同处境会加深关系中的情感和友谊，在关系的维护中共同处境的片段性记忆，特别是积极性的记忆会使交付双方更加珍惜这种交付关系。多年的夫妻总有相貌的相似之处也证明了同步和共处对关系产生的影响。

7.8.3 自我疼惜

自我疼惜会影响交付双方的关系。在交付关系中，起到利益主导地位的一方会牺牲自我利益，在同等分配的条件下把最好的一部分留给对方，在关系良好的时候这种感觉既是正常的又是良好的，当关系出现考验的时候付出一方或者是关系的另一方都在默默地计算着给对方多少又得到多少回报，当他们没有得到期待中的公平的时候，他们就会出现紧张、嫉妒、讨价还价等行为。这种付出失衡的感觉让他们产生了自我疼惜，要么他们要讨回属于自己的公道并会出现道德焦虑感，他们会监控对方以确保对方不会离开；要么就顺从对方，放弃自我，因此产生进一步的自我疼惜。

7.8.4 抉择按钮

在许多交付关系中，我们发现常常启动抉择按钮的人，不是关系优势确立的一方，而是相对依赖的一方。表面上看这是一个十分奇特的表决方式，单单是按下抉择按钮也就罢了，我们还会看到这种抉择冰山下可怕的一面。在家庭关系中，夫妻之间的抉择按钮就是选择离婚，那个优势确立者总会下意识地保护道德优越感，于是他们把抉择按钮看成是自己的禁区，他们不是在行动上，而是在意识中想法让对方的意志崩溃，当对方失去理智之日，就是启动抉择按钮之时，他们既丧失了道德优越感又失去了应该属于自己的一切。这时关系会处于危险的处境之中，这种危险不是来自或属于哪一方，而是属于双方。得意者在得意忘形或春风得意的时候最有可能遭到对方致命的一击。因此，那些抉择按钮的启动最好是双方的一种默契，就是都有一种逃离关系的意愿时由双方共同按下抉择按钮。

7.8.5 清理和修剪

在交付关系中，我们发现清理和修剪具有一定的同期现象。在交付关系中，总有一个时期关系斗争比较激烈；也会有一个阶段，双方关系会出现亲密和热烈，这种同期的表现都证明了关系中清理和修剪的价值，大家都不怀疑关系中的营养，有些关系给我们带来的动力和机遇是我们依恋和不舍的。但关系中也有毒性的东西，比如控制，控制会扼杀成长，控制中期待他人成为你想要的样子，而不是他本来的样子。在双方的交付关系中还会出现诸如讨好、恐吓、操纵、预谋、欺骗、以自我伤害相威胁，这些是明显的关系负向。也有隐蔽的关系负向，比如，友善的表现、照顾和支持、帮助他人，这些表面上看似为别人实际上是出于为自己的某种目的，当目的脱离的时候“那个人”就会变成另外一副面孔。

在清理和修剪关系的过程中，关系政策也十分重要。有效的关系政策是察觉、承认、接纳和行动。

7.9 交付的评价

人与人之间的相互依赖使彼此的交付关系成为我们生存的核心价值，而交付关系的评价也是人与人之间的核心价值。关系中有自我评价，这种评价需要多方支持和认证，这样就形成了内评价和外评价。在当内评价和外评价取得一致的情况下，这种关系是准确可靠的，关系中的双方有没有一厢情愿的交付关系？在关系的某一个时点上它可能会出现，而这种一厢情愿长时间得不到评价和沟通，关系会进入一个冷漠的阶段。外评价在交付关系中具有很大的杀伤力，在与交付关系的一方相关联的人当中，特别是重要的相关联人对于交付关系的知情理解和评价至关重要。比如，年轻男女在恋爱关系中如果得不到家人的支持和认可有时会影响交付双方的判断，有时家人甚至采取直接行动干扰他们的交往。关系的评价和检讨我们可以参照四个维度：接近性、相似性、真诚、保密安全。

7.9.1 接近性

交付双方愿意创造机会、创造功能性距离、增加生活轨迹的相交频率。根据贝克报告证实“只要经常与我们在一起，我们会爱上几乎任何一个和自己有大致相同人格特征并且会回报我们感情的人。”接近性更容易培育感情，当我们研究皮肤界限的时候，接近性就更具有典型意义，所有的关系改变和冲突大概都与皮肤界限有关，因此有人说“关系从来都是从指尖开始的”，“当我们不能接近我爱的人时，我便去爱那个离我近的人”。北京新的央视综合楼出现在人们眼前的时候，人们给予了太多的非议，就像巴黎埃菲尔铁塔一样。1889 年埃菲尔铁塔完工时，曾被嘲笑是奇形怪状的东西，如今它却成了象征性的标志物，这正是人们的接近性带来的效应。

7.9.2 相似性

在人与人之间的关系中那些持少数观点的人常常会聚合到一起，这大概是由相似性引起的。亚里士多德在他著名的《修辞学》中指出，“朋友就是这样一些人，他们与我们关于善恶的观点一致，他们与我们关于敌友的观点也一致，我们喜欢那些与我们相似的人，以及那些与我们有共同追求的人”。在交付关系中，如果一方或双方能够公开明确支持另一方的立场和观点，特别是当其他关系考验来临的时候，坚定的理解和一致性的表现，会使这种关系变得温暖而自信，这就是相似性给关系带来的意义。

7.9.3 真诚

在交付关系中，对真诚的评价会经常出现三种体会。

一是承认差异，交付关系中不会永远像刚开始时那样美好，“人生若只如初见”，在关系矛盾中察觉并接受。史宾莎诺在《伦理学》中指出“爱完全征服了恨，所以爱恨总相随，也正因此，有恨伴随着爱才比无恨的爱更伟大”。

二是不是一味地讨好，当关系向更加亲密的方向发展时，真诚变得更重要，“我们不再一味地给对方留下好的印象，而是开始把自己最真实的一面展现给对方，哪怕有些方面令人生厌。如果真心地喜欢对方，如果能够站在对方面前坦然表现自己积极与消极的情绪，而不是‘友善’地对待对方，那么他们将持久地拥有更满意更富有激情的关系”。心理学家阿伦森的观点证实和符合交付双方坚持真诚的立场。有时候，真诚也意味着真正的朋友可以告诉你从来听不到的信息，但他会干扰你的情绪。马克·吐温曾经说过：“伤害你的不仅仅是你的敌人，还有你的朋友，路人诽谤你，朋友则会告诉你这个消息。”

三是阐明关系中的回报立场，“我们不仅限于和那些能给我们心情愉悦的人交往，我们还愿意跟那些能给我们带来报偿的人交往”。基辛格博士载誉全球，但他对权力需求的论点坦率得令人吃惊，他说：“我为什么喜欢权力，因为权利最能吸引女人。”这种直接的诉求表达也许让我们产生某种敬意。真实良好的交付关系是和美好的事物联系到一起的。

7.9.4 保密和安全

交付关系中的心照不宣原则是保密和安全，保密是关系距离的重要验证。一种值得尊重的关系一定不会轻易与他人分享，这对于交付双方来讲，无异于是对品德的考试。在肤浅的关系中，一方会成为另一方向他人炫耀的战利品，而成熟的关系就不会，因为成熟的关系单独的体验才更具有美感，哪怕有一天关系消失或终止，真正的关系就是永远藏在心底的秘密。安全实际上是一种保护，有时关系中的一方会出现为了保护对方的安全，而置自己的安全于不顾，这也是关系评价中的重要尺度。

7.10 交付的风险

对于大部分人来讲，我们既不具备交付关系的经验，更不具备结束这种交付关系的能力，这就需要在关系中体验和学习。完成交付是令人向往的，之所以这种关系令我们承受许多，但我们也经常经受不住关系给我们带来的心旷神怡的体验和诱惑。在关系交付之前，我们就开始讨论交付的风险是大煞风景的事情，但是既然我们想到交付中的风险，我们就不得不讨论对于更多我们要面临的问题，之所以我们面对交付风险的问题不敢掉以轻心，的确是因为人生没有“草纸”。交付关系中的风险是从判断风险开始的，然后是关系的固化，接下来是关系中的伤害。

7.10.1 判断风险

判断发生在交付关系的兴奋阶段，许多关系中最让人激动和难以忘怀的就是兴奋阶段。兴奋阶段给关系中的人们带来一些假象。这是因为新的交付关系中，双方不十分清楚对方本来的样子，还没有一个完整和全面的了解，但交付关系中有生命互相放亮的时刻，容不下顾虑和犹豫。另外在交付关系初期对于双方都是新奇和亢奋的，在阶段上的表现和投入，对于有经验的人来说也许是一种重复，对于没有经验的人来说，是从来没有遇到的自己。这个阶段不但你看到对方在能力、动机、认知和经验上的全面打开及精彩呈现，你会发现自己也充满了从未有过的活力与热情，正是阶段性背景给我们提供的精彩片段，才使我们出现错误的判断，并奋不顾身地投入一场自己认为有价值有意义的交付之中。到了平缓阶段，我们常常看到了我们意想不到的落差，“他在这方面怎么没有我当时感觉的那样好？他不是没有那个能力，是否厌烦了我们之间的关系？”当双方为了弄清这些实相的时候，抱怨争吵就会随时降临。

7.10.2 关于固化

1. 理所当然

当交付双方关系中的承诺被一方当作“法律”时，“你答应的你就应该做到”这种理所当然的主张，会给关系带来伤害。因为理所当然会忽视对方的努力体验，缺少理解、感谢和积极欣赏，让一方出现“表达性孤独”。也许许多努力和热情，被视而不见。有些关系中的一方陷入兴奋阶段体验不能自拔，他们提出不可持续性的要求，要求对方不懈地表现“高难动作”。

2. 关注性疲劳

不知道关注性疲劳还是审美性疲劳更能说明固化的关系中经常发生的问题，但它就实实在在地出现在关系里。随着关注的进程，关系中一方或双方的缺点表现得越来越多，可能这就是原本的真实，但确实得不到真实的理解和接纳。

3. 投入性局限

投入性局限会引起冲突，与兴奋阶段相比，稳定下来的交付关系开始在这种关系中寻找回报，创造价值，单纯的关系投入就会慢慢减少，特别是以投入为原则的交付关系，他们会把这种投入周期泛化到关系理解当中。当然这种投入也不仅限于物质投入，感情投入、关注投入、时间投入都在一定程度上出现缺陷时，关系就会出现日趋冷淡的现象。

4. 活力渐退

在交付关系中如果出现终止和倒退，固化有时是一种策略。关系倒退的典型性行为使活力渐退。交付关系一方不再采用主动的链接行为，甚至是被动链接也不会去响应。关系到了这个阶段只剩下了形式，双方在寻找各自的退路，舞台上角色们不再扮演，“食尽鸟投林，落下白茫茫一片大地真干净”。

5. 沟通问题

固化关系中的沟通模式会让关系中的人感到问题的严重性，现代人的沟通模式是丰富的，手机、短信、信箱、微信、微博、QQ，当所有沟通变得索然无味的时候关系就到了亮灯的时候。一般来讲交付关系开始的沟通方式会成为关系双方的沟通习惯，当习惯中断时又没有产生新的沟通方式，这时的关系也正走向陌路。

7.10.3 关于伤害

1. 交付利用

当交付一方出现不良动机，便注定这是一种没有结局的交付关系。一般情况下，交付关系中的一方最有可能是为了获取或剥夺另一方的物质利益虚与委蛇，骗取一方的信任，这种关系一开始就是以伤害为目的，有时来得更隐蔽、更巧妙、更具诱惑力。

2. 被动交换

有些关系出现在你不想接受又无法拒绝的交换当中。关系的开始也许是历经曲折，但当被动交换完成之后，被动一方会默许接受现实，但这是一种存在“仇恨”的关系。这种关系会表现为一潭死水，双方都不是在关注对方真实感受，而是相互利用的危险游戏。

3. 单方中断

交付关系中会出现许多牵拉，这种牵拉就是关系中双方的“孩子”。一方中断，这个可怜的孩子就会留给没有走出关系的另外一个人。有时一方只想着另一方的不好，另一方却总想着一方的好处，这种情感叫“爱憎”。一方付出，一方不肯回报，这时的感觉叫“恩怨”。一般来讲，留守情感的一方，很难再投入新的情感，而主动退出的一方可能随时投入新的故事当中，这种感觉叫“情仇”。

4. 关系牵联

当交付关系牵联到第三方利益的时候，关系中断不一定会促成与原有关系的恢复，最有可能是新关系的终止，旧的关系也很难再续。这时受伤的一方会处在孤立无援的处境，他们没有理由得到旧关系的原谅，也没有机会和新关系一起前行。

5. 声誉受损

在许多失败的交付关系中，矛盾与憎恨会使矛盾的双方互相攻击和揭露，使当事人名誉上受到损害，这时受伤的一方在情感上受损的同时也会承受名誉的损失，这种损失会旷日持久，有时是阶段性的损害，有时是一生的损害。

第八章　体系构建

体系的构建会确定个体心理效能的稳定性，具有体系建设的个体，生活和事业是有准备的，它们给外界提供一个有效的识别体系。稳定的思想、观念、行为是要有系统管理的，系统建设会给个体的成长带来六个方面的帮助，一是体系建设和人生规划是同步进行的，有计划和有规划的人生才是完整的人生，思考过的生活才值得去过；二是体系建设是一个学习过程，在这个学习过程中，人们首先要学会思考，在思考中人们的是非观、价值观都会得到反省和升华；三是当体系建立完成后，一定会指导个体的行动，在体系指导下的行为会更理性、更有效率，计划和规划乃至策划都会帮助人们去追求和到达理想的境界；四是体系建设是个体人生的绩效体系，在体系中会提炼出个体的价值取向、生活和工作的目标、行为准则，使个体在适应的环境中进行创造性的工作和价值选择；五是体系建设会产生原则和界限，会增加个体与外部的沟通效率，自己清楚要什么，别人也知道你要什么；自己知道什么是不能做的，别人也知道不能让你去做什么；自己朝着适合自己的目标发展，别人也会为你提供实现目标的机会；六是体系设计会帮助你做出行动选择进而实现目标。有完整的计划、有明确的目标、有坚定的行动和认真的总结，体系建设会使我们个人效能得到发挥和体现。

8.1　叙事体系

每个人都有自己的叙事体系，也就是对问题的基本看法。这些看法也可以叫作信念，如果叙事系统出了问题，就会给个体的行为造成迷失。

个体的个性如果因为某些特殊事件造成特殊的刺激带来叙事体系的改变，或者说一个人的叙事体系被颠覆以后，会给行为带来重要的影响。当一个人被他认为最值得信任的人欺骗了以后，这个人的叙事体系就会受到干扰，以往的立场对他们来讲，是愿意相信人的，但经历这样的刺激以后，他们就会从原叙事的立场脱离出来，会变得不再轻信他人，也许这件事会在不长时间内就过去，但对个体叙事体系的影响则要持续很久很久。

8.1.1 基本看法

一个人的行动和原则来自基本信念，这个基本信念既是外化的部分，也是内化的部分。冯小刚导演的电影《唐山大地震》，表现了在地震中，为了救弟弟而被母亲放弃抢救的小姑娘，在她人生之初，妈妈是那样可爱、可敬、可亲，当她和弟弟只能救出一个的时候，妈妈做出救弟弟的决定，这对她来说，严重破坏了她对母亲的看法，在日后的成长中，她形成了自闭和自卑的性格，这些都是因为她的叙事体系受到了破坏，从此给她的人生蒙上了阴影。

8.1.2 基本方法

基本叙事体系也决定了个体的一贯方法和风格。有的人叙事体系开放而明朗，于是他的基本方法也是积极向上的。我们评价一个人时，或称其为豁达开朗，或称其为内向封闭，这些印象都和这个人的叙事体系和叙事风格有关系。我们一想起鲁迅，就想起以“匕首”为武器的文化斗士；一想起李白，就想起以醉为荣的豪放诗人；一想起陶渊明，就想起隐隐于世的贤士达人。这些不一样的叙事风格，让人们对他们肃然起敬，成为人们的谈资佳话。这些都和他们鲜明的叙事方法具有明显的联系。在叙事方法中，表达的一致性也会体现个体的稳定性，具备稳定性特点的人，让人们觉得可以了解，也可以信赖。叙事方法上如果出现不统一的情况，就会给人一种朝秦暮楚、朝令夕改的不良印象。

8.1.3 偏向记忆

记忆模式也是叙事体系中的重要表现，积极的记忆模式会将生活中有意义的或有益于他们的记忆进行整理。他们习惯于阶段上的感恩和感谢，他们时常被爱照亮，同时也用爱去照亮别人，他们心胸开阔，是积极情绪的传播者。消极的记忆模式，会编辑那些受伤害的经历，在记忆中整理不愉快的事情。消极记忆的人，容易寻找借口，把失败的经历归罪于他人。当然在记忆偏向中，不会是泾渭分明的，只是程度的表现不同。提倡积极的记忆会增加个体的社会参与意识，增强自信心。著名数学家华罗庚曾经说过“人家帮我永志不忘，我帮人家莫记心上”，这就是成功者的记忆整理模式。

8.1.4 终身学习

体系建立是一个学习过程，没有一劳永逸的体系可以让你一辈子高枕无忧。进亦忧、退亦忧，体系建立的确是一个辛苦学习的过程。有人说，工作以后，重要的不是学历，而是学习。就是说人要与时俱进，就要不断地调整和完善自己的体系建设。巴金晚年在《随想录》里对自己一生叙事体系的批判，振聋发聩，得到了世人的敬重。他说："在心头的越来越多的东西，我不把它们倾吐出来，清除干净，就无法不做噩梦，就不能平静地度过我晚年的最后日子，甚至说我永远闭不了眼睛。"终身学习、终身思考、终身批判，才会使我们的境界得到提升和升华。

8.1.5 民主性格的建立

在生活中，我们常以为只有那些有权利的人才可以谈到民主性格，其实不是，一个人要建立完整的叙事体系，民主性格的建立应该是坚持的个性选择。什么是民主性格，就是容得下不同见解，悲悯那些不幸的命运。郑板桥在诗中写道："衙斋卧听萧萧竹，疑是民间疾苦声。些小吾曹州县吏，一枝一叶总关情。"民主性格就是关心和理解他人，"不以善小而不为，不以恶小而为之"。

8.1.6 接纳他人

叙事体系是自我表达的过程，但我们要关注的是每个人都有叙事表达的需要和要求。所以，当我们用自己的表达方式传达我们的叙事体系的时候，我们还要善于接纳他人的叙事方式和风格。在组织中，能够尊重别人的人、关注别人的人、目中有人的人，才能得到别人的尊重、理解和接受。

8.2 过滤体系

水要纯净就需要过滤，人要纯粹也需要建立过滤体系。在欧洲有一位以雕刻亚历山大皇帝雕像而闻名遐迩的雕刻家，当有人问他，用什么方法能把塑像雕刻得这样传神的时候，他回答，我就是把不属于那个人的东西都凿刻出去。人也是一样，通过思考判断，通过原则的筛选，通过道德约束，把那些原本不属于我们的东西去掉，做真实的自己。

8.2.1 思考的原则

善于思考，勤勉工作。"人类一思考，上帝就微笑"，这是捷克作家昆德拉在《生命不可承受之轻》序言中引用的阿拉伯谚语中的一句话。思考可以增加生命的内涵，同时让生活过得更有意义。思考对于个体来说具有三个积极意义，一是思考增强了行为的目的性，"我是谁，从哪里来，到哪里去"，这是人毕生要思考和回答的问题，这是一个主观性问题，他人不能代替回答，只有自己通过生活的磨砺，在一生中不断地思考、不断地回答、不断地修正；二是思考的人生超越普通的生活，许多人面对问题匆匆而过，又有些人面对问题穷其究竟，思考丰富了问题的经历，当然也就丰富了人生的经历；三是让错误有了产生能量的机会。“吃一堑，长一智”，不是吃亏是福，而是思考让我们因祸得福。

8.2.2 是非选择

一个有责任感和道德感的人，常常是有主见和立场的人，这种人是非明确，立场坚定，不做骑墙派。人无主见则无骨气，人云亦云，随波逐流，最后被人流所淹没。是非选择是一种担当，一个没有是非的人，主要的内在原因就是不愿意承担，而一个不愿意承担的人，在组织中的行为很难受到他人的响应。在《西游记》中，沙僧就是典型的例子，缺乏是非观的人，大都表面忠厚，内藏柔滑，他们不是事业的开拓者，而是成果的分享人。旗帜鲜明，立场坚定者，需要去私的决心、担当的勇气、舍得的情怀。

8.2.3 会拒绝

学会说“不”，是过滤系统的重要方法之一，“蜡烛不能两头燃烧”。人生会不停地选择是，还是不是。人生走的是独木桥，而且没有回头路。所以，必须专注于选择正确的路。有人讨论什么是好女人。可以说好女人是这个世界上最稀缺的资源。用美丽、端庄、智慧、知性、得体、奉献这些词语形容她们都不为过。有时甚至用语言难以准确表达，但无论女人如何优秀，会拒绝必须是好女人所具备的品质。“一家女，百家求”，优秀的女性不会缺乏说“不”的经历。一旦优秀的女性失去说“不”的能力，越是优秀就越具伤害。

8.2.4 不偏不瞒

建立了过滤体系的人，会出现“淡泊明志，宁静致远”的人文气质。化天下，赢人心。用文化去包容一切，用同理赢得人心。他们不受物欲的熏染，不以物喜，不以己悲。在环境中，他们是公平力量的见证者，因为他们首先做到了不谋私利、事出公心，他们的凝聚力不是权力是权威，不是势力而是能力。不偏不瞒就是因为他们能够做自己的主人，不做欲望的奴隶。他们能很好地控制情绪，他们为人干净、喜欢宁静、对人尊敬、追求意境。

8.2.5 道德界限

司马光在《资治通鉴》中提出“德者，才之帅也”，英国哲学家培根说

“德行使心灵明晰，使人不仅能更了解德行，而且更容易了解科学的真理”，德昌而道明。我们看到这个世界上取得文化、艺术、哲学和科学成就的大家，他们既是行动中的巨人，也不会是道德中的侏儒。道德是什么？我们理解的德就是接受约束，道就是尊重规律。接受约束，尊重规律，我们就做到了道德的要求。

道德和其他的东西不一样，它不是以成就论高低，同时是来自内心的一种戒律。鲁迅在《一件小事》中，把包车夫描写得如此高大，“好像自己躲在包车夫袍子底下隐藏的一样渺小”。

道德规定了行为界限，如孟子说的人生四端。“恻隐之心，仁之端也；羞恶之心，义之端也；辞让之心，礼之端也；是非之心，智之端也。”

8.2.6 忠诚度

忠诚度是个体过滤体系中的一个重要环节。忠诚度高的人，责任心就强，责任心强的人，约束力就大，而具备约束力的人，常常会是一个有效能和绩效的人。德国谚语就是这样评价忠诚的：“一两重的忠诚，就等于一吨重的聪明。”忠诚固然使人少了许多选择，同时你也会躲过许多错误的选择。忠诚的价值有两个，一是看自己的道德重量；二是看他人的可靠程度。

8.3 思维体系

弗洛伊德曾经说过，“从某些角度上看，人和人之间的差距比人和猴子的差距都大”。给每个人三年的时间，许多人完成不了很平常的事情，而有些人用三年时间，就能改变社会。那么造成人和人之间差距的原因在哪里呢？如果说人与人之间会有很大差别，这些差别则主要体现在三个方面的差距，一是心智结构；二是行动能力；三是思维方式。可以说只有具备这三者之间的平衡和发展，才能使个体获得全面的发展，并形成具有独特性的竞争优势。思维体系建立就是帮助人们建立全景思维，使思维不偏向哪一方。当运用多种思维探讨工作和生活的时候，就会少了片面，多了方法；少了障碍，多了机会。具备思维系统就会把思维中的多种元素、形式和方法通过组合和优化而建立起相对稳定和成型的思维结构及自动性的思维程序。

8.3.1 相似联想

所谓相似联想，就是由此事此时而联想起其他的相关性规律。联想就是对头脑中已有的各种表象进行重组，把表面上被割断的联系及不相干的事情重新联系起来。是割草机启发了剃须刀，还是剃须刀启发了割草机，两个看上去不相干的事情，就促成了新的发明，改变了人们的生活方式。苹果掉在牛顿的头上，牛顿突发奇想，月亮为什么不会坠落地球呢？牛顿把地球上的物体与太空中的星体看似很遥远的事情关联到一起，最终发现了万有引力定律。

8.3.2 发散思维

发散思维是一种从不同角度、多种渠道去寻找和研究多种答案，最后使问题得以圆满解决的思维方法。联想思维是求同，发散思维是存异。微软公司在新员工的面试中，设计了一道著名的测试题，“下水井的盖子为什么是圆的?”它没有标准答案，它的标准答案是越丰富的联想越接近正确的答案。这样的测试题设计的目的就是要考核应试者的发散思维。发散思维经常会带来思考的主动，在组织中，经常采取头脑风暴的互动讨论，其讨论的目的不是在结果本身，其目的是活跃组织成员的思维。

8.3.3 动态思维

动态思维是以不断变化着的事物为根据，是思维随着事物的变化而发生变化。在理所当然的思维中，事物是孤立的、静止的。过去有人判断“计划生育”是中国的基本国策，一孩政策不能动摇，但近年，政策就有了很大变化和调整。人口数量降了下来，老龄化比率升了上去，从社会有价值劳动力结构需求的角度讲，有些政策就会做必要的调整。动态思维不仅表现在空间上的横向流动，还可以表现为时间上的纵向流动，从当前追溯过去的思维活动，温故知新，叫作“后馈思维”，前事不忘，后事之师；从当前向未来流动的思维，与时俱进，可以叫作“超前思维”，虽然超前思维有时是弱小的，但“朝阳的弱小，胜过夕阳的强大”，德鲁克这样断言。

8.3.4 侧向思维

当事者迷，由于人们在思维当中，有时思维会被利益所左右，例如，人们在做思维判断的时候，就会做利己性选择，正是由于这样，就会出现“灯下黑”的现象，由于利益的驱动，人们会把目光聚焦于某一事物，形成思维的短路。侧向思维就是鼓励人们在思考过程中，跳出利益局限，站在更高的地方，去判断事物的真相。“横看成岭侧成峰，远近高低各不同。不识庐山真面目，只缘身在此山中”，古人的智慧告诉我们，站高望远是破解思维迷局和限制的良策。

8.3.5 逆向思维

所谓逆向思维，就是从相反对立的角度去思考问题，事物的多面性决定了事物的复杂性。“我们的同志，在困难的时候，要看到胜利，看到光明，鼓足我们的勇气”，毛泽东在当年《历史的挫折》中说的这段话，就是用逆向思维提出的规律性的论述。有一个故事也说明逆向思维的重要性。古代人们为了修筑坚不可摧的城池，要从远处运进巨石，因为石头太大，放不到船里就无法运输，这时有人出了个主意，把船绑在石头上，结果顺利地把巨石运到目的地。

8.3.6 行停思维

所谓行停思维就是聚敛思维。聚就是把所有相关事物的原因和元素尽量找到，为解决问题提供线索。敛就是在众多线索中找到决定事物根本性质的因素，聚中发现问题，敛中解决问题。行就是发散，停就是聚焦。一散一聚，直到解决问题。

8.4 能力体系

人的能力是有差异的，能力系统的建立在于缩小这种差距。个体之间的差异来自基因差异、来自文化差异、来自后天自觉差异、来自环境差异，但能力又是主观能动的体现，承认差异并接受，而且主动积极地去适应这种差异，最后改变差异。有时候，我们会发现能力是一颗种子，需要播种、培育、发芽、成长。能力是现实的能量，没有人不受能力的限制，但能力也是一种聚集，一个不断成长的个体，总有一天会惊奇地发现自我能力的实现和成长。能力也是一种交付，“学会文武艺，货卖帝王家”，当能力被发现并恰当地使用时，会产生一种自觉的力量，这种力量能给人带来惊喜。当你遇到挫折和困难的时候，会有一种莫名的能力帮助你渡过难关。能力在受到限制的时候，是一种甲胄，不但不能保护你，还会是你的负重；但能力得以发挥的时候，也是一种甲胄，保护自己，打击敌人。

8.4.1 能力差异

是什么造成人与人之间的能力差异，我们注意到差异来自四个方面。一是时间性差异，来自不同年代和背景的人，会形成明显的差异。20 世纪 50 年代出生的人，上过山、下过乡，挨过累，插过秧；60 年代出生的人，好事没有你，国家不管你，孩子不理你，属于弱势群体；70 年代出生的人，上有老，下有小，老中新，新中老，累够呛，不得好；80年代出生的人，被40惯着、被60管着、被70选着、被90撵着。随着个体的时间演进，也会发生自身的差异，青年时的意气风发，壮年时的价值奉献，成年时的经验汇集，老年时的淡泊心境。二是主体规律的差异，“一母生九子，九子都不同”，这种差异既有先天的基因影响，也有后天的动因影响。在多子女家庭，出生的排列也会影响到差异，“老大勤、老二憨、老三独、老幺娇”，老百姓的说法没有验证，但也都是这么说。三是体能差异，体能是一种能量，但体能弱的人，有时会有另外一种成长方向——智慧成长。纵观社会发展，农业社会，对体能要求就很高，工业社会发展人的技能，到了知识社会，更多的是实现个人的效能，体能的差异越小，社会的文明程度就会越高。四是反应差异，有人适应环境的能力就强，有人适应环境的能力就弱。适应不仅仅是能力反应，老虎和羊，谁强谁弱？老虎强，愈来愈少；羊弱，却愈来愈多。这就是丛林法则，适者生存。

8.4.2 智力能力的维度

霍华德·加德纳提出了系统智力的理论，包括八个维度。

（1）逻辑能力：洞悉能力的敏感性，通过逻辑和数学模式，把握较为复杂的推理。

（2）语言能力：对词的发音、节律和意义的灵敏性，对不同语言功能的灵敏性。

（3）音乐能力：产生和欣赏节奏，对不同音乐表达形式的欣赏。

（4）空间能力：能够认识空间世界的能力，知觉、视觉准确，有对最初的直觉进行操作和转换的能力。

（5）自然的辨识能力：能够对人类及其他物种进行相似的认知和差异性识别。

（6）感统能力：能够有效运用身体进行跳舞、体育运动等活动，并运用体态表达感情的能力。

（7）自我认知能力：对自己的情绪的感知、区分，并以此指导行为能力，对自己力量、弱点、期望和智力的了解。

（8）人际关系能力：能够辨别他人的情感、动机、能力。

8.4.3 智力结构

吉尔福德和斯腾伯格的理论揭示了人们的智力结构。在吉尔福德的智力结构中，确定了智力任务的特征。

内容类型：视觉的、听觉的、符号的、语义的、行为的；

产品类型：单元、分类、关系、系统、转换、提示；

操作类型：认知、记忆、发散、聚合、评价。

斯滕伯格任务智力结构包括成分、经验和情境。

成分智力是指知识的获得能力，以及新知识的运用，操作成分是指作为问题解决策略和标准，用于选择策略，监控认知过程以至成功。

经验智力是指人们在特殊的情况下，你的对应能力，即便在正常的情况下，个体能够自觉独立地完成任务。

情绪智力是指准确和适当知觉及评价感情的能力，运用感情、促进思考的能力，有效运用情感知识的能力调节情绪，促进情感和智力发展能力，也包括适应新情况和使环境和个体相适应的能力。

8.4.4 能力识别与测评

1. 选拔性能力识别

选拔性识别是以选拔优秀人才为目的的测评，这种识别强调区分功能，标准性强，有量化的要求，具有灵活性。

2. 开发性能力识别

开发性能力识别是以识别组织成员综合素质为目的的测评。这种能力测评在于了解组织成员基本素质情况，为日后培育和使用奠定基础。

3. 诊断性能力识别

诊断性能力识别是以了解现状及查找原因为目的的测评。这种诊断性的测评需要内容翔实，有较强的系统性，一般结果不公开。

4. 考核性能力测评

考核性能力测评是以鉴定为目的的测评。识别的内容比较广泛，是总结性的测评，识别结果有较高的信度和效度，应该做到充分全面，有据可查。

8.5 行为体系

大多数后悔都是行为造成的，人们希望现实中的行为像梦境一样，好的梦，我们真想美梦成真；不好的梦，我们觉警而避免在现实生活中发生。但这只是人们的一厢情愿，因为大多数的行为都会产生后果。

有时候我们对自己的行为感到懊恼和沮丧，因为我们的行为造成的结果是我们不想要的。有时候我们对自己和他人的行为感到莫名其妙，这些都会成为我们所面临的问题，我们想摆脱而又摆脱不掉。这是因为我们还没有建立和产生行为体系。我们对行为的陌生感到恐惧，这是因为我们对行为鲜有思考，更难形成体系。“一个什么样的人，他就会做什么样的事，做什么样的事，他就是什么样的人”。歌德说过，“想法是简单的，行动是困难的，而让一个人的想法付诸行动则是最难的”。

8.5.1　行为的生物学基础

大脑支配行动，脑神经活动有六个区域，网状激发系统、间脑、大脑皮层、脑前额叶、小脑和心脑。脑部的六个区域有分工有协调，也都需要开发和锻炼。

1. 网状激发系统

网状激发系统负责本能反应，防卫、求生和基本察觉。

2. 间脑

间脑是高度复杂的组织，控制呼吸、血压、肢体平衡。

3. 大脑皮层

大脑皮层负责抽象思维、记忆以及体验感官知觉。

4. 脑前额叶

脑前额叶负责高等价值判断，如荣誉感、羞愧感、进化技能、整合、计算、分析、创意。

5. 小脑

小脑控制脑肌，维护生理的平衡。

6. 心脑

心脑指心脏神经体系，心脑能使我们的身体与外界对话，不仅通过神经和化学物质，也可能通过共鸣，使心脑成为与外界沟通的重要模式。

8.5.2　习惯的养成

习惯是把有意识的行为压缩成为无意识的行为，把行为变成一贯模式。“好习惯是放在银行里的利息，一辈子花不完，坏习惯是欠人家的债务一辈子也还不完”，习惯是行为中的细节，而细节有时就会决定成败。“习惯是前半生的学习，后半生的收获”，好的习惯有时会让人很累，但坏习惯会让人生很累。

人的行为习惯会带来牵引效应，好习惯会带来一些好习惯，坏习惯会带来一堆坏习惯。“习惯不是最好的仆人，就是最差的主人”。建立好的习惯，要采取六个行动步骤。

（1）找出自己已知的不好习惯，讨论自己不知道的不好习惯，运用内省法、镜像法，从内外两个方面找出自己的不良习惯。

(2) 在找出要改变的习惯的同时，讨论哪些是能够改变的，哪些是不易改变的，哪些是亟须改变的。

(3) 思考不好习惯导致的恶果，用想、写、画的方法，强化改变认知和愿望。

(4) 讨论我们身上具备的良好习惯及强化好习惯给我们带来的益处。

(5) 鼓励自己坚持习惯的改变周期。习惯是时间的概念，在习惯中我们坚持“上善若水”的理念。

(6) 监控和评价自己在习惯中的行为变化，相信习惯带给我们的力量和喜悦。

8.5.3 行为管理

(1) 守时。不论在工作和学习中，守时会带给你声誉和尊重，重视你和他人的时间，每当出现迟到时，必须自觉道歉。李嘉诚的习惯把自己的手表拨快5分钟，当人们向李嘉诚讨教守时的习惯时，李嘉诚说出了自己多年的做法。

(2) 重视整洁、秩序和速度。整洁的工作环境并不意味着效率，但整洁的确能够帮助到效率。电脑的清洁就是一个例证，当电脑储存过载的时候，要想找到想要的材料，特别是没有刻意保留的材料，有时比重新搜索还要困难。

(3) 谋定而后动。计划你的行动，以终为始的倒计时行为和计划有利于效率的提升。由于我们清楚了我们想要的目标，首先我们要找出关键性因素，然后排除干扰元素。

(4) 工作满意度设计。工作满意度设计有四个维度，领导的态度、自我评估、同事的认可、客户的反映，照顾到不同需求方的要求，有助于明确工作动机和目标。同时产生自我价值体系。别人的满意就是自我价值，需求价值导向会提升个体的行为效率。

8.5.4 解决拖延问题

拖延的原因有许多，首先，不愉快的工作任务，个体对工作不感兴趣，简单交易形成不愉快的工作经历；其次，对成功的恐惧，人们害怕成功后目标消失，会带来工作标准的调整；再次，拖延是摆脱控制和压力的一种手段；最后，满足感延迟会带来快感。

减少拖延的方法：

(1) 评估拖延的后果。人的行为判断取向，不是我们能变成什么样，而是什么样让我们受不了。拖延带来的后果是双重的，拖延的长期后果我们是可以预算和预知的，拖延带给我们的后果使我们不堪承受的时候，我们会自觉地调整和改变。

（2）将难以完成的困难，分解成更小的单元，降低任务完成的难度，同时会增强个体的自信心。

（3）自觉激励和惩罚。较好地完成任务后，用休闲和休息来奖励自己。如果拖延发生时，就暂时关掉电脑、电视一天或几天。

（4）正式地公开承诺，激励个体用行为去兑现承诺。

（5）采用先易后难、先难后易的交谈轮换法，使自己逐渐适应不同性质的工作。

8.6 经验体系

一般的认识是人越是到了老年，越会形成经验，“家有一老，如有一宝”，但也有不同的认识，“有志不在年高，无志空活百岁”。岁月给了你积淀经验的时间，有时候不一定会给你总结经验的智慧。因此，经验体系的建立会使你在某一领域或某个方面，变成他人的参照体系，一个人在环境中参照作用越强，就越能体现个体的存在价值。老中医、老技工、老学者、老科学家之所以成为我们这个社会的宝贵财富，确实不是因为他们年事已高，而是由于他们各自积累的宝贵的经验体系。

8.6.1 经验的码头

人回顾自己的职业生涯和成功经历都会是一个阶段和另一个阶段的叠加和链接。不会是仅有一个目标就会支持一生，而是一段一段的正确最后成就了正确人生。就像一条航行中的船，我们会从一个码头走向另外一个码头。方向是往前走，但目的地不会只有一个。所以，人身安全的需要，就是需要我们构建一程又一程，一段又一段的经验“码头”。这种阶段性的经验既是这个阶段上的目标，又是赶往下一个目标的休整地。因此，当我们建立经验体系的时候，不要去奢望一蹴而就的模式。一般来讲经验是最后的认知，分阶段地整理和体验，既符合学习的规律，又是人生的真实写照。

8.6.2 经验的校对

实践是检验经验的试金石，经验使我们变得聪明和深刻，经验也会使后来人少走弯路。但不论是经验拥有者还是善于借鉴经验的人，都要完成经验信息的处理，那就是经验校对。一般来说，经验是个时态词，它是由行为的经验和智慧总结完成的。正是这样，那时、那刻的经验是否还适用于此时、此刻，就需要新的校对。一头负重的驴，每次驮盐包太累的时候就到水里休息一会儿，再上来盐包就会轻了许多；同样还是这头驴，有一次驮棉花包，又累了，就又去水里休息一会儿，这次驴再也没站起来。因为棉花不是盐，遇到水的时候，会加倍地沉重。这就是缺乏经验校对的过程，这是经验的聪明，驴的愚蠢。

8.6.3 经验的使用

所有的财富都是有所保留的。马太效应就是证明越有的人会越拥有，进而把没有的人剥夺殆尽，经验也是这样，许多被保留和保守甚至保密的经验，丧失了它们宝贵的价值。中华文化中，历来提倡兴大学，戒小学。什么是大学？为自己学、给别人用就是大学，大学广而告之，共享智慧；什么是小学？为别人学、给自己用，谁都不告诉就是小学。兴大学、戒小学，是发扬宝贵经验的重要途径。在各种文化和技能中，正是由于“小学”们的缘故，使经验和绝技流失和失传，这是经验的局限，也是人性的局限。

8.6.4 他人经验

向别人学习是一种智慧，个人的能力和鉴赏都是有局限的，在信息社会发达的今天，使我们向他人学习的可能变得更为现实。“隔道鸡犬相闻，老死不相往来”，已不是小国寡民的描述，而是信息社会的写照。敏而好学，他山之石，可以攻玉，向他人学习可以得到丰富的回馈。一是借识。把人类的丰富体验变成共有共享的智慧。二是借力。把别人的优点和长处学过来，就是要见贤思齐，终身学习。三是借短。有比较才有鉴别，他人的失败是我们成功的草案，他人的失败经历，会使我们增加成功的智慧。四是借光。善于向他人学习，不故步自封的人，都是人际关系中的达人。在他们虚心学习和求教的过程中，最能形成良好的人际互动，得到别人帮助的同时获得友谊，实现共赢。

8.6.5 经验的负担

经验是人类的武器，有时经验也会是负担，我们会发现有经验的人，愿意过早地下结论，在沟通中过早地下结论，就意味着沟通的结束，也意味着思考的结束，智慧的终止。因此，经验上要虚怀若谷，特别是对新的观点、新的看法我们要有接纳的胸怀，警惕世俗的经验，越是约定俗成的经验，越容易形成集体无意识。有人肩扛着一棵很粗很大的树艰难地前行，有人不解地问，为什么要扛着大树往前走呢？这个人回答，“因为前面有河呀，用树渡过去”，于是问他的人说，“前边是有河，但前边也有树啊”。经验是好东西，但固执就是一种拖累。

8.7 自控体系

美国总统柯立芝曾说过，“世界上没有东西可取代坚毅的地位，才干不能，有才而失败者比比皆是；天才不能，才华横溢又毫无进取者众多；教育不能，受过教育但穷困潦倒终生者充斥世间，唯有坚毅和果断，能够无所不能，最终会获得成功”。坚毅就是一种自控力。如果我们回答汽车为什么会比自行车跑得快，答案是多样的，比如，汽车是机械牵引、是发动机牵引，实际上，越是跑得快的车子，越是需要一个好的制动系统。人也是一样，在成功的事业中，赢家很难说就是跑得最快的那个人，而是知道适可而止的人。有人说人的成功在于“半步人生”，快一步你撵上错误，慢一步错误撵上你。

意志力与思想控制有直接联系，一旦能够让积极思想排挤掉消极的思想，你就朝着自律一生前进了一大步。

——吉姆·兰德尔

8.7.1 聚焦管理

长时间、持久地关注一件事情，“把别人喝咖啡和闲聊的时间”都集中于一件事情上去，这就是聚焦。聚焦管理和冲动是矛盾的，冲动一般不会维持太久的注意力，而聚焦是一种长期的冲动。当一个人选择了一个自己坚定下来的方向，这种冲动就会变成长久的冲动。在生活中我们会看到，一个火车头，用小块的枕木就会使它稳稳地停在轨道上，这是因为火车头是静止的，如果火车头跑起来的时候，就很难有什么力量可以阻止这种冲动，聚焦管理就是这样，把个体的精力长久地放在一个追求的目标上，只要你不想停止，就没人能够阻止你前行的步伐。在知识年代，我们发现，有的人聚焦于学习的时间越长，他的成就就会越突出。反之，不能保持一定的注意力，一般就会体现控制力上的缺陷，也不会取得事业上的良好结果。人们离开了学校，注意力就会开始分散，但绩效也通常眷顾那些能够聚焦于某一方面的行动者。

8.7.2 坚持力

在沙漠中，一个探险队遇到了风暴，刮走了他们所有的物资，包括粮食和水，于是大家一起去找水源。他们当中的一个人，无数次地惊叫“找到水源了”，但实践证明，那只是他的幻觉，在他的惊呼当中，人们不再相信他并且冷淡他，他的欢呼没有人再去响应。几天以后，当救援的人发现只有他一个人因为发现了水源而活着，而那些干枯的尸体离水源不足500米。有人问他，其他人都死了，为什么你还能活着，他回答，“我只知道找水”。这就是坚持的力量。

苏轼说：“古之成大事者，不唯有超世之才，亦有坚韧不拔之志。”自控力就是如果你想，马上找方法，你找到方法就马上去行动，如果一旦行动就要坚持下去。“骐骥一跃，不能十步，驽马十驾，功在不舍。”

8.7.3 抗挫力

培根说过，“超越自然的契机，多是在逆境和征服中出现的，关键问题是如何应对挫折，成功固然可喜，但失败也意义重大”。挫折是人生的重要课程。我们增强抗挫力，不是回避曲折的过程，而是改善挫折带来的后果。在人的成长中，延迟满足也是挫折教育的一种形式。个体满足现状，或过早地满足现状，会使个体失去奋斗的目标，也会降低生产的能力。人的能力有时是一种逆向生长，越困难越挑战，越使我们有欲望去战胜和获取。延后的结果，也会使我们备感珍惜，这既是人生的游戏又是人生的法则。

8.7.4 自控力的管理

1. 阈值的训练

阈值是一种反应限制。在自控力中，要做到阈值纯化的训练。面对挫折，我们要正视它，接受它。“天塌不下来”。一个经历挫折的人，仍然能够坚持信念，坚持自己个性和风格是和阈值有关系的。阈值反应是一种主观体验，苦吃多了，就不苦了。阈值既是成长设计，也是成长经历。外部赋予的阈值，会影响我们对挫折的反应，内在的阈值预设更能体现个体的自控能力。

2. 关心自身以外的事情

以自我为中心的人，自控力普遍会呈现弱势。他们关注和体验过度自我而造成自控缺陷。如果个体经常关注自身以外的事情，就会心底无私天地宽，也会把注意力放在团体利益和责任上面，形成自我控制力。

3. 优越感的建立

优越感的建立有利于自控力的增强，“男儿何不带吴钩，轻取关山五十州”，“到中流击水，浪遏飞舟”。这些都是出自于远大抱负的豪言壮语。能够使人们产生使命感。正是目标远大，才会使个体在努力和坚持中，完善自控力。正向的坚持，也有助于自控力的提升。

4. 时间管理

对于时间的控制能力，是自控力的主要表现。时间是单位统计，内涵又是宽量统计，时间面前人人平等，但对时间的把握就等于时间是个差异性的资源。还是那句经典的话，“把有限的生命，投入无限的事业中去”。时间表面上看是平等的，实际上用不同的时间方式，才能去丈量不同的人生。

8.8 关系体系

关注职场的事。帮助职场中的人，是职业心理效能学坚持的宗旨。在关系体系中典型和范式的表现便体现在职场的关系互动中。按照管理学中的职场分类，把职场中的关系体系分为领导、同事、下级、客户和自我。在360°的关系中，首先要了解不同关系中人的心理特征上一般会出现的问题，这对关系的建立是非常有帮助的。

8.8.1 领导者的心理特征及关系

领导者的胜任特征是有远见、有主见、有正见。对资本的忠诚要远远超过其他人，有授权的基本能力和意愿。他们通常的行为是做判断、做决定、做裁判。通常领导不是专家，在领导岗位上，即便是专业出身的领导，他发挥的也不是专业优势。他们有时会有高处不胜寒的感觉，会产生孤独感。他们希望被理解，但通常不会主动行动，他们谨慎，因为承担风险是他们自知的责任。有时会武断、独行。

和领导相处之道应该是，对他们真正地尊重、感谢和关注；随时随地响应领导的指令是每个领导都重视的一个因素；要拿着答案向领导请示工作，不要带着一堆问题去与领导讨论；与领导沟通是两条线，一条是执行线，在执行线里不能讨论问题；另一条是参谋线，在参谋线里不能没有观点，不要把这两条线放在一个环境里；知道领导要什么，知道领导什么时候要什么；和领导建立共同区域，比如，个性、爱好、风格。

8.8.2 同事的心理特征及关系

同事的心理特征是共荣期待，一般同事喜欢与和自己相似的人或更优秀的人在一起，人们对环境的选择和选择与什么样的人在一起都是优先性选择。共荣心理还有一个表现就是当同事中谁创造了优异的业绩或事业上取得成功，同事间的心理状态是一种期待关联效应。所以，当一个人发达了以后，不要忘记去感谢那些曾经在一起工作过的同事，也要尽可能和他们分享取得的成果。

同事之间的关系中，还存在互补的心理，一个人和他人相处的时候，希望遇到与自己相似的人，在工作中，就会希望遇到能力与自己不同的人。

同事之间的防范心理也会时而体现。因为他们清楚地知道影响他们切身利益的不是那些遥不可及的人，而是离自己最近的人。因此有难能同当，有福不同享，最有可能破坏同事之间的关系。

与同事相处，要建立信用。曾子曾说："吾日三省吾身，为人谋而不忠乎？与朋友交而不信乎？传不习乎？"讲的是在团体中信誉建立的问题。人无信而不立、业无信而不成、国无信而不兴。

8.8.3 下级的心理特征及关系

上下级关系中，下级对上级具有关注需求。"玩物丧志，玩人丧德"，作为上级要对下级做到以人为本，对人的投入很具风险性，但对人的剥夺，更具风险性。

下级对上级有一种公平的期待，什么叫领导力？由公平力产生的生产力和关系力就是领导力。不偏不倚，一视同仁，在你领导的环境中，为下级创造公平发展的机会，最终你打造的是团队，相反就有可能是团伙。

在对下级的关系中，最重要的关系模式是发展模式。作为你的下级，在你身边工作，是才能得到了发挥还是才能受到了限制，是财富得到了积累还是财富受到了削弱，这是维护上下级关系的一个重要衡量。

8.8.4 客户的心理特征及关系

在传统的客户关系中，对客户的维护标准是满足客户对产品的需求或有机会实现自己的需求。在现代新型的客户关系中，心理体验是满足客户需求的更重要需求。被关注，中心体验是许多客户的进一步要求。满足需求是使用意义，满足体验是文化意义。比如，饭店本来是满足顾客的餐饮需求，但好的环境、优质的服务就成为现代顾客的又一层次的需求。

边际需求是客户关系中的另一种需求，例如，众多商学院开办的各种学习中，成长和成熟是学习的需求，但同时又带来人际交流方面的收获，这就是边际需求。"卖给送的，不卖给用的"也是客户关系中的新的拓展。

在客户的关系中有三个重要的关系指标：一是安全感，让客户对你的服务感到放心，敢于托付；二是优越感，让客户有尊贵和良好的感觉；三是忠诚度，让客户相信、喜欢、离不开。

8.8.5 自我的心理特征及关系

人们对自我成长的需求集中于可比性满足，人的满足不是抽象的，人们是否满足，都有自己的参照底片，因此，满足一般是体现可比性满足。刚刚参加工作的大学生，满怀信心地投入新的工作，也得到了单位的认可，一次同学聚会后，就改变了他的想法，提出离职申请。为什么？这就是比较的结果。在同学聚会上，当他们遇到学习时不如他们，而在工作待遇方面却超过了他们的同学时，他们就做出了离职的决定。尽管有时这种比较受很多信息局限，但他们管不了这么多，还是先离开再说。

在自我的需求中，关系的和谐也是重要的评判标准。因此在组织绩效欠佳的时候，调整人际关系会起到意想不到的效果。

在自我成长中，建立个体价值的特殊性和角色的不可替代性，也是自我关系中的一个重要需求。

在自我关系中判断失误、举棋不定、行动拖延会影响自我成长，甚至是人生命运。

8.9 职业体系

如果我们说不太清职业与我们的存在有哪些关系，我们何不尝试一下职业在哪些方面和我们的存在没有必要的联系。结果我们会发现，职业影响我们生活的各个方面。我们把个体放在职场、家庭和社会三个维度上去观察，职业和其他的关联休戚相关。但就是这样人生重要的问题，我们却给予了不应该的忽视。起码在提起“职业管理”这个重要概念的时候，对很多人来说还是陌生的。职业管理和企业管理不同，与企业管理相比，职业管理更倾向于个人管理，它是一个关于个人职业成长的责任行为，它和职业规划不同，职业规划更面向未来，而职业管理约束的是当下，我们对职业的理解以及职业能力和职业态度都属于职业管理范畴。

什么是职业，职业就是人们为满足自我和社会生活需要所从事具有职业分工后的各种专门业务的活动。职业有四个特征：一是社会分工；二是市场需求；三是能力认证；四是发展功能。职业是责任、能力、权利和义务的统一。

8.9.1 职业趋势

职业的趋势决定职业能力的储备。现代职业发展趋势是，个体的工作负担越来越重，工作合同短期化，对技能要求变化日益频繁，全球化竞争激烈，组织多元化文化的适应，职业组织越来越大，工作单位越来越小，劳动时间会相对延长。这些客观趋势要求职业及职业管理要随着产生变化，更需要职业效能的成熟，具备发展能力的人才，现代化信息工具的使用，对模糊性工作的容忍，更多的职业技能储备，适应变化，理解他人的价值和意义，坚持终身学习，对自己的价值和兴趣有准确的理解。

8.9.2 职业形式

人生有五业，学业、就业、职业、创业、事业。“五业兴旺”是职业成功的重要保证。

学业：人的成功是由解决问题开始的，而教育就是帮助我们提升解决问题能力的重要阶段，因此成功是从学业开始的。

就业：就业是职业的对接期，一是你的能力怎样被社会所接受；二是找到社会接纳你的那部分条件。就业代表职业的初期，这是职业管理的重要阶段，在后来的职业发展中，许多限制都会来自职业初期的起点和状况，初始的适应按揭着终生的适应。

职业：职业是社会分工的价值犒赏，职业标志着你可以用一技之长贡献社会，在阶段或过程中得到能力认可。

创业：指的是个体通过职业不同阶段的积累，有了自主经营创办企业的能力，这时的个体不再是为个人存在而奋斗，同时还会帮助更多的人体现职业价值。

事业：事业是职业中最高的反映形式，它能够使个体脱离社会经济概念，而进入社会价值范畴。

职业的形式排序符合个体职业的发展规律，打破这个职业阶段，成功者就是创新，失败者就是冒进。实际上阶段性的超越，有时不是天赋的允许，而是现实的胁迫。有些人，不得不从开始就进入超越阶段。实际上，超越阶段的成功统计是少数。所以要参考职业形式和排序，科学地进行职业管理。

8.9.3 职业连续体

在职业管理的讨论中，我们发现职业连续体这样一个概念。有些人，从参加工作的第一天起到退休，都在从事某一项具体工作，几乎没有改变过，这样的职业连续会保证个体价值的实现。也就是说一个人一生只做好、做对、做精、做透一件事情，不出意外，他就是这个行业的专家，有人说“干一行爱一行，还是爱一行干一行”，显然前者更会有效率。反观一个人在职业生涯的高峰期，做了五件以上互不相干的工作，一般来讲，我们不去评价个体的能力，但互不相干的职业经历最终会影响到职业成果。因此，建立一致的职业连续体是职业管理的重要内容。

8.9.4 职业选择

“男怕选错行，女怕嫁错郎”，虽然这是一句不入时的陈旧认识，但在职业的选择中，我们确实会遇到限制和约束。这种职业选择的局限和限制大致来源于对自身的态度、能力、兴趣、资源的把握和了解，是否掌握职业成功的条件、要求、机会和风险，对于自我特点的证实能力。于是我们参考霍兰德职业人格类型，会给职业选择带来根据和帮助。

（1）现实型。喜欢参与集体和协调性的活动，有体能方面的优势，表现人格，不愿意多思考。

（2）研究型。对概念和归纳感兴趣，理性化特征，并擅长抽象思维。

（3）艺术型。想象力丰富，喜欢用喜好来表达感情，讨厌规则，是情感表达人格。

（4）社会型。随时地热情关注自身以及自身以外的事情，喜欢连接与他人的关系，注重响应。

（5）企业型。有支配和说服他人的能力，擅长行动而不是声音，喜欢挑战，抗挫力强。

（6）传统型。喜欢条例、结构和顺序，对归属感和安全感有优先选择的意愿，他们不是领袖，但是创造者，很多漫无边际的想象，在他们手中变成现实。

关于六种分类，对于职业选择的帮助还远远不够，但它是一个线索，以避免职业选择中出现让“老虎上树，猫护山林”的情况发生。

8.10 定位体系

“思路决定出路，布局决定格局，定位决定地位”，这是一位企业家在总结企业成功时说的一句话。注释了定位的价值。青年毛泽东在 1929 年写下的《沁园春·长沙》中挥斥方遒，写道：“问苍茫大地，谁主沉浮，指点江山，激扬文字，粪土当年万户侯，曾记否？到中流击水，浪遏飞舟。”这是何等的气魄，也是毛泽东对自己非凡人生的精彩定位。

8.10.1 定位的描述

“知己知彼，百战不殆”，要做好发展和职业定位，就需要摸清“家底”，对自己做准确的评估，评估的信息点很多，首先是自知，人类有自知之明，人们对自己的了解是在不断地检讨、内省、比较、体验中形成的。其次是他人，特别是能够影响到我们和我们信任的人的评价；有时候，偶遇性的关系评价也十分宝贵，他们的评价信息之所以宝贵在于没有已知的信息干扰；家庭成员的评价也值得重视，因为朝夕相处，会了解得更多、更准确。在多点信息描述的基础上，定位描述还有四种形式。

一是锚定描述。锚定描述是静态描述，研究的焦点放在研究“你是什么样的人”。这种设计因为没考虑到处境和场域因素，没有考虑到权变因素，这时的描述是理念中的人，回答“你应该是什么样的人”。

二是状态描述。这时就会考虑到处境、限制和动机，这种描述属于动态类描述，回答“你可能会成为什么样的人”。

三是评估描述。评估描述是指在特定的标准中，讨论个体的状况。例如，在工作分析中，对组织成员德、勤、绩、能做出分析，给出评价。在角色标准中，对个体进行评价，例如，什么是好丈夫、好父亲、好子女。这些都有一定的评估标准，回答“你已经是什么样的人”。

四是成就描述。以结果为导向，精神文化成就，能力和技术成就，物质和财富的成就，实际上也会有一个社会参照系统，以此回答“你做到了什么人”。

8.10.2 定位认知

在定位认知上，有四个象限，第一，别人的评价和自我的评价相一致，这是显区，例如，你认为你的定位准确，别人也认为你的定位准确，这是一种情况；第二，你认为你定位准确，别人认为是不准确的，这是误区，你的定位没有得到他人的认可；第三，别人认为对你的定位准确，你却认为不准确，这是隐区，人们常常为被别人错误的定位改变自己感到沮丧，因为给你定位的人并不真的了解你；第四，你认为定位不对，别人也认为定位不对，但很长时间却都没发现，这是盲区。内外因对定位的理解都会出现错位，在发展和职业定位中，要扩大显区，克服误区，减少隐区，消灭盲区。

8.10.3 定位与职业准备

职业发展和定位要做好相应的准备，我们叫作“跑得快、停得住、站得稳”。跑得快就是要赢在起跑线上。职业定位的准备应注意七点。

（1）保持职业选择的灵活性和变通性，在选择定位时，调整与适应是一个必要的过程。

（2）学习人际交往，特别是人际间的沟通，让人更多地了解和支持你。

（3）预测性投入，把握具有前瞻性的职业和发展机会。

（4）选择某个领域，继续学习。

（5）不是选择职位和优越条件，而是储备被需求的能力。

（6）做人做事要有品位，做人的凭证是“富贵不能淫、威武不能屈”，做事的品质是“诚实守信、童叟无欺”。

（7）定位于属于自己专长的那种职业类型，比如，上升型、专家型、螺旋型、随遇型。

8.10.4 定位与自我营销

通过考核、选拔验证定位是否准确，我们叫站得住。在选拔考核中，要把握五个字“知、真、变、特、诚”。知是指对考核的岗位了解、对考核的单位了解、对考核的行业了解、对考核的流程了解；真是在考核过程中反映真实情况，准确表达自己的能力和状态；变是在考核过程中要处变不惊，灵活应变；特是指个性化选拔，个性化选拔是面试中体现的主要形式，有时个性化表现会存在一定的风险，但在所有的选拔中，平庸才是最大的风险；诚是指诚恳，以诚相待。

8.10.5 定位与职场适应

进入职场是定位实践和检验的开始，怎样适应职场，我们叫站得稳。职场适应要坚持八条原则。

（1）多讲真话。人很难不讲假话，但一定要多讲真话。有这句话会给我们启发——“只有真话讲多了，假话才会有用”。

（2）存在是第一法则，凡事不求全责备，追求完美，重要的是你还在。

（3）不追求绝对的公平，这个世界上不存在绝对的公平，“老鼠得意了，猫一定委屈”。

（4）要有立场和主见，做一个决定事情发生的人。

（5）追求独立存在的价值，被需求才是最大的需求。

（6）控制好自己的情绪，“情绪一疯狂，下场必灭亡”。

（7）要妥当得体，不卑不亢、落落大方。

（8）做好分内的事，不要越权办事，要懂得，“职场上不能改变的就不叫管理”。

第九章　沟通的幅度

通常沟通是以适应说服和改变为目的的，但我们更愿意讨论沟通是说明情况和表达认识，因为沟通最开始的目的应该是解释真相，说服和改变是在接受真相的前提下完成的，通常我们以为沟通是个体与他人之间的交流，实际上沟通是从自我交流开始的，每个人都有反驳自己的经历，这就是自我沟通的开始，自己想明白了，才有可能实现和他人交流沟通的目的。当自我交流完成后，和他人的交流就是认证的过程，使沟通变得更有效率，通常我们认识沟通，是就事论事，实际上哪个事件或某个情绪的背后，都有它自己的故事。当你有能力了解到事件背后的情景，沟通就会变得有所依据，并迅速进入深刻沟通的层面上来，以上我们所说的就是“沟通幅度”。

沟通幅度，用形象一点的例子来说，钟的表盘和指针表现时间反映，而钟到底走不走，准不准，还在于钟摆的做功。很少有人看时间的时候会刻意去看钟摆，但钟表在刻度上的准确表现，时刻和钟摆的工作有关，它不摆，指针就会停止，它摆得快与慢，都影响到指针的准确与否。把握沟通的幅度就是使沟通变得更加有效和准确。

沟通是一种需求，也是一种本能。沟通表现原始的动力，同时也与个体的环境、经验及对沟通的自觉认识有非常重要的关联。在服务行业的人，或在流通领域的人，沟通的意愿就会比较强烈，沟通的经历和经验就越显丰富。“垒起七星灶，铜壶煮三江，摆开八仙桌，照顾十六方，来者都是客、全凭嘴一张”，大概就是说职业带给我们的沟通需求和便利。对于一个在仪表盘岗位上的工作人员来说，就需要“严肃认真，一丝不苟”。

沟通幅度还有一个特殊属性，就是沟通的内幅度和沟通的外幅度。有人只愿意和自己谈得来的人做深刻沟通，这种人虽然沟通幅度不大，但会深刻，这是内幅度；有些人和各种人沟通得都很顺畅，他们很少有深刻沟通，但却擅长浅表沟通，这就叫外幅度。一个人和其他人即便相处和工作生活在一起很长时间，但总会觉得关系得不到发展和深入，这大概也和沟通幅度密切相关。

9.1 沟通的价值

在沟通中，一个重要的问题是“我们”，在沟通中最不重要的问题是“我”。沟通的价值是把“我”变成“我们”。这种改变对于个人来讲是终身成长，也可以说是终身的技能，当然也会终身受用。

9.1.1 沟通是工作和生活的主要内容

检查我们的记忆，会发现我们的记忆是一个阶段又一个阶段的成果记忆，成果记忆的背后又是一段又一段的过程记忆，而这个过程大多是由关注、关心、关系、关联链接而成的，这个过程组成了我们工作和生活的大部分内容，而更让人难忘的是这些关系中的沟通过程。这些沟通过程又连接我们的沟通经验，形成了我们的沟通风格。这些经验和风格又形成了我们人格的标签。“那是一个说话极富风趣，而思想充满哲理的人”，“那个人很平易近人，很好说话”，“那个人不可理喻，听不进别人的意见”，这些曾经的印象，都会无时地影响我们在人际关系中的位置和评价。“沟通是我们的历史，更是我们的未来”，当一个人被别人感觉到空洞和自己也感觉到空洞的时候，就检讨一下我们的沟通模式，一般来说我们的沟通也会是空洞的。

9.1.2 准确表达个体的立场和情绪

沟通是具体的，沟通通常表达一个人的态度、原则、立场和情绪。沟通不是掩饰个人的态度、原则、立场和情绪，而是刻意表达相关信息。在沟通中确认双方的态度、界限和原则，如果在沟通中充分表达出友善和交往意愿，会在关系交往的细节中，克服许多不必要的误解。“朋友来了有美酒，敌人来了有刀枪”，“以其人之道，还治其人之身”，这些都是由态度引发出的原则和立场。“谁是我们的朋友，谁是我们的敌人，这是革命的根本问题”，这何尝不是所有关系中的核心问题呢？反过来，通过有效的沟通可以把敌人变成朋友，失败的沟通也可以把朋友变成敌人。对于立场的观察，就是通过沟通划清关系中的界限。在异性的交往中，试探情感的距离就是由沟通立场来表达的。对于敏感的人，立场表达可以委婉一些，对于不敏感的人，则要明确和坚定一些，这就是沟通中的立场调解。

情绪也是沟通中的价值体现。一个不成功的沟通，你用动机解释就会很困难，但你用情绪解释，就会顺理成章。“当时我是很着急，说话语气非常生硬，现在看来，我得向你道歉”，这种沟通方式就很容易被对方接受。“我不是故意不理睬你，因为我对你不感兴趣”，这样的动机性沟通一定会引起对方的不理解和反感。

9.1.3 提供信息满足观点依据

每个人都是自己行为的“证方”。要想得到别人的理解和支持，仅仅“自证”还是不够的，还要通过“他证”。一个人的行动得到人的理解和帮助越多，这个人成功的可能性就会越大。所以，人们会常常向他人展示个人的信息。在展示个人信息方面，为什么个体总会做一些选择性的表达？目的就是取得对自己有利的证据，得到他人的信任理解和行动上的支持。许多时候“自证”信息会出现局限，所谓“王婆卖瓜，自卖自夸”，有些有自我中心倾向的人会迫不及待地向他人提供个体成功的证据，但有时会适得其反，引起他人的反感。成熟的信息交流，会引入第三方证据，用他人的评价，来证明自己的价值。同时，有人特意向他人提供不利信息，是为了给结果找退路。有时因为选择性注意的原因，过度谦虚会把自己的缺陷提供给对方，把自己置于不利的地步。

9.1.4 随时的评价带来随时的停止和进展

沟通带有积极的反馈功能和消极的反馈功能。积极的反馈激励沟通双方坚持理解和合作，消极的反馈会激起双方的矛盾和误解，我们对沟通做随时的评价，也会带来随时的停止和进展。

这时对沟通双方来说，停止不意味着沟通失败，因为适可而止会减少不必要的损失和发生不可承受的结果，有时候倒退可以被理解成一种前进的方式，终止行动有时也是一种正确的选择。当然，在沟通中，我们更需要积极的反馈。积极的记忆会让我们见到沟通关系中的彼此信任，会努力克服暂时性的困难，积极站在对方的立场给予支持和理解，从而达到合作的目的。

9.1.5 沟通是行动的预演

事前沟通意义重大，不论沟通双方的关系还是合作项目，我们都会考虑到事前沟通问题。“先明后不争”，这是因为人的想法在变，人的欲望不止。因此，行动前的“地图描绘”对沟通双方都有十分重要的价值。所有的事情到了行动阶段，都会有具体的精力投入、物质投入和时间投入，到了行动阶段，才会体现正确和错误的价值评估，事前沟通就是要避免行动浪费，同时沟通还可以明确行动问题的分担和责任，以避免发生更大的关系消耗。承诺就是沟通的结果，“没有永远的朋友，只有永恒的利益”，但更多的事实证明，关系的破坏才是最严重的破坏，而关系的结果确实是由沟通水平决定的。

9.1.6 职业沟通的功能

1. 提供信息

有关工作目标、组织文化、制度与行为准则、需要变动的信息。

2. 激励员工

对绩效做出准确的评估、提高组织成员的满意度、确认工作期待和方法、指派组织成员并帮助他们完成挑战性工作。

3. 建立制度

控制和协调组织性的行为，减少重复性的行动，明确责任和分担区域。

4. 改善组织氛围

及时引导组织成员乐观向上的情绪，使员工在创造财富的同时实现自我价值，关注组织成员的情绪，做好情绪管理。

9.2 沟通方式

沟通方式是信息或指令发出到反映的一般流程，工作和生活的变化要求个体成为熟练的沟通者和信息管理者，并熟练于信息的分类和排序。充分地沟通，防止误读信息和指令等问题，并有助于减少时间和精力浪费，从而提高生活和工作效率。

9.2.1 构思

构思是想法产生的过程和表达。当人的意愿和态度需要别人共同参与的时候，要通过构思把这种需要得体和完整地表达出来，这个过程就是构思，这个阶段是信息发出者在头脑中把想法或信息构造成型的过程。

9.2.2 编码

编码是把意图和想法组织成一系列的表现符号。如语言、手势、肢体动作、图画，这些符号要传达给特定的信息接收者。比如，与江南 style 齐名的航载机 style，就是一组特殊的编码，航舰旗语等都是编码。

9.2.3 传递信息

信息可以通过各种沟通载体向对方发出，选择合适的沟通方式很重要。如声传语言、文稿、电子信息传输，也有许多非语言传递方法，点头表示肯定的看法，微笑也许是表示不反对，察言观色就属于对信息的理解和技能要求。

9.2.4 解码

信息接收者对信息编码的理解和解释。在解码过程中，接收信息者对收到的信息做出解释。沟通出现问题常常会发生在编码和解码过程中，因为个体经常是按照个人心理需求和动机来过滤信息。信息无论在编码和解码的过程中，都会出现许多误会，甚至语气、语调、语速的不同都会影响到信息的编码和解码，沟通就是要通过系统的训练使个体掌握编码和解码的技能，减少更多的误解。

9.2.5 行动与反馈

解码后一般会引起行动，这时的行动既可能是编码者的示范，解码者的跟进，也可能是解码者根据自己对信息的理解采取行动，形成对编码和解码的反馈，如果反应一致，就会导致沟通的成功，相反就会导致沟通的失败。沟通过程中的形式和步骤对沟通具有指导意义。在信息发出后，要充分注意对方的理解及行动是否符合沟通意图。因此，有效的沟通不是仅仅把信息发布出去，也要促使对方采取行动，这种观察和促进行动是沟通的主动行为，而不是在沟通中双方的互相等待。

9.2.6 正式沟通渠道

一般来讲，沟通双方对沟通渠道做相互认可的约定。这种约定就是沟通的正式渠道。家长和孩子之间的正常渠道是谈话、观察、督促、检查、教导、激励，而不是私下听孩子的电话，翻看孩子的日记，查看孩子的短信，除非家长和孩子之间有特定的约定。组织成员之间会设定一定的沟通渠道，绩效面谈、督导训练、民主生活会、按组织的管理幅度和组织程序反映问题等，在组织中有一些特殊渠道，如越级谈话、保密谈话，这些也是得到许可的正式沟通渠道。

9.2.7 非正式沟通渠道

事前吹风就是一种非正式沟通渠道，这些信息虽未被官方认证，但它会起到试探的作用，在一些正式文件和政策发布之前，通过吹风来试探组织成员的反应，如果反应很负向，就有可能取消或修改。

流言也是非正式渠道的沟通，流言一般代表非主流的意愿，流言的发布常常利用小道消息的方式引起人们的关注，造成心理事实，以满足个体的利益需求。

谣言是非正式渠道的沟通，它的制造者的动机在于用非事实和见不得人的中伤，引起组织和个体产生不稳定因素或者说是破坏稳定性因素。

闲话常常是矛盾体中的一方，有目的地打击和挑拨第三方关系，闲话的特点就是搬弄是非，在矛盾双方之外，制造新的矛盾，以抬高自己，打压别人，或讨好别人，对付另一方。非正式渠道沟通也并非一团漆黑，当人们利用个人友谊谋求工作上的合作或默契时，也可能采取非正式渠道沟通。

9.2.8 组织的沟通网络

1. 轮式的沟通网络

轮式沟通网络一般是指大部分信息来自团队中的一个核心成员。这个核心人员既接收全部成员的信息，也负责向全体组织成员传达所有信息，其他组织成员中并不做相互交流。

2. 链式沟通网络

在链式沟通网络中，沟通按照顺序从一个组织成员向下传达给另一个组织成员，一般是按照特定的顺序完成特定的沟通和交流。

3. 环式沟通网络

组织成员在共同的语言环境中，并且办公位置相邻，在学校中，我们会发现总有一些学生经常坐在相邻的位置听课或讨论。

4. 全通道式沟通网络

全通道式沟通网络是指每个成员都自觉相互沟通，或是一般每个成员绩效与整个绩效水平相关联；或是工作复杂，需要团队通力合作。一般高效率团队，研发、拓展、高层管理等团队就需要这种全通道式的沟通网络。

9.3 沟通的关系模式

沟通的能力是可以通过学习和训练得到的，但沟通不会仅仅限于一种模式，用学无止境来形容沟通的学习和成长是不过分的。人是复杂的，关系是多样的，我们在沟通的层面上，不是要改变那个人，而是要根据那个人的特征改变我们的关系模式。能言者善变，沟通成熟的人，一定会明白不同的人，会使用不同的沟通模式，但我们怎样才能具备那么多的沟通模式呢？因此，我们只能尽量丰富针对不同对象的沟通模式，而不可能是全部。但我们要懂得沟通模式的单一，会浪费关系资源，关系沟通的模式也决定了一个人的生活半径。

9.3.1 亲子沟通方式

学龄前的孩子要以训为主，这时的孩子模仿能力非常强，理解能力却是有限的，大人和孩子间的行为互动应该是学龄前儿童的重要沟通方式。学龄后的孩子应该以教为主，以训为辅，因为学龄后孩子智力发育非常迅速，抓住孩子智力发育的依赖时期，帮助孩子顺利成长。

对孩子的好奇，有时候我们家长无以对应，实际上让孩子具有价值感很重要，让他们参与到家庭生活和建设，使他们有责任，让他们尽早知道，他们才是这个家庭真正的未来和主人。

18 岁以前，孩子的成长应该以欣赏为主、惩罚为辅，缺乏欣赏和惩罚教育，孩子的成长就会不完整。欣赏是每个孩子心中的太阳。惩罚会给孩子带来责任感，对自己的行为后果负责。

在孩子走向社会的过程中，家长的第一任务就是教育孩子变得可爱，使孩子以好的品质、好的习惯、好的仪态融入社会主流，孩子在社会上的融入性越强，得到的帮助就会越多，一个让家长自己都讨厌的孩子，会得到他人的帮助吗？一旦得到“帮助”，也会使孩子受伤。

家长要站在孩子的立场，去帮助他们理解和适应社会，“他不是你”，他们还在成长，犯错是他们必须经历的事情，理解和尊重是重要的前提，家长和孩子沟通得不好，很大一部分原因在于沟通关系的失衡。

9.3.2 男性和女性之间沟通方式

（1）在沟通的动机中，男人以交易为驱动，女人为关系所驱动，女人的交流和沟通多是未来与他人建立亲近关系，在女人的视线里，第一判断是他和我行不行，男人则是一切皆有可能。

（2）男性沟通是以信息和资讯为主要内容，他们在沟通中展示自己的才能见识，希望得到他人的肯定。

（3）女性需要感情上的理解，她们更愿意接近感同身受的人。她们渴望倾听和倾诉，在这方面男性要有充分的耐性。在与女性的沟通中，男人不要轻易给对方提建议和方案，在男人提方案的同时，意味着沟通结束。男性还在陶醉于能力展示的时候，女性的心可能已经很凉了。

（4）面对沟通分歧时，女性倾向于调解，男性则急于摊牌，所以在沟通学习中，女性是男性的老师，她们有韧性、留余地，表面上看是优柔寡断，实际上是在创造机会。

（5）女性更注重沟通过程中的完整性，她们不打断别人，表现得很礼貌，男人精力容易分散。总之，男人是行动主义者，沟通并不是他们的强项，但在异性关系中，体现沟通成熟的男性在女人眼中会更具魅力。

9.3.3 与上司的沟通方式

（1）少说多做。领导看下属，更多的是以结果为导向，不听你说什么，看你做什么；不仅看你做什么，还看你做得怎么样，别怀疑领导的理解力和判断力，说多了会给领导留下拖沓的印象，失言也会让你无地自容。

（2）有胆有识。有胆是要在有识的基础上，要敢于和领导辩论，坚持自己的主张。这种坚持一定要注意场合。一般与领导讨论问题，以私下个别沟通为好。在与领导达成共识后，不论你的主张是否被领导采纳，一定要执行领导意图，做到“会上不争论，做事不走样”。

（3）在向领导请示和汇报过程中，不但有方案，还要有备案。

（4）关注领导个性。一个不受领导关注的下级，不要去抱怨什么。一般来讲，每个领导都会有鲜明个性，他会影响你，而不是你影响他，当你一旦关注到领导的个性，领导才会关注你。

9.3.4 与下级的沟通方式

（1）多说少做，充分授权。领导手中是否有权，不在于你拥有多少，而是能把权利分配出来多少。给下级找到下级，是最充分的领导艺术。让下面的人动起来，你才在上面坐得住。在组织环境中，我们常常看到“一个人在忙，大家都在看；大家都在忙，一个人在看”。哪个更是领导应该做到的呢？显然是后者。

（2）少做工作，多负责任。不去越位，但不能缺位，领导的职责不是做具体工作，但要负具体责任，推动和担当是成熟领导者重要的标志。在沟通中，更多地看到别人的工作成绩，把属于自己的责任担当起来。这既是工作作风，又是人格示范。不强迫他人做事，要坚守的是“己所不欲，勿施于人”。

（3）多看比什么都重要。领导不光是权利，更代表信息。对外，价值信息的引进，你要到外边去看一看；对内，重要资源和员工的表现你要看得到，就要勤往下跑，“人们不愿意做你要求的，而是更愿意做你检查的”。

（4）用真心去关注下级，实际上下级需求不是你存在就能解决的，但你一定要在第一时间看到这种需求，同时让他们察觉你的关注，并创造条件满足下级的需求。

9.4 沟通的限制

大凡认真的沟通都会有限制，因为沟通常常导致行为后果。准确的沟通产生效率、产生影响、产生可持续的合作。人们在认真预备沟通中会使沟通变得复杂起来，这种复杂变成了沟通的墙。根据不同人的个性特征，有的个体会为沟通设置起越来越厚的墙。小孩不懂得沟通设计，所以童言无忌，五个小孩在一起，问他们长大做什么，他们的回答可以接管整个世界。一个孩子说，我长大当老板；第二个孩子就说，我长大当市长；另一个孩子会说，我长大当将军；也有的孩子就会说，我长大当总统。随着他们长大了，高考的时候，想考个好学校，毕业了想找个好工作，有了工作想保住好位子，退休后想多活几年，老年有病的时候就想死的时候别遭罪。为什么能力越来越小，因为墙越来越厚。在沟通中我们会经常遇到以下五堵墙。

9.4.1 专业的限制

社会化生产分工越来越细，专业性越来越强，跨专业沟通使人们的沟通产生隔阂。不同专业的人在一起谈别的还好，一谈起专业就不知道从何谈起。比如，文科女遇到理工男的时候，总有一堵拆不净的墙。所以，我们在平时不得不为专业和非专业的沟通准备几套方案，以赢得专业性的讨论和非专业性的讨论。人希望自己身上的标签越清晰越好，这几乎就是要求你对自己所从事的专业进行不同的解释。面对相同专业的沟通，你要表现得十分专业，面对非专业的沟通，你要表现得非常通俗。当爱因斯坦向一位老妇人回答什么是相对论的时候，他这样说："和你喜欢的人在一起一小时，你会觉得时间怎么这么短，和一个你不喜欢的人在一起，你会觉得时间怎么这样长，这就是相对论。"这样的非专业沟通才能达到沟通的目的。

9.4.2 高度的限制

一个掌握大量准确信息和认知经验的人，通常被理解成有高度的人，但正是这些有思维和认知高度的人，经常会受到沟通的限制。首先，你不能犯错误，因为你是有高度的人；其次，在人群中犯错误，你就要承担责任，因为你是有高度的人；再次，你不能做不到，有求必应，因为你是有高度的人。比如，在一个较高位子上的人，即便拥有许多支配资源的条件，也不是什么事情都能做到的，当你面对老下级、老同学、老朋友、老乡们求助的时候，有时也会有心无力，但却经常遭到误解。

9.4.3 真实的限制

表达真实是沟通的基本准则，在虚假前提下的沟通中，不会得到真正的信息和尊重。但逻辑性真实却是大多数人要遵守的规则，台上一套，台下一套；

人前一套，人后一套；当面一套，背后一套。为什么？就是因为受到了真实的限制。人要想真实地沟通是需要前提的，就是要在对的地方和对的人。

在鲁迅的散文里有这样一个故事，有一户人家生孩子，满月的时候，抱出来让大家看，送祝福说好话的人很多，“这孩子长大一定能当官儿”，“这孩子一看就是有福的人”，这时出来一个傻子，看了看孩子说“这孩子将来肯定是要死的”，结果傻子挨了一顿揍。想起来，说孩子升官发财的未必是真事，人最终要死的却是事实，但真实在生活中常常会受到限制，同时也限制了我们的沟通。

9.4.4 利害的限制

人会有预设立场，面对自己的利害得失，面对关系中人的亲疏，人们会选择不一样的立场和观点，这也会使沟通受到限制。

在生活中，当家人和外边的人发生冲突，不管是谁对谁错，你也会做出维护家人的选择。在组织团队中，不同的利益团体，也会站在各自相应关系中选择和确认立场。在利害关系中，通常有自我原则的人，面对利益关系中的是非对错，宁愿保持沉默，也不会做出有损于界内关系的观点和行为。

9.4.5 位尊的限制

一些有社会影响力的人，也会出现沟通限制。例如，有社会影响的人或具备行业话语权的人，不会轻易就某些事情在公众场合发表自己的观点，特别是在信息过载的社会环境中，躺着中枪的也大有人在。过去说贵人言语迟，就是讲的这个道理。在工作环境中，许多人认为领导的话语常常缺位，这也是出于某种限制，因为，领导的态度代表行为立场，有时相当于承诺，所以领导说话是有成本的，也正是这种原因领导才不轻易说出自己的观点。

9.5 语言信息

许多教科书把语言表达的功能缩小到10%以内，以艾伯特·梅拉宾为代表的观点提出，在我们的交流中，语言对他人的情感影响只占7%，我们的语调占33%，面部表情占55%。实际上，每个人的沟通风格会对沟通产生不一样的影响。一般情况下，我们理解的语言表达方式比任何一种沟通方式都要丰富多彩。另外，从记忆经验看，语言的记忆存留度比声调和表情不知要高多少个百分点。因此，培养语言的表现力会提升沟通的感染力和成功率。

9.5.1 语言的理解能力

在生活中，我们会注意到不同的国家和地区的人，由于语言上的不通，会产生沟通上的问题。实际上，越是复杂的沟通，越能体现语义理解上的特殊意义。在生活和工作中的个体由于沟通习惯的原因，对语义的理解程度会有明显的不同。有一个特殊的例子，小孩生活在聋哑残疾的父母身边，小孩就不习惯用语言进行沟通，长大了，别人以为是孩子的性格问题，实际上是孩子成长的某一阶段，缺乏语言交流环境影响到他日后的语言理解和交流习惯。一般劳动中，语义理解的能力就不会有太高的要求，在劳动的环境中，人们的沟通更愿意简单明了，但在哲学、文学、自然科学和社会科学中，就需要强大的语义理解能力。语义的理解能力和创造力有关，一句话说出来，会代表多少种信息，只有通过语义解码才使复杂的沟通变得更有意义。

9.5.2 结构性语言

结构性语言会使沟通走向深入。“由表及里、由此及彼、由内到外、由点到面”就是典型的结构化语言模式。结构性语言就是从客观事物出发，表达多个角度的主观认识和理解。数据和数字性的表达方式也是结构化表述的典型例子。在结构化的经典描述中，三个现象数据，就可能证明一个事物的本质。在结构化的表达中，一般都以三点以上的论据支撑个体所要表达的观点。

语法意义中，也有许多结构性表达的专用术语。虽然……但是……，既然……如此……，等等。在语言的沟通中，没有这些转承语句，语言就会变得单一、片面和绝对化，使沟通失去弹性。

9.5.3 实境语言

环境中的语言是沟通的重要表达方式。在沟通的环境中，会有许多因素加入进来，比如，在十分安静和舒适的环境中，愉快交流和沟通的双方，会对沟通留下深刻记忆。实境语言排斥他人的理解和解读，体现只有身临其境的人的关系效率。

实境语言也有实境意义，许多实境语言，在被片面地攫取后，就和原来的表达呈现截然相反的意思。爱因斯坦当年说过一句话，“天才那是1%的灵感，加上99%的汗水。但那1%的灵感是最重要的，甚至比那99%的汗水都重要”。但中国的学生在教科书中，只看到了“天才那是1%的灵感，加上99%的汗水”。半截话，意义就会大相径庭。民间传说的康熙遗诏，“传位于四阿哥（雍正）”，不去讨论它的真伪，只是一桩实境语言的例证。

9.5.4 思辨性语言

思辨性语言在沟通中，犹如情感流畅中的一个标点，每当遇到思辨性语言的时候，人总会在这里停留一下。因此，思辨性语言在沟通的应用中比较重要。

一人问禅师："成功对于普通人来说是不是很遥远?"禅师："并非如此，成功对于每个人其实都是两步。"问："哪两步呢?"，禅师说："一步是开始，一步是坚持，就会功到自然成。"如果不再思辨，这句话就说得很对，如果再进一步思辨，"坚持就一定成功吗？坚持错了，也会成功吗?"这就是思辨，思辨要考虑的前提是思辨双方的认知水平相近，不然一方兴致勃勃，另一方云里雾里，也不会是一场成功的沟通。

9.5.5 亲近性语言

在沟通关系中，亲近性语言既能代表态度，又能改善气氛。"我们"就是典型的亲近性语言，在亲近性语言中"好"、"对"、"是"是比较难把握的词汇，运用好这三个词汇，既不卑又不亢，是沟通中的关键。这三个词汇是和肢体语言相对应的，"好"、"对"、"是"发音的同时便点头称是，而不是摇头否定，特别有益于沟通的深入。

在麦当劳亲近性语言中，有一句"我就喜欢"的词条的设计，对沟通有一点研究的人，通过这样的词条设计，会不得不折服品牌企业在公关沟通中的不凡魅力。

9.6 非语言信息

非语言沟通也可以称为印象沟通。非语言沟通是"五官"反应，有人把非语言沟通叫作视觉反应，是不够严谨的，在艺术沟通中，音乐及音响也起着十分重要的渲染作用，嗅觉也影响着人们的情绪反应，但视觉是非语言沟通的第一反应的概括还是恰当的。

9.6.1 环境影响

环境对沟通的影响是显而易见的，环境的状态会增加沟通的信任感。在时尚明亮的办公室内，装修考究的办公环境、现代化的办公设施、文化气息的布置，都会增强沟通的信任度。在高端的餐饮环境中就餐，体现了主宾的礼遇和重视，休闲的沟通空间会迅速地缓解紧张气氛，拉近彼此的距离。

9.6.2 肢体语言

（1）目光交流。不同文化背景的人，对目光交流有约定俗成的交流习俗，欧洲人可以接受目光的直视交流，中国人的目光交流习俗是目光交错，而不会形成对视。

（2）表情。微笑是世界性的非语言交流方式，但微笑不要停滞，那样就会让人感到交流感不强，甚至感到虚伪。蹙眉表示不理解和判断。

（3）有人用嘴唇动作表达信息。咬嘴唇表示犹豫，噘嘴表示不满，咂嘴表示惋惜。

（4）耸肩表示不信任，交叉抱肩有防御和拒绝的意思，叉腰表示自我为中心。走路时大摆双臂是开放的标志，小摆双臂，有紧张局促的特征。坐满椅子是强势的人，坐椅子尖的是不自信的人。

（5）手势在沟通中也发挥着十分重要的作用。一个善用手势的人，会凸显沟通优势。手指的应用，手势的拥有是手语的重要表达方式。握手的方式很多，但是否得体，就会影响到沟通的效果。

9.6.3 同向在沟通中的应用

同向是指沟通双方有意在步伐、坐姿、表情、呼吸、手势等方面保持一致性，使沟通双方有一种照镜子般的熟悉感。比如语速，沟通双方如果语速差异太大，不太有利于对等或一致性沟通。情绪不同向也影响到沟通效率，一个比较沉闷，一个比较激烈，这种沟通差异如果要达成一致性也是比较困难的。

从同向角度上来说，沟通确实是一种选择性的行动。为什么有些人在某个地方工作会得心应手，换个地方就会步履维艰，如果我们用同向的沟通角度去观察，再次会确认那句话的道理——“物以类聚，人以群分”。

9.6.4 色彩在沟通中的作用

我们说到在非语言沟通中，视觉是第一反应，因此色彩在非语言沟通中的运用是我们在生活中司空见惯的现象。路口的信号灯，表面上是指挥车的停行，实际上是指挥人的行为，违章的界定，也是根据对信号灯的遵守情况而判定的。在商业沟通中，不同的品牌都会设计出属于自己的标准颜色，比如，我们去银行办事，一般不会进错银行，因为每个银行的标准颜色会帮助我们做出准确的选择。在现场管理中，我们用色彩提示重点区域、安全区域，在重大的外事接待和重要仪式中的红地毯的意义是不言而喻的。

9.6.5 仪表风范在沟通中的作用

行业服装让我们识别出不同的职业人群，又根据职业的区别，我们对他们采取不同行为标准的判断。大街上有军人、警察、保安、城管、税务，在商场中有销售员和店面经理，这些通常是用服装、铭牌来区别的。在一般情况下，艺人的演出服装不会在公共场合穿着，人群中突然出现一个穿囚服的人，会引起周围人的不安和紧张。有宗教信仰的人着装气质也与一般人相区别。在日常生活中，人们的着装气质表达人的生活态度和自律。着装规范而得体的人，会成为生活中的主流人群，一些着装怪异的人会体现个性张扬、不羁世俗的眼光和评判。一些衣着搭配不合理、衣着拖沓的人都会传达某种沟通的信息。

9.6.6 时间意义上的作用

在会议的礼仪中，领导即便是早到了，也不会马上进入会议现场，而在贵宾室里，等与会者到齐时才依次进入会场。在不对等的恋人关系中，通常追求者会早早地出现在约会场所。与领导和长辈约会，也是应该先于约会的时间到达，并做好相应的准备。关于沟通时间的控制，大概也应由位尊的一方来掌握开始和结束的节奏。

时间有时在沟通中起着十分关键的作用。有人把表决时间安排在很短的时间里，言外之意，是敦促大家迅速表决，在领导时间很紧的情况下去请示工作，也许会取得意想不到的结果。

9.7 沟通中的话题准备

在沟通中，我们会遇到不期而遇的沟通，和领导在一起、和你不熟的人在一起、和你不熟但希望建立联系的人在一起。一般这种偶遇性沟通，是没有沟通准备的，但此时此刻的沟通又是个体非常需要和期待的。遇到这种情况，可能会出现沟通“休克”，一时不知从什么地方谈起。在沟通中冷场，也会非常窘迫和尴尬。如果我们平时注意沟通话题的积累，就会创造更多的沟通机会，俗话说“见什么人说什么话，到哪山唱哪山歌”。

9.7.1 知性话题

知性话题反映一个人的文化修养和见识，知性话题是长期个体行为与受教育经历以及学习习惯的结果。有历史知识的人，在知性话题中，会借古喻今，在沟通的同时，会使人们增加对历史知识的了解，也为自己的观点提供了证据；有哲学思考的人，会把问题从内到外，由此及彼地引证分析，让双方的沟通进入深刻沟通；有时因为相互发现而结下深厚友谊。

知性话题不在于文化之间的隔阂，而在于表达的诚意。那种为了炫耀自己，不顾别人感受的知性沟通是伪知性，当知性表达不当的时候，就会走向知性的背面，非知性。一般情况下，知性沟通会使人感到富有益处、有趣和值得回味。

9.7.2 共性话题

关注沟通双方的兴趣所在，寻找共同的沟通话题，使共性沟通在交流中发挥关系的链接作用。生活中人们发现母亲们在一起的时候，喜欢讨论孩子问题，这样的话题很容易产生共性沟通。还有一些沟通话题也很容易在沟通中找到共性。例如，房地产价格，买完房子的人关心房地产价格，没买房子的更关心房地产价格。一些收藏性的话题也很容易找到共性话题，两个有共同收藏爱好的人，一旦展开话题就会引发沟通的兴致，各种有文体爱好的人也容易找到与自己有相同爱好的人。共性沟通的话题是为正式沟通奠定基础和提供前提，有时，它们并不是沟通的目的。因此，共性话题在沟通中要学会适可而止。

9.7.3 热点话题

热点话题在沟通中，最容易找到沟通的话题响应。同时也会让人感到沟通就在当下。有些陈旧性话题不会让人感兴趣，有时甚至会让人感到无聊。热点话题不是这样，而是让人感到与时俱进，使沟通充满活力。近年来，央视总会策划一些掀动热点的话题讨论，大国崛起、舌尖上的中国、互联网经济、幸福中国。人们的话题从舌尖到手尖，当人们从物质中解放出来的时候，一定会产生更多的热点问题，到那时，也许心尖上的中国会是又一轮热点话题。

热点话题沟通，会反映到关系，也使人们在沟通中感到欣喜。

9.7.4 通识性话题

“说玄话，不说闲话”，这句话的意思是说在沟通中要创造轻松有趣的话题，以引起谈资和兴趣。有些人，话题很大，忧国忧民，公民的社会认知和责任在沟通中出现是正常的，但不分场合对象，一味沉重性的话题会影响沟通效率，什么样的话题让人感到轻松呢？生活类常识性的话题就属于通识性话题。例如，健康一身轻、消费体验、旅游休闲、茶文化、文体资讯。这些话题虽然不一定引起关注，但起码不会令人感到不安和压抑。通识性话题会让沟通的选择更具选择性，通识性话题在沟通中会起到“修身养性，共识怡人”的作用。

9.7.5 独特性话题

追求沟通中的独特性，会给人留下深刻的印象，通识使沟通内容更具有品质。独特性沟通话题，有时更像演讲片段。在人群聚会中，独特性沟通会让人产生耳目一新的感觉。这种沟通经常会引起新中心效应，是在沟通中属于可遇不可求的境界。独特性沟通适合较高层次的沟通人群，也需要沟通氛围的包容性。“一灯能灭千家暗，一智能破万年愚”，这样的沟通会被个体理解为一种特殊的经历和体验。

独特性话题在沟通中，个体成为中心表达，应防止“环境控”的情况出现，要充分尊重他人，体验他人的感受，另外还要了解沟通对象的背景，避免班门弄斧。

9.8 沟通的原则

沟通原则也可以说是沟通选项。如何进行有效率的沟通，有一些沟通中的规律性常识是不要违背的。沟通是复杂的事情，我们不可能在沟通过程中，考虑到事关沟通的所有要素，但一旦违背规律就会被规律所惩戒。

9.8.1 明确需求

沟通是有目的性的，但沟通的目的性不会明明地摆在那里。有时会以隐蔽的形式出现，沟通就是要解决真相的问题，为什么还要隐藏目的性呢？实际上沟通的最终原则是对自己有利，而对自己有利的表达有时是难以启齿的，所以有些人在沟通中会把自己的真实诉求隐藏起来。当你真的按自己的理解去满足对方表面上的诉求的时候，你就会发现，不管你怎样努力，都不会满足对方的需求。这是因为你并未发现对方的真正需求，我们把这种额外的或隐藏起来的需求叫作境外诉求。一个中午饭点来约你的人，一般会在一起吃饭，但当你没弄清楚他的来意之前，吃饭可能就是一个多余的安排。

9.8.2 以对方理解为准

沟通不在于你向对方表达了什么，而是对方理解到了什么。亲子关系中，父母对孩子传达的是关注、爱和帮助，在孩子看来这些有时就是控制、约束和代替。一家人吃饭，往往把最好吃的留给孩子，孩子却以为大人们不吃的东西，一定不好吃。当领导有心去培养一个年轻人的时候，可能要安排一些艰苦困难的工作，对你的要求和别人相比，也会更加严格，有时就会被理解为出难题，找别扭。因此，沟通真的不是一厢情愿的事情，更需要双方的理解和察觉。

9.8.3 始于纷争，结于共赢

在商务谈判中，会坚持共赢的原则，不管过程中怎样百转千折，到了结局的时候，追求皆大欢喜。这也是沟通的一个原则。沟通始于纷争是一个非常自然的事情，没有纷争，沟通就失去了意义。但纷争是沟通的原因，解决纷争才是沟通的目的。成功的沟通，有时尽管是由疾风暴雨开始的，但一定要结束于和风细雨。如果把这个顺序颠倒过来，那就会是一次失败的沟通。沟通常常会留给人们记忆，更让人容易记住的又是结果，因此要在沟通中给对方留下良好的印象，完美的沟通结局就显得更为重要。

9.8.4 接受异质性声音

沟通固然是选择性沟通，一般沟通排斥异质声音。但有时异质声音会给沟通带来价值。不论是个体还是群体，沟通中容不下异质声音，就会使沟通幅度大大地变窄，而透过异质声音的沟通，使沟通的内容更加丰富，使参与其中的人易于成长，在接受异质声音的沟通中包容会给我们带来机会。人的个体差异是巨大的，有些事情对于领导来说并不复杂，但对于员工来说，也许就没那么简单，难者不会，会者不难。人们是那样健忘，昨天你还因为不够好，受到他人的指责，而今天，当别人犯与你同样错误的时候，你却倍加指责。

9.8.5 简单而直接的表达

在沟通的实境中，有些情景的参与会使事情变得简单，也会使事情变得复杂，但简单而直接的表达是沟通中要遵循的重要原则。是不是我们担心简单会流于平庸，真正的简约其实并不简单。有一段很精彩的对话：一对父子在仰望星空，小孩刚刚学会说话，指着天上的星星向爸爸喊“要”，爸爸笑着说，“太高，够不着呀”，孩子又说“跳”。“治大国若烹小鲜”，老子说“天下大事必作于易，天下难事必作于细”，讲的就是这样的道理。

9.8.6 逻辑性真实

在沟通中会出现许多“非我”的表达形式。其实你心里想的一样，但嘴上说的又会是另一样。在公务员选拔考试中，有这样的问题，“当你面对越级提拔时，你是怎样看的”，问题的原意是在单位中，你的下级被破格提拔为你的上级时，你会怎么想？其实我们有自己的立场，例如，面对不公，我们会据理力争，也可能选择离开。但在公务员的考试现场，这个问题已离开了具体处境，要考量你的公共是非原则能力，这时候的回答，不是你怎么想就怎么回答，而是按照社会公共价值立场，怎么对就怎么回答，以得到一般性认可，这就是逻辑性真实。

9.9 沟通的技巧

沟通的技巧就是沟通的经验，在越成熟的沟通中，沟通经验就越会发挥关键作用。有时候一样的语言，一样的行为表现，由于交流的对象不同就会产生不一样的结果。沟通本身就是后知后觉的，沟通的方向是比较难确定的，这就需要建立沟通自信，这种自信从哪里来？就是从不断吸取的经验和技巧中来。

9.9.1 闲话不闲

聊天、闲谈在职业的氛围中，常常是不提倡的，但在沟通中却是有意义的，闲聊和闲谈有助于人与人之间和睦关系的建立，闲话不闲，意味着闲谈的沟通价值。一是闲谈可以帮助人们发现交谈的共同基础，闲谈中的沟通、话题选择会让双方更容易接受；二是闲谈可以创造良好的沟通氛围，一般来讲闲谈的话题相对比较轻松，闲谈可以缓解沟通压力，消除紧张；三是闲谈中会表达沟通的动机和信息；四是闲谈会了解对方此刻的情绪。假如对方的情绪还在别的事情当中，有经验的沟通者就有可能暂时放弃沟通，寻找更好地沟通机会。

9.9.2 在优点里找缺点

在深度沟通中，不仅仅是互证彼此的好感，有时也会互证不足，这是我们常见的沟通方式。大凡能有机会向对方提出问题的沟通，并能使对方平静地接受，是双方关系走向成熟的机会点，但也体现个体沟通的风格和技巧，向对方提出批评是一件非常困难的事情，哪怕这种批评是由对方提出邀请的，“顺的好吃，横的难咽”，沟通中要记住的是再成熟的人格，也难接受直来直去的批评。首先，在提批评建议的时候，要做肯定的前提，先肯定再批评。这样虽然有时会影响沟通效率，但作为批评式的沟通，这是非常重要的环节。其次，向对方提出评判建议的身份和角度让你感到十分为难，比如，是你的长辈、领导、你认为十分重要的人。在沟通中我们遵守在优点里找缺点的原则，在人的多面性中，优点做过了，有时就是缺点，一个要求工作效率的人，相对就会出现急躁的情绪，向对方提出由优点派生出来的缺点的批评，比较容易被对方接受。

9.9.3 信息校图

对信息的处理，要有“校图”。每个人都有自己的心理地图，在信息处理中首先要做的一件事就是“校图”。所谓校图，就是梳理信息，让信息准确和有效。一个拿着外地地图，在本地寻找目标的人，就是不会做“校图”的人。在校图技巧中，信息对称很重要，沟通经验告诉我们，许多事情只要信息对称了，问题就会自动解除。员工为了赶任务，加了一宿班，第二天经领导同意在家休息，考勤员不知道，记录了缺勤，在这件事情上本来谁都没有错。员工经领导同意在家休息没有错，考勤员按制度考勤也是正常的。不正常的是该员工休息应该向考勤员说明情况，考勤员也要向领导核实情况。信息一对称，恩怨就会迎刃而解。

9.9.4 重视第一次行为

在沟通中注意第一次行为纠正。行为在沟通中最能验证沟通效率。在口头交流中，有人会轻易承诺，但常常会在行动中失言。有人在口头上允许，实际上在行动中禁止。因此，第一次行为纠正，对沟通双方来讲是一次最重要的博弈，俗话说“有第一次，就有第二次”。所以第一次行为纠正，对双方的相互信任、关系界限、相互原则和底线都起着十分重要的作用。小孩和家长的第一次顶嘴、第一次摔门、第一次逃学，都需要家长和学校老师认真对待和处理。不要让问题成为习惯。在组织中，为什么新的组织成员会受到格外的关注和要求，也说明了这个道理。

9.9.5 善意的谎言

善意的谎言也属于逻辑真实。在沟通中真实有时会产生破坏。例如，在员工的考核中，阶段性的真实反映并不是最后的结论，因此，阶段上的评估对个体会坚持保密的原则，有时为了使员工把工作完成得更出色，管理中会给能力平庸者进行高质的评价。这是激励的常用方法。这种情况不能叫虚假，而是善意的谎言。“望梅止渴”是善意谎言的典型例证。当时军队的前方并没有梅林，但曹操利用了人们的生理和心理反应，激励士兵迅速到达战斗要求的指定位置，事后没有人再去追究这样的“谎言”，因为动机是善的。但也有人不接受这种方法，有时也会为此而愤怒，但这里讲的善意的谎言是一般性讨论，不做个案讨论。

9.9.6 上者用无

在中华文化中“下者用力、中者用智、上者用无”。在沟通中，“用无”是一个重要原则。对沟通的另一方感到好奇，或价值认可是沟通的重要方法。把对方的信息当作从来没有的新体验，会让对方感到在沟通中的价值体现。自以为“无事不晓”的人，绝不是沟通的优良对象。感兴趣、长见识、有新收获，当你用这种“无”的心态与对方沟通时，沟通的另一方会能动地发挥自己思维和能效的潜力，给个体提供尽可能的帮助。

9.10 沟通的障碍

人格完善是沟通中十分重要的因素，完善的人格不等于在某个方面的突出，而是在于诸多方面的平衡，沟通中不完善的人格因素会成为沟通的阻碍。

9.10.1 嫉妒

嫉妒是沟通中的重要障碍。嫉妒表面上看是来源于差距，实际上嫉妒是来自心理差距，是心理不成熟的表现。我们应该看到，嫉妒并不是个别现象，而是人类或人性的普遍反映。嫉妒的诱因是刺激的反映，在没有具体的嫉妒对象时，嫉妒好像并不存在。但嫉妒心重的人，哪怕是臆造也会在心理中出现让他们不痛快的人和事。

在沟通中要消除嫉妒。首先，把关注别人的目光转向关注自己，临渊羡鱼，不如退而结网；其次，承认差距，认识不足，人和其他动物一样，都会产生嫉妒情绪，但人和其他动物不一样的是，人可以通过社会学习克服不良心理；再次，找到被别人嫉妒的原因，更好地融入社会。

9.10.2 自卑

自卑是一种消极评价和自我约束，人们越是追求自我理想化，自卑心理就表现得越突出。我应该是那样的人，应该具备那样的能力，我怎样得到更多人的拥护，这些心理都会引发自卑情绪。

自卑行为表现的是退缩、回避甚至逃避。在沟通中自卑会引发消极沟通。自卑心理并不体现现实中的强弱状态，生活中，我们会发现，被人们公认成功的人，也会出现自卑心理。克服自卑就是要敢于表现自己，接纳自己的不足，发现自己的长处，从消极自卑的情绪中解放出来。

自卑的人要学会设计“成功的一小步”，例如，与敬畏的人接近、在众人面前讲话、发现被需求价值，这些都可以帮助个体克服自卑的情绪，自卑的人一旦走出自卑，会变成一个非常得体的沟通对象。

9.10.3 伪装

伪装的心因在于不自信和不信任，但伪装在沟通中常常会屏蔽真相，伪装一旦被识破就会破坏沟通关系。“善于伪装的人，缺乏真朋友。”伪装和虚假不同，伪装的动机不是一味控制和损害他人利益，反倒是常常为了别人，辛苦自己。人们也许都会有不完整的过去和自身局限，但伪装的人，常得不到理解和同情。他们伪装坚强、伪装勇敢、伪装富有，其实伪装是一种更大的付出。因此伪装会让人感觉很累，制造伪装的人累，识别伪装的人也很累，伪装会加大沟通成本，也会使机会离我们而去。

9.10.4 游戏

在沟通中，采取轻视和不负责任的态度对待他人，这就是游戏心理。有时候人们带着好奇的心理，本质上并没有沟通的愿望。但游戏心理会具有伪装性，在游戏心理的作用下，会表现与自己动机相反的行为选择。你本来不喜欢那个人，但却装出喜欢的样子，沟通中这叫编码偏误。这种偏误是人为设计出来的，在关系中具有较强的破坏力。游戏心理也会反映沟通的品质，在现实中，我们会发现每个“苹果”都被人咬了一口，在这种关系中，目的不是需要，而是占有。游戏心理的人，在沟通中，常常玩火，在别人看来是一种危险，但在他们看来则是技巧的表现。他们在自我陶醉的同时，会殃及关系中的无辜，使这种沟通关系不会有未来。

9.10.5 自私

自私虽然是心理原因，但自私会更多地体现在行为表现方面。在沟通中自私会缩小关系半径，长期或习惯性表现自私，你在团队中会成为一个不受欢迎的人。自私的人喜欢自己胜过喜欢他人，自私的人会把利益的界限划得很清晰，很多事情，不是不能，而是不为。自私也会产生力量，但一定不是集体的力量，而是个人的力量。自私的人由于膨胀自己的欲望，在阶段里会尽可能释放自己的能力，但错误的动机一定会出现错误的结局，自私与其说是人格的失败，还不如说是人生的失败。

9.10.6 多疑

多疑的人大多具有成见之心，表现为认识的固化和想当然，多疑和个人经历有密切的联系，他们的心理成像是倒置的，多疑在沟通中会成为主要障碍。“宁愿我负天下人，也不让天下人负我”，在多疑者曹操看来，人与人之间的关系就是互相辜负的关系，结果在行为中也表现为多疑。司马懿生性多疑，被诸葛亮识破，才使用空城计。多疑者在沟通关系中有时候是自我保护，自我保护是人性的本能，多疑则是矫枉过正。

第十章 影响效度

人做任何事情总要找到行动的理由，由内产生的理由是动机，由外产生的理由是影响。不假思索地行动，即便是成功了也会让人感到后怕。哈佛大学埃伦·兰格通过研究得出一条著名的人类行为准则，“当我们请别人帮助时，如果能讲出一个理由，那么我们得到帮助的可能性更大。”这个理由就是影响，影响无处不在，无孔不入。

一个人发挥优点，并不代表没有缺点，但更多的优点发挥能影响别人，缺点常常会影响自己。缺点只是在阶段上影响别人甚至团队，但最终不能。社会选择机制会把那些产生负面影响的人，剥离开他所在的环境。没有人挺你的缺点，而所有人都期待你发挥长处。我们即便能发现一无是处的人，但我们不会发现从不产生影响、从来也不受他人影响的人。在影响的讨论中，我们会更多地关注影响效度，就是把我们讨论的注意力放到积极影响产生的方面上来，例如，影响价值的讨论、影响产生的来源，表面上看我们是在讨论影响中存在的问题，实质上我们在努力探讨影响产生的方法、技巧和能力，目的是在职业和社会环境中，发挥积极影响的潜力和作用。

10.1 影响的产生

10.1.1 吸引产生影响

人们在生活中，除了创造精神和物质的满足之外，还需要一个重要的支撑，就是自我价值的证明。在个体的认知体系中，适应自我价值证明就容易被接受，否则就有可能产生自动的屏蔽。即便再成熟的思考，也需要得到他人和信息的不断证明。在人际关系中两个声音能够使人非常振奋，一是笑声；二是掌声。这两种声音对影响力来说非同小可，在紧张和严肃的气氛中，只要有了笑声和掌声就是他人给影响送来无形的鲜花。当人们受到他人喜欢和肯定的时候，反过来，他们也会喜欢这个环境，以及这里的人。

在影响的产生中，要满足大部分人，关注少部分人，接纳个别的人。在完美主义者的信念中，让人人都去接受和喜欢一种影响，同时也要求自己去接受每一个人的喜欢和影响，实际上是做不到的。为大部分人所接受，这是影响的动机出发点。关注少部分人，就是因为有少部分人的注意力和理解力高于一般人，他们的存在对影响来说是至关重要的，当你的努力终于得到他们拥护的时候，就是你成功产生影响力的时候。对于个别人，不要歧视他们的不同意见，他们是反对派，但并不能否定大多数人对你的喜欢，反过来，正是由于他们的存在（有时是阻碍），会使你得到发现和发展。

10.1.2 权威影响

权威改变着人们的想法，在心理研究领域，我们发现催眠会对心理问题提供帮助。实际上，在人们的接受程序中，或多或少都会处在一种被催眠的状态，权威常常是催眠的高手，在权威的光环下，人们不知不觉会受他们的影响，当然在公共界限里，权威常常会帮助我们正确认识、判断和行动。

权威的产生是由于大多数人受限于信息的控制，权威就是那些独有信息的发布者。媒体上看商业广告，在影响的诉求中，广告就是标榜他们对商品的独到认识和理解，进而引发消费者产生购买的欲望。

人们有时对权威的盲从，会造成错误甚至可笑的行为发生。鲁迅曾讲了一个故事：国人好围观，当看客，当一个人抬头望着树梢的时候，引来许多人跟着往树梢上看，到底看什么，只有那个人自己心里清楚。

10.1.3 资源产生的影响

资源的配置也会产生影响。一个优秀的培训师，虽然依靠的是对专业的精通和表达的精准，但有时候他们会像演员一样重视自己的衣着，为什么？因为衣着和装备，有时会体现资源的拥有，成功的人的言论和观点为什么会得到认可，不是因为他们说得有多么重要和精彩，而是他们拥有精彩的人生给了他们产生影响的资本。

在特定的环境中，有些资源的配置是有价值的，医院中的医生资格介绍栏，军官的肩衔，都是要通过资源信息，彰显影响价值。

在一个互不相识的环境中，本来无所谓有没有核心人物，但在座位的主次上、在出行的前后上、在人们的关注中，都会体现资源信息。

为什么许多场合要重视资源信息的发布，就是因为有什么样的资源配置，就会产生什么样的影响力。

10.1.4 公信力影响

一般来讲，具有好的公信度和公信发布能力的组织和个人会产生影响力。比如，中央的媒体单位与其他媒体单位相比，公信力就会高许多。政府部门也体现社会公信力，职务和职业也代表公信力，个人的诚信和口碑也代表公信力。在社会的不同行业中，有一些德高望重的人，他们就有公信力。专业代表权威影响，但品格更能代表道德公信力。

在市场经济中，商品的品牌也代表一种公信力。品牌的核心价值就是让消费者迅速做决定，之所以消费者能很快地做出消费决定，在于对品牌的了解和信任度。而这些正是由商业品牌的公信力带来的。在特殊情况下，公信力不等于诚信。当具有公信力的部门和个人出现不诚信现象的时候，影响力就会首当其冲地受到破坏。

10.1.5 互补产生影响

组织在资源配置中，讲究的是能力互补。根据需要，把具备不同能力和特点的人整合起来，形成优势互显，劣势互补，提高工作效率。一般来讲，同行之间产生的影响会出现不同看法，同行相轻，讲的就是这个道理。能力同亲、信息同源会破坏组织的成长基因。在当今这个世界上，没有一种社会发展模式可称其为完美，以美国为代表的西方价值，会出现危机；我们坚持的道路也要不断地进行改革。渗透不是渗漏，存在的合理性都标示着他们的合理内核。

这里说的差异产生影响力是横向的比较。还有纵向的比较差异，就是以史为鉴，现实和历史的映照，也会产生影响力。

10.2 影响的风格

人们在成长的过程中，会形成自己接受影响的风格，这种风格决定个体会选择性接受他人的影响。一个接受民主性格的人，面对权力影响的时候，会选择逃避。不同的影响风格会对不同的人产生影响，在影响的过程中，又会逐渐养成不同的影响风格。

10.2.1 民主性格的影响风格

民主性格对应的是专制性格。实际上影响他人的方式本身就是和个人的性格相关联，但即便是我们要加强影响的力量，有时候就会调整本来属于我们的个性，在同一个个体身上，会出现不同的影响风格。下级有时会影响到上级，但除了民主性格，他就别无选择。反过来，对待下级，就又恢复到自己的性格模式。民主性格的影响会有许多优势，民主性格影响模式，会形成循序渐进、深度沟通、发挥主观能动性效果；但民主性格影响模式有时候会影响效率，许多事情会因为内部争论不休，使行动搁浅。专制性格会影响组织氛围，武断也会使行动冒险。但在时间约束面前，它可以力排众议，迅速行动。不论是民主性格还是专制性格，在影响形成中都要参考环境因素、对象因素和动态因素灵活把握。

10.2.2 亲力亲为的影响风格

示范效应在影响中，会有很好的互动效应。对于责任范围越大的影响主体，在经验中并不提倡亲力亲为，对于职高权重的人来讲，充分授权是他们应该提倡的工作模式。可是，如果管理幅度越大，就越容易出现主观臆断的问题，这时的亲力亲为就不是工作意义上的行为，而是发挥影响风格的价值。有人说好的上级来自优秀的下级，就是说在影响形成的过程中，个体对影响形成的体验，工作细节的揣摩有利于与被影响的他人建立准确的沟通和影响联系。当然，亲力亲为的局限性也是非常明显的，可能自己做得越多，产生的影响就会越小，这是个体在影响模式中应该重视的问题。

10.2.3 教练型的影响风格

管理有局限、监督有盲区、亲力亲为缺乏效率，在影响风格中，教练型的个体影响会是一个具有研究和实践价值的影响模式。教练型影响模式有三个主要特点，一是教练型的影响个体会有专业的权威性工作经验，他们既是制度的设计者，又是执行者。他们对目标理解得准确而具体，能有效直接地在工作环境中传达意图和标准。二是教练型的影响个体不是他们自己去做，而是指导他人去做，在这种影响模式中，会观察沟通效率，对于被影响的人来说，他们不仅仅是提出工作要求，而且提供工作方法，会得到他人的尊重。三是教练型影响的个体，在影响中体现沟通的扁平化原则，缩小的管理幅度会准确了解制度在执行中存在的问题，及时反馈，正确地解决，也会在组织中增强互谅和理解。

10.2.4 交易型的影响风格

交易的影响风格是影响个体与被影响个体之间的交易和交换。影响个体向被影响者提供明确的任务和奖励方案，而被影响者应该尽可能去完成任务，并贡献出绩效和技术。交易型影响模式是通过观察被影响个体在工作中的表现和对影响的接受认可程度，确定他们想要的奖励。交易型影响模式，在某些行业环境中，能够准确和具体地影响到应该影响的对象，正是因为它是以交换为前提的，有利于绩效分配的明确性和公平性。这种影响模式把关系双方承诺简单化、效率化，也体现关系的平等原则。交易型的影响特征是实效奖励，被影响一方只要按照影响个体发出的责任要求正确地执行和十分投入时才会得到他们想要的奖励。由于交易型影响对组织成员的要求是以结果为导向，因此，工作过程中，影响个体不会对被影响者进行过多的干预，除非这种行为影响到了其他的绩效。韦尔奇在管理中有一条著名的原则：“我用员工，用的只是他们的两只手。”

10.2.5 转换型的影响风格

转换型影响是对被影响的个体通过建立职业发展计划，超越阶段性利益，或在集体和团队发展中，确立个体目标。通过榜样的力量激励组织成员的全面发展，尤其是智能发展。转换型影响的重要标志在于改变命运而不是追求单纯性的绩效。转换型影响的四个特征如下。

（1）人文化的关心和关怀，把组织成员的需求人性化，人性化关系和管理中的制度不同，制度化是单向实现，而人性化的发展计划则是多边的选择意愿。

（2）转换型的影响主体，是为组织及成员制造一个明确的、可实现的未来展望，并在成长中不断提出前瞻性的追求目标，使团队充满活力。

（3）转换型的影响鼓励和支持独立思维，他们不惧怕分歧，并通过思考达成思维的统一。

（4）转换型的影响主体具有牺牲精神，他们愿意为组织成员承担发展中的风险，并对自己的承诺承担责任，在组织成员的共同分享过程中表现出应有的决心和意志力。

10.3 影响的特质

如果把一个人当成质量，那么这个个体质量和集体人格有着十分密切的联系。没有一个集体人格丰富且完善的组织可以缺少个体质量，如果在组织中个体的质量优秀占据大部分的情况下，也不会出现严重的集体人格缺陷。大凡有能力形成影响力的个体，都是个体质量和个人品质非常出色的那部分，很多时候他们是赢家，具有发散个体人格魅力的影响力。产生影响力的特殊品质特征有六个方面。

10.3.1 具备解决复杂问题的能力

有的人举轻若重，有的人举重若轻，这不在于问题有多复杂，而在于面对问题所具有的自身能力。有的人在复杂问题面前会化腐朽为神奇，有的人在简单的问题面前，会把简单的问题复杂化，这就是个体的能力问题。《史记》中的鸿门宴之所以精彩，被后人传颂，就是面对同样一场关键的博弈，刘邦团队表现出镇定自若、勇武智慧的团体形象。反观项羽团队，真的失去了担当能力。在组织中的特殊能力和特殊事件以及个体的过往历史表现，也反映了影响力的表现实质。

10.3.2 目标明确而坚定

目标最有可能产生影响力。特别是在共同目标的感召下，这种感召力和凝聚力会得到他人的积极响应。《爱丽丝仙境历险记》中，有一段著名的对话：爱丽丝向黑猫问路："猫先生，请给我指一个正确的方向好吗?"黑猫问："你到哪里去?"爱丽丝回答："我到哪里都可以。"黑猫则回答："那你怎么走都对。"当你不知道到哪里，没有目标的时候，没有人可以帮得到你。

10.3.3 有支配和整合资源的能力

关于资源支配和整合能力是产生影响的重要条件，能改变他人才是影响力产生的根本原因。为什么许多人对老上级、对师长、对长辈具有敬畏之心、感恩之情，就是因为当年这些人用资源能力帮到了他们、改变了他们。资本整合是一种能力，在人际关系中，有些人并不具备具体的地位和职务，也没有突出的能力储备，但他们受人尊敬，被众人推崇，不是因为他的技能和专业有多么强大，而是这些人具备了整合资源的能力。刘邦说："夫运筹帷幄之中，决胜千里之外，吾不如子房（张良字子房）；镇国家，抚百姓，给饷馈（供给军饷），不绝粮道，吾不如萧何；连百万之众，战必胜，攻必取，吾不如韩信。三者皆人杰，吾能用之，此吾所以取天下者也。项羽有一范增而不用，此所以为我所擒也。"

10.3.4 自信

在麦当劳的文化制度中有一种赢家文化，在麦当劳的员工手册的扉页上写道：赢家永远是答案的一部分，输家永远是问题的一部分；赢家永远有一个计划，输家永远有一个借口；赢家常说让我来帮助你，输家常说那不是我的事；赢家总会看到每个问题的答案，输家总会看到每个答案的问题；赢家常说可能很困难但希望很大，输家常说可能有希望但困难重重。自信不仅影响主体对下属产生影响，还能影响他人在面对困难和挑战时变得坚韧和顽强。面对失败，只要有自信，还有成功的机会；面对失败，输掉自信，机会就不会再来。

10.3.5 情绪智力

能够自如控制和管理情绪会产生影响力。情绪有时是自己最大的敌人，“一个人一旦手里拿着锤子，他就会满世界找钉子”。放纵和约束情绪看上去是一词之隔，但引起的后果是难以估计的，喜怒无常会对影响力产生重要的挫伤。在人际关系中，人们对情绪有一种预知容忍度，一个经常发脾气的人，会得到一定程度的容忍，反倒是平时和善的人偶发脾气，就会使自己和他人受伤，得不到应有的谅解。

情绪管理的另一个方面是接纳和同情那些情绪管理能力差的人，当一个人明知过错而又被原谅过的人，那个接纳他错误的人，将会对他产生重大的影响。

10.3.6 个人魅力

充满个性魅力的人，常常在人群中会产生积极的影响。

个性的魅力大多来自有目标的人，一个人怀着远大理想并为之不懈努力，而且会自觉地把自己的理想和目标融入集体的理想和目标中来，或者是说个人的梦想会是在集体的目标追求中得以实现。将个人的目标融入集体目标，并参与设计、引导、帮助、实践的人，才能在组织中形成重要的影响。

高情商也会带来影响力。情商就是对事物感受的准确性和敏感度，一个充满热情的响应、一个充满真诚的肯定、一个有说服力的号召，都会在组织中产生积极的回应，从而产生影响。高情商会改善人际关系，人际关系的改善有助于影响力的提升。

幽默感也会产生影响力。幽默感通常会减少紧张情绪、减轻厌倦、化解愤怒。幽默感是智慧、爱心、自信的体现，越幽默越轻松，越轻松越幽默。幽默是普世性的品质成长，在世界各地，幽默的人都会迅速地建立良好的人际关系，当然也会发挥积极的影响。幽默产生印象，而印象深刻常常才能产生影响。

10.4 影响的运用

正确影响是一种资历。对个体而言获得影响力是重要的成长资本。影响力既可以从无到有，也可从有到无，影响权利的运用就可以保证个体恰当地使用已获得的影响资源，发挥影响的积极作用。影响运用不当事实上也是一种影响。“只要是行动中的人，可能没有价值，但不会没有影响。”在动态的个体中，只要不是静止的，影响就会流动，一方面流向正面的影响，一方面流向负面的影响，影响的运用就包含了影响将会出现的两个方面。

10.4.1 确权

人们希望自己的影响范围随着成熟和成长会越来越宽广，所谓名和利都是范围的观念。但影响也会像生命一样，有阶段也有周期，不同的阶段不同的周期，就涉及影响范围、作用，甚至是局限。超阶段、超范围使用影响力是有风险的，在国际地缘政治中，就可分为经济、政治、军事、文化、外交、地缘的影响范围，有一些利益使一些地区的国家不顾自身的影响价值与范围，过多地制造影响的时候，会引起其他国家的警惕和防御，有时会造成地区秩序构建的混乱和麻烦。因此，清楚的确权，了解组织和个体的影响范围、阶段、能力是发挥影响力的重要前提。尤其是在组织系统中的影响确权，更是十分重要的界限。它会直接影响组织和个体的安全，因为在丛林法则中，影响不会是自由的、没限制的，相反，大多数影响都会在被授权的范围内进行和发挥作用。

10.4.2 用权

影响的运用是尽量最大化地发挥影响的作用，同时保证影响在最佳状态和最佳时间的有效发挥。

影响主体一般的原则性主张是相对稳定的，朝令夕改会破坏影响力的发挥，一个明确的主张、一个深入人心的目标、一种坚持不懈的行动，都会引起他人的关注和响应。

俗话讲：站得高望得远，就是说创造影响力的重要形式是把握“三高”。一是资源高地；二是信息高地；三是传播高地。资源高地是靠近和获取资源的渠道和方法；信息高地是收集、整理和归纳前瞻和前沿信息；传播高地是“登高而呼”，有顺畅的表达渠道。

运用影响的做法还需要长期建立个人风格和魅力。敢于说真话，不同范围的影响都需要真实做支撑，说假话即便是创造了影响，也不会受到尊重。在自己的领域中掌握大量真实的故事，使影响发挥不缺乏正反两个方面的证据，做到以事实说话，以理服人。

10.4.3 扩权

影响的建立不是一帆风顺的，特别是非权力影响，会遇到阻挠和破坏，人以群分实际上是影响界限的切割。曼德拉若是按照界限切割的原则，他最应该在黑人中间建立广泛的影响，同时 27 年的牢狱生活会把他固定在黑人的世界里。但曼德拉是一位影响世界的大师，他不会按照世俗的目光来约束自己的影响，他说“我反对白人统治，同时也反对黑人统治”，这句著名的宣言，粉碎了那些想限制他影响范围的企图。在影响的扩大中，坚持也是一种重要力量，对于一种正确的影响，一开始可能有怀疑、有谩污，但只要坚持你就会发现随着主流的声音越来越强大，怀疑和谩污的声音就会逐渐退却。

在影响扩权中，寻求更多的拥护者，在选边站队的过程中，也是一种资源的争夺，影响力的本质就是使拥护我们的人越来越多、使反对我们的人越来越少。这就需要一种主动的进取，对于人们的思想你不去占领，别人就会侵入。

10.4.4 授权

关注影响传播始终是事业成功的重要保证。个体有可能创造影响的来源，但要扩大影响就要培养不同层次的影响代理人。使他们有影响的话语权、迅速复制权、组织活动权。只有这样才能建立起影响传播的渠道。影响网络的建立有几个途径，建立学习型团队，做好“种子”的培养和教育；编写图书、期刊等资讯资料；利用现代多媒体信息传播手段。演讲、座谈等互动交流也是影响传播的重要方法。授权是为了传播，传播是为了影响，反过来，影响也会丰富授权和传播的多种可能性。

10.4.5 维权

有的影响制造是有杀伤力的，舆论杀人在历史和现实中屡见不鲜。在影响的运用中，我们要学习用阳谋战胜阴谋，识破动机不善的人利用影响来破坏和中伤我们的事业的阴谋。

许多大型的组织中，都会设立媒体公关的部门来强化影响功能，同时在制度上设计舆论危机干预机制，当不利影响出现的时候，如果我们能因势利导，就会把本来看上去有害的事件，通过主动性影响，把它变成积极结果，这就是影响的力量。

10.5 影响的过程

影响产生的方法在于追求简单，这不是因为简单的事情才能产生影响，而是要产生强大的影响就是要使事情变得简单。在方法上追求简单的确是因为影响过程是相当复杂的，道可道、非常道。能说出来的道理，就不称其为道理，即便是影响的过程如此难说清楚，我们也尝试着做一些规律性的讨论。

10.5.1 人的复杂决定了影响产生的价值

人的需要是多种的，人的行为是多样的，我们每个人都具有“天赋人权”，毫无疑问，人们对自己的生活方式有相当的控制权，那么真的世界上有多少种人就会有多少种生活方式吗？显然不是。在无穷无尽的选择面前，怎样避免与他人发生冲突，又怎样看人与人之间有那么多的共同之处呢？这些都需要影响来统一人们的行为和行动。有些影响是显性的，有些影响是隐性的。在猴子的社会中，人们用实验来证明影响的形成。面对实验人员送来的香蕉，只要有吃的，就用冷水冲击猴群中的每一只猴子，时间长了，就没有猴子再来动这些香蕉，新来的并不知道，但它们只要一动香蕉，就会受到猴群的攻击。于是到后来猴子也不知道为什么这些香蕉不能动，就自觉加入保卫香蕉的行列中来。这就是影响带来的约束。这就能说明“人们事后恍然悟道这些表现不属于真的你”一样。

10.5.2 不满会引起影响

当个体不满足现实环境，当现实中的冷漠、势力、肤浅，给人们带来压力和厌烦的时候，人们会试图寻求改变和离开的时候，就会给影响创造机会。当一种影响揭示了现实的无奈，提供了真诚的理解，发现了要求的原因，指出了改变的道路，这时个体会自发地靠近和响应这种影响。在家庭生活中，如果一切都顺利的话，外边的影响很难渗入家庭，但一个家庭情感和理解方式有分歧时，特别是长时间产生不和谐的时候，外界影响就会显得十分有效。有时候去讨论为什么会选择自己当初并不满意的婚姻时，许多人感叹“真的想不出究竟为什么做出了这样的选择，如果说有直接原因，就是当时十分想离开那个不平静的家庭”。

10.5.3 影响技巧的设计

影响技巧的设计会带来影响效率，一是小的承诺，当人们试图对他人产生影响邀请时，往往用小的承诺、小的要求来吸引他人同意和接受。例如，“打扰一下，不会超过2分钟”，“你能否看一下，不需要任何费用”，“你定时间，我们在一起吃顿简餐”，这样小台阶引导，有时就会带来重要的影响经历。二是多次说服，在我们平常人的意识中，很少人坚持做有着明确拒绝态度人的说服工作，但专业性影响却不是这样认为的，他们规定面对一次拒绝起码要再做两次以上的说服，反复说服的诚意和信息展开，也会产生影响力。三是强大的群体动力，人们在情境中受影响的可能性，远远大于单一交流。为什么看电脑中的电影和院线的电影有不同感受，为什么人们愿意约心上人一同去参加相同的活动，这就是因为群体动力会产生影响共振。四是及时分享，及时的分享会缩短人们的分辨时间，在说服性的影响中，在流程设计上，很少提供个体独处的机会，而是有意识地结伴而行，大家忙于兴奋和分享，常常就放下了自己的判断。五是意识强化，反复的认知，会加强影响的力量。歌曲从创作到流行，就是反复发挥的效能。“谎言说一千遍就会变成真理”说的就是意识的强化。

10.5.4 有影响力的演说

在西方政治中，在选举中脱颖而出的最后大多是演讲高手。里根正是因为受过专业训练，这使他在镜头面前表现自如，相比之下卡特和蒙代尔就显得压抑和窘迫。一个强而有力的演说可以影响许多人，而一对一的说服则要费劲得多。“听众的接受能力极为有限，另外他们忘性极大，既然如此，有效的宣传必须集中于很少的几点，而且一定要用标语口号的形式来表现，直到每个人都懂得这个口号的意义。”阿道夫·希特勒就此坚信强大的说服力可能产生毁灭性的影响。

10.5.5 影响的道具

影响的道具在影响的产生中也会产生重要的作用。不知道怎样形容这些道具的作用，一想起军旗、军号、军刀、军歌，总让人心潮澎湃，兴奋不已。在演出的环境中，灯光、舞美、音响及共同行动的移动性物体，都会发出应有的影响力。也许这些道具型的影响让人们找到退行性基因，把大家变成相同的人，而一致的力量，有时候就是排山倒海的力量，这种力量自然会产生影响的能量。

10.6 影响的原则

组织上的影响也叫正式影响，所谓正式影响就是要有标准设计、有原则要求、有成果考核和评估的一套系统。在正式影响中，有些优先考虑的方法和原则。

10.6.1 开好头局的价值

“千里之行，始于足下”，一个良好的开端就是成功的一半。所谓开始的成功，就是当你有了一个新的岗位，当你有了一个新的单位，当你开始一项新的工作，从时间节点上来说，就是你影响产生的开始。同时首因效应心理带来的影响，会始终关乎你的影响水平。所谓万事开头难，论语中记载，仲宫要去履新，就是在新官上任之际，向孔子请教为官之道，孔子曰：“先有司，赦小过，举贤人。”先有司，就是在为官一任的时候，在开始时要先颁布政令，政通方能人和，即明确地制定规章制度；赦小过，就是给他人重新表现的机会，不看过去怎样，重在当下的表现；举贤人，就是把能干事、会干事的人选拔到重要的岗位上去。不知道后来的新官上任三把火，是不是从这来的。但踢开头三脚却是创造影响的重要时机。

10.6.2 选择做对的事

选择做对的事，让他人把事做对。站在影响力的角度上，就是要对全局规划和指导有清楚的认识、准确的判断、正确的选择、坚决的执行。创造影响力的主体通常是领导主体，而领导重要的职责是“抬头看路”，避免组织出现南辕北辙的情况。

选择做对的事，在组织中有三个考核，一是制度做对；二是把人选对；三是把路走对。制度是组织文化的内涵，现代组织就是要建立现代制度。制度是事业发展的平台，制度是聚合资源的旗帜。海尔企业文化的核心是振兴民族工业，阿里巴巴的核心文化是让天下没有难做的生意，格力核心文化是实业发展之路，小米走销售为王之路，这些都是成功的制度文化设计；选对人就是做伯乐，千里马常有，伯乐不常在。组织中没有能人不行，能人多了也不行，没有能干的不行，全是能干的也不行，没有能说的不行，全是能说的也不行；走对路，坚持走正路。不畏浮云遮望眼，走正路的“五不”：不做短期效应的事情；不做损害他人的事情；不做有害国家的事情；不做承担不起的事情；不做员工不满的事情。

10.6.3 让他人相信改变

影响他人不是要求他人，帮助他人不是代替他人，引导他人不是胁迫他人。影响是文化范畴，它不带有强制命令。要求他人怎么做，不如告诉他们为什么这样做；强迫他人做什么，不如引导他们自觉去做什么；帮助他人成功，不是取代他们。一个以影响为导向的组织管理和一个以约束为导向的组织管理，二者相比，立见高下。老子道德经十七章指出“太上不知有之，其次亲之誉之，其次畏之，其次侮之。”意思是说最高的领导艺术是人们不知道他的存在，但他们却无处不在，这就是影响的价值。

10.6.4 官僚主义的另外解读

批判了多年的官僚主义，官僚主义真的一无是处吗？在影响力的境界里，官僚主义有三个“好处”。

一是当外行就是用人，外行领导管理内行的事情在组织中并不少见，这是为什么？就是因为外行领导会虚心倾听他人的意见，不主观武断，领导是定事，不是干事。

二是“官僚主义”是制度治理，而非人为治理。在人为治理中，总会掺杂个人的喜好和偏向，而制度治理则不会。制度面前人人平等，有人标榜一碗水端平，实际上，那碗水就从未端平过。

三是“官僚主义”发挥下级的积极性和创造性。他们不亲力亲为，很少干预具体的事物，反而激发了组织成员的自主能动性。官僚主义声名狼藉，不是为其正名，而是世界上许多事情颠倒一下，就会出现新的视角和方法，如果你真的走在最后，一旦这个队伍向后一转，你就会是第一名。

10.6.5 使用不是利用

影响力的形成是一种播种，必然会产生收获，影响力一旦形成，必将是个体发展的核心资源，它支持领导力、感染力、说服力。恰当地使用影响力，会推动自我的事业，也会帮助他人的事业发展。但要像爱护眼睛一样爱护影响力资源，使用不是利用。在生活中，具有影响力的人如果在利益面前被利所诱，以出卖影响力换取不义之财，最后，不仅会丢掉影响力，甚至走向其反面，会遭到人们的唾弃。

10.7 影响决策

影响的结果是行动，在影响和行动的衔接上有一个阶段，就是做决定，也可以叫决策。决策对行动产生影响的同时，行动也会影响到决策。

10.7.1 宣传与反馈

影响的信息是流动的，从上到下，再从下到上。一个之字形路线反映了决策的特征和过程。决策实际上是一种明确的主张，主张在开始的时候，并不明确。在决策的机制中，领导者提出主张并向下级进行灌输。在灌输的过程中有两个意义，一是发动集体的智慧对主张者发出的信息进行讨论反馈；二是在讨论反馈过程中，发现下属们的立场，常常是响应主张者号召的人，会在今后的执行中发挥更积极的作用。基层的反映也许是最真实的，在决策之前能准确听到来自基层的真实声音对决策实施尤为重要。

来自下级的意见也有两个积极意义，一是当主张转化为行动时，下属们着重考虑的会是目标落地的具体通路。决策者从开始到目的，可能只是画了条直线，但在执行者看来，一条直线的呈现是远远不够的，所以，来自上面的决策和主张往往是“半张图纸”，而通过几次的讨论和设计，才能完成整张的拼图；二是由于分工责任不同，决策者有时会更清楚地看到目标，执行者会看到在实现目标中会出现的问题，这些问题意识，有利于校正目标的合理性、实质性、时间性，也是对决策的重要补充。所以，从上往下是目标主张，从下往上是行动完善，只有目标主张和具体路线的结合，才是影响发挥的优质配置。

10.7.2 决策的个性特质

（1）决策者运用已经拥有的信息做决策。典型的行为模式是，上行下效、我说你听、我讲你通、我令你行。一般来讲它和组织规模和决策者自我判断有关。

（2）决策者从基层收集信息，根据组织成员的诸多因素，做出决策。这种类型决策的特点是能够倾听基层组织成员的意见，考虑到下属的具体情况，但可能在决策阶段，就由小部分人来做决定，并不是通过自上而下的讨论，有时候也不会公开决策意图。

（3）决策者单独与下属讨论问题并征求下属的意见，然后做出决策。这种状态的决策模式也只有在小规模这种简单决策中进行，但这种决策模式会关注到每一个人或每一个层次的意见需求，有利于增强组织成员的归属感和忠诚度。

（4）决策者和组织部门具体讨论问题，征求下属的意见和想法，然后再做出决策。这种状态的决策模式具备了科学决策的前提，同时，决策要和组织氛围和组织文化相适应，越是组织氛围良好、企业文化成熟，越应注意发挥民主决策的作用。

（5）决策者重视集体协商，深入讨论工作中相关的具体方式和方法，并尝试达成一致。这种类型的决策模式一般是少数服从多数，它是从个人到组织，从组织到社会的一种理想的决策模式。为什么有些情况下很难搞集体决策，那是因为，集体决策要求参与的人员标准、品质、能力和效率都比较高。

10.7.3 决策的参与因素

(1) 目标的一致性。在解决问题做出决策的时候，要考虑上级和下级共同建立一个共同的组织目标。

(2) 问题的结构。目前现状是怎样的，需要做哪些努力才能达成决策目标，个体在决策中的作风是什么，除了决策的方式和方法，还有没有其他的方式和方法。

(3) 决策会不会引起冲突。很少有决策会同时满足所有人的需求，怎样做才能既保证目标的实现，又使不同需求之间的冲突得到平衡。

(4) 决策者的信息。领导是否具备掌握价值信息的意愿、方法和能力。决策者的信息越全面、越准确、越能支持决策的判断和选择。

(5) 投入的可能性。决策是投入的开始，而实现决策和投入的可能性密切相关，同时决策中还会规定投入要求，以及那些投入的重要性。

(6) 质量和时间的要求。做出一个好的决策是由哪些条件支持的，另外决策过程是否受时间的限制。

(7) 所属人员信息。对组织成员的分析，对决策来讲十分重要，摸清人力资源和其他资源的底数，也就弄清了家底，才会做出一个正确的决策。

10.7.4 决策的调整

一个积极的组织、优秀的决策者，不会是形式主义和教条主义者，当决策出现了错误也不能改的时候，就是组织决策及组织环境出问题的时候。决策带来的约束是有尺度的，当组织成员在第一价值链中（完成任务）表现的时候，决策因素会十分重要；当组织成员在第二价值链的时候（人际关系），决策约束就会减弱；当组织成员在第三价值链的时候（责任使命），决策约束就会更弱；当组织成员在第四价值链时（资本参与），决策约束基本消失。

对决策者英雄式的看法，会造成严重的影响歪曲，影响集中于未来归因中的时候，也会变得片面、离谱。

10.8 影响群体

说起群体影响，我们不得不提的是古斯塔夫·勒庞，在社会心理学领域，最具影响力的书非《乌合之众》莫属。“有意识的人格消失，无意识的人格得势，思想和感情因暗示和相互感染作用而转为一个共同的方向，以及立刻把暗示的观念转化为行动倾向，这是组成群体中个人的主要特征。群体中的人不再是他们自己，他们变成了一个不受自己意识支配的玩偶。”勒庞就是用这些冷静的描述说明，人是社会的动物，无时无刻不受群体的影响。

10.8.1 群体的特征

群体有三个特征，一是共同的注意力，特别是共同的利益；二是共同的追逐方向，相伴而行；三是比个体产生更多的影响，或引起注意，或表达观点，团体放大了个体的存在意识，在团体中他们也是个体，但部分相同之处的叠加使个体感到力量和怂恿。勒庞说：“1000 个偶然聚集在公共场所的人，没有任何明确的目标，从心理学意义上说，根本不能算作一个群体。一个偶然的事件，就足以使他们闻风而动聚集在一起，从而获得群体运动所特有的属性。”

人在群体中，才有被关注的意愿，这种意愿鼓励人们去积极表现，表现 1 +1 >2 的力量，群体中的人很敏感于暗示，暗示在群体中通过大脑互联，会使人们的情感变成既定的现实。

10.8.2 集体无意识

勒庞说：“影响民众的想象力，并不是事实本身，而是他们发生和引起注意的方式，掌握了影响群众想象力的艺术，也就掌握了统治他们的艺术。”

群体的智力要普遍低于个体智力，因为他们依靠的是情感渲染而不受推理的影响。那些成功的社会鼓动家借助了公众的感情，而不是他们的理性。反复的说法帮助我们选择自动化，形成了行动的动机。反复的说法和持久的行为会让我们变得深信不疑。在群体意识中，“它既是历史的女儿，又是未来的母亲，然而永远是时间的奴隶”，这是因为人们对现实的接受来自现实的允许。

日本地震，中国抢盐，而且抢得理直气壮，这样的闹剧虽然只上演了一天，但足以证明群体的无意识会创造行动的现实。

10.8.3 群体的价值

群体成员把自己群体的人称为我们而不是他们，群体中最实用的价值就是社会助长作用。为什么在运动竞技中，大赛里最容易使运动员出现兴奋，运动成绩也比平时要高一些，这就是说，人在团体环境中，他们直接奔向的就是影响力的创造，人越是兴奋，成绩就会越好，这是社会助长的力量。体育运动中的主客场赛制也说明了这一点，当人们承担希望越多的时候，他们的成绩就会越高。

群体的另一个价值是去个性化。形成群体的前提条件是接纳他人，他人才能成为群体中的成员，接纳他人就是要约束个性，在共同影响中产生共鸣；接纳他人的影响就是约束自己的思想，在群体中体现价值就是要约束自己的欲望。这些去个性化的机理，都会产生纪律、秩序和效率价值。“仅仅是社会阶层就可以引发精神的增强，这种精神能够提升每一个工人的工作效率”，就像马克思在《资本论》中指出的那样。

10.8.4 群体的障碍

群体会形成压力，有时候压力会给我们带来分心，不能集中精力去处理事情，而注意群体中的他人评价。

群体也会使责任分散，个体在群体中的努力会减少。马萨诸塞的心理实验是让个体站在一个被固定的装置拉绳子，然后，造成一个人和许多人拉绳子的假象，结果被实验者体验到自己拉绳时的用力程度和集体拉绳时的用力程度相差18%。在中国改革开放初期，最先在广大农村中实行包产到户的家庭联产土地承包责任制，实际上就是想改变多年形成的“大锅饭”的局面。大锅饭就是典型的社会集体性懈怠。

群体无意识会造成个人崇拜和迷信权威。群众会产生群个体感情，一千遍一万遍喊“万岁”就可以造成百分之百的服从，那些以领袖和英雄划定的“敌人”会引起令人生畏的仇恨。

10.8.5 群体中的领袖

群体中的少部分人，能够影响和团结大部分人，这部分人就是领袖。领袖地位的创立很困难，但领袖维护的过程会更艰辛，太多的领袖最后都走向了群体的反面。这是因为当初他们代表了大多数人的想法和愿望，当他们成为少数人的时候就背离了大多数人的想法和愿望。对此，勒庞有精辟的论断：“信念开始衰亡时的确切时刻很容易辨认，这就是它的价值开始受到质疑的时刻，但是，即便是一种信念开始受到怀疑时，它的影响也会消失得很慢，直到最后的消失。”水能载舟，也能覆舟。

10.9 影响条件

影响条件在组织中会出现四种情况：一是同样的事情，领导说了就有效果，其他人说了同样的话可能没效果或者效果不明显；二是领导有时说话的影响力还不如同事间的沟通更有效。在组织中，有些人虽然在身份上的优势并不明显，但作用却不可低估；三是同样的人在过去接受你的影响，但在有些事情上，或在某一个阶段中，却拒绝接受你的影响，经历从分歧到一致、从一致到分歧的过程；四是表面上接受你的思想，在内心里并没有接受你的影响，这些情况都可能与影响条件有关。一个影响主体能不能影响到他人，影响到什么程度，一般都和影响条件有关。

10.9.1 身份的赋予

（1）强制性影响。通过职务和权利对他人进行影响，在他人的角度看来，影响效力就是服从。

（2）奖赏性影响。通过上级对下级的欣赏与鼓励，让受影响的人感到被接受和重视，有时候，理解也是一种奖赏性。

（3）法定性影响。承担关于执法和监督的相关部门，对他人的影响也很重要，他们的权利和权威是由国家和法律赋予的，具有强制性和不可侵犯性。

（4）专家性影响。通过技能和专业发挥影响力。到了医院，医生对病人的影响是具有权威性的。

（5）参照性影响。那些被人尊重、被尊为楷模的人，对他人产生的影响就是参照性影响。

10.9.2 增加绩效的识别度

通常人们希望自己的努力被他人了解，特别是引起关联性注意，如引起领导的注意。

（1）识别个人贡献。识别个人贡献有两个重要方法，一是对责任的界限进行清晰的划分，或有意识地形成责任区，形成责任跟随效应；二是绩效记忆，把评估做成档案形式，进行整理和集中，这样就会加大对个体行为的影响。

（2）目标分解。把整体目标，分解成部门目标，把部门目标分解成个人目标。在目标制定和完成目标的过程中，让受影响者能够看到自己。他们不是独唱演员，就是合唱中的领唱，不是合唱中的领唱，就是声部中的主唱。

（3）尽可能把团队的规模缩小，有时候小规模的团队并不意味着联系减少。越小的团队规模，越要建立更大的背景联系。既在大的组织规模中识别多数的力量，又在小规模团体中体现具体鲜明的个体作用。

10.9.3 建立责任共同体

人与人之间之所以产生影响，是因为影响的产生会联系到每个人的绩效成果，甚至是团队的共同成果。把个人变成部分这是影响产生的又一个奥秘。一个人自足自给，他与外界的联系就会减少，反之，他既可以帮助到别人，同时又需要别人的帮助，这就会对影响产生十分贴切的需求。在组织影响设计中，把工作分解成片段，然后大家共同完成，在一个项目中，离不开每个人的努力，同时一个人的努力又是远远不够的，这种责任共同体的效果就是让个体觉得离不开这个整体，而他所在的整体又离不开这个个体。男女两性正是因为能力互补，才产生世界上最相对稳定的生活共同体。

10.9.4 团队和组织的一致性

在影响中，是你的部门对你影响具有价值，还是整个单位对你的影响更具有价值，过度强调部门影响，会造成部门和组织的隔阂，小团体、部门利益会影响到对整个组织的利益选择，如果每个部门都是小团体主义，那么就会削弱组织的影响。好的做法是把部门目标和利益与整个组织的目标和利益协同起来，有的时候小团体和部门的利益要服从这个组织的利益，这样对组织的影响力发挥有利，同时部门和团队也可以表达和发挥应有的影响和作用。

10.9.5 有效的激励

（1）看到组织成员实现目标的动机和愿望，为他们搭建并展开平台，使组织成员能够通过组织背景实现自己的理想。

（2）根据组织成员的特长设计他们的工作，以增强他们的信心。

（3）以终为始，把绩效结果清楚地描述出来，把绩效回馈明确下来，让组织成员摸得着、看得见。聪明的农民，在驾辕的牛的面前，总悬着一小捆草，即使牛吃不着，也会把草当成前进的动力。

（4）建立抗挫机制。创造一些困难或赋予更艰巨的工作，当个体经历了更多的磨难、更大的挫折的时候，他们的能力会得到提升和锻炼。当然这种困难设计，要计划好保护措施，建立抗挫机制的目的是要用好组织成员，而不是借口把他们淘汰。

10.10 影响的限制因素

“江山代有才人出，各领风骚数百年”，影响力既是能量，也是一种生命周期。影响力既然可以从无到有，也一定出现从有到无的必然。如果影响力可以随着年龄增长而增加，到了一定程度，也会随着年龄增加而减少。在现实中的影响力都会验证影响产生的生命周期。是什么限制了影响力的“寿命”，又怎样尽可能保持影响力的相对持久，我们都会关注影响的限制因素。

10.10.1 替代因素

影响力的扩大与辐射证明，影响是个金字塔结构，即由少部分精英思想观念影响大部分的人。实际上，影响力的竞争是十分激烈的，有的人想登上讲坛，有些人上去了就不想下来，真实的情况是从影响力形成的那天起，就会逐渐走向衰弱，不过是被阶段性发展所掩饰，影响的替代因素体现在以下三个方面。

一是新影响力号召者的出现，时代创造英雄，英雄也会创造世事，在影响的高峰上不进则退。确实是这样，当一种影响替代出现的时候，你一定会感到不是你退步得太多，而是他们进步得太快。面对势不可挡的替代，急流勇退，也许是保护影响力的不错选择。二是新的思想、新的成果取代原有的思想和成果，特别是在知识信息崛起的时代。在中华文化中“否极泰来”的辩证思想，就说明了思想和科学成果的替代和交锋。三是多元文化影响也会成为替代因素，一些人在某时某刻接受了这样的影响，也许在某时某刻转向去接受其他的影响，有的甚至背道而驰。

“只见新人笑，不见旧人哭”，在影响被替代的严酷事实面前，一是承认现实；二是把事情做得更好。“谁都年轻过，但你老过吗?”面对被时尚、新人物、新成果所代替的一位老者自嘲地说，这也是一种境界。

10.10.2 抵消因素

既然影响力是一种能力，就一定会出现抵消和消耗，影响的抵消和消耗因素来自四个方面。

（1）信息丢失。有的影响会持续经久，但更多的影响会昙花一现。这主要是人们的理解和记忆的信息，随着时间的推移会出现严重的丢失。当一场成功的报告结束后，现场出现阶段性的兴奋，有人会为此做出自己新的选择，有人主动向演说者表达崇敬和追随，演说者也会受到真诚的邀请。但过了一段时间，所有的现场反应，都会变得风平浪静。原来，人们在兴奋期过后，都会使影响出现减少和丢失的。

（2）解读抵消。“仁者见仁、智者见智”，一部《红楼梦》在信徒那里是教诲人生的教科书，在官人那里就是官场现形记，在世俗眼中，是都市浮世绘，在文人读来，“字字声声都是血，十年辛苦不寻常”，在痞子那里就是一堆男盗女娼。不同的解读方式会侵蚀影响的本真。

（3）兑现能力也会抵消影响力。人们在现实中，不光是听你怎么说，还要看你怎么做。在理论上也许行得通，在实践里就未必能行得通，这时由理论说服产生的影响力就会被抵消。一个上司靠承诺产生的影响力，最容易出现兑现抵消。要知道有些承诺会超越我们自身的意愿和能力。

（4）批判性带来的抵消。影响力的产生有时候会受到情绪的影响，当影响产生晕轮效应的时候，迎接者可能是全面地接受某种影响。但人们更习惯在情绪消退后，对影响进行理性批判，这也是抵消影响的一个重要原因。

10.10.3 彼得原理

彼得原理是指在一个等级体系中，组织成员被一级一级地提拔，一直提到能力不能胜任的位置。每一位组织成员在他之前的位置上的成功，决定了他会被安排在更高的位置上，直到他们的提升空间无以为继的时候。于是我们发现一个个工作职位都被一个个不能胜任的人占据着。影响的局限也适应于彼得原理。当你的影响在一定的范围内成功的时候，就会被引介到更大的影响范畴，直到你的影响力消耗殆尽的时候，就会发现，你虽然还有影响，但常常不受尊敬。这就是彼得原理在影响限制中给我们带来的启示。

10.10.4 角色因素

说起来不可思议，有许多男人做一些女性化的工作会产生一些影响；一些女性做男性居多的工作，也会发挥一些影响。在阶段性上，这些角色因素也许是人们接受或欣赏的。例如，有魄力的女人，要比自以为是的男人强很多；男人在美容、服装设计中也会展现跨界的优势，这些影响的产生是你角色中的一部分，而不是全部。当角色走极端的时候，也会对影响力产生限制。

第十一章　技术应用

思想的觉悟和心灵的成长经常会使人们孤立起来。当心灵觉醒后的第一时刻，是要改变现状而不知道路在哪里。这个时候，你不再拥有以往的平常心，当多年赖以生存的经验、观念被怀疑的时候，你会感到十分空虚和虚弱，你可能使自己变得虚无，你不懂别人，别人也不懂你。他人的生活都习以为常地延续，而你认为对生命和生活有了另一番理解，你断然不会回到原来的节奏当中，但新的生活在哪里？打破一个秩序容易，但构建一个新的秩序却是十分艰难的过程，这是每一个新的生命诞生必然付出的代价。在想象和现实中我们会体验到一段距离，重要的是我们还需要在原有的生活中寄居一段时间，哪怕是过去的生活是你一刻也不愿停留的。同时，你也看到了没有觉悟的人的不幸，你会感到他人存在的可怜。但一回顾到自己，被推倒的过去难以维系。新生又不知道在哪里，你马上就会产生自怜，最有可能是顾影自怜。这是因为在对新的生活刚刚选择的时候，你还停留在有想法没办法的阶段。因此在一个新的思想体系诞生的同时，人们最迫切的是方法的学习和体验。“道理我们似乎能接受，但我们怎样才能做到?”管用的方法在哪里？在顺序上先有想法后有方法，虽然顺序不能颠覆，过程也不能省略，但没有方法的想法会很长时间地停在那里，就像被寄放在那里的“包裹”等待方法来认领。于是在研究职业心理效能体系的同时，我们不得不研究一些关于方法论的问题——技术的应用。尽管在顺序上和验证上很难，但我们不得不去进行这方面的讨论和研究。方法有时会闪现于各个流派的章节里面，有些方法被贴上流派的标签，实际上方法是一种共同的智慧，它原本不属于哪一个思想和流派，也不太允许被流派所瓜分。比如，在问话和对话的讨论中，在构图和分析的工具中，方法比思潮流派更具有包容性，因为它们是工具，它们是思维的钥匙，它们来自不同思潮流派的贡献，但它们只贡献一个方向，就是服务人类。

11.1　问话技术

语言交流是思维外化的表现形式，因此提问是思维的表现形式，单纯地把提问理解为人际交流的初始形式还是有些片面的，有时它是解决问题的开始。“扪心自问”虽然不是与他人交流，但也属于提问的范畴，实际上提问题是解决问题的重要线索。有时候明智地提问比明智地回答问题更为困难。“多问几次问题，总比失败一次要好得多”。

11.1.1 问话的目的和功能

（1）提问题会使不明白的问题明确化。人们的表达有局限性，就是表达思维和内心想法产生距离，这与表达能力有关。当问题指向性不是很清晰的时候，主动用问话方式以完成确认。在医院诊治中，病人没有专业化表达能力。病人说：“我很难受。”医生就会提问：“哪里难受？”“什么样的感觉？”“有多久了？”“以前是否出现过这种情况？”“难受发生在什么时间？”“是白天还是晚上，还是随时？”随着指针向下的提问就会越问越清楚。

（2）了解对方需求和目的。在人际交流中有时候交流的需求和目的是隐蔽的，有人向你征求意见的时候真正的目的是要听到你的欣赏和鼓励。“我说个问题，你别生气啊。”这时他也没有把目的放在你生不生气上，他要表达的就是自己的真实意图。

（3）达到解决问题的目的。问题复杂性决定了多因性，找到了问题的问题，是由问话来解决的。有人失恋了去找咨询师咨询，问：“是什么让你不能释怀？”答：“我就是放不下。”于是咨询师让这个人手里拿着热水杯，因为杯子太热很快这个人就把杯子放在桌子上。咨询师问：“我没有让你放下啊。”答：“太烫了啊。”问：“你知道那份感情为什么放不下了吗？”答：“知道了。”问：“你知道什么了？”答：“因为还没那么疼，真疼的时候就会放下了。”

（4）将好的东西做有效的分享。在学习和考核中，我们经常会做到分享，分享中的问话就是要找到过程中的价值，例如，“你这次学习收获是什么？”“通过学习你和你的过去有什么不同？”这些问题都会引导人们去思考，把有价值的东西保留下来。

11.1.2 问话的模式

1. 请求性问话

一般在集体的环境中，在课堂上、会议中提问是要经过允许的，比如举手请求问询。

2. 一般性问话

一般性问话是指非正式的、随时的交流，问题也不是很重要，同时交流的规模也比较小，一两个人、两三个人。

3. 大家都明白的问话

是指引起大家注意和交流及过程中的节奏控制。“大家早上好!”“听明白了吗?”“记住了吗?”

4. 特定式问话

特定式问话是指约定形式的问题，带有引导和寻求的意向。“问你个问题可以吗?”“你可以告诉我你为什么这样吗?”“你能对你的想法做一些解释吗?”“请你谈一下你的看法好吗?”

5. 封闭式问话

封闭式问话指的是问题指向是或不是的肯定性表达。“你告诉我他回答的对不对?”“你喜欢民族乐器还是西洋乐器?”“下课你留下来好吗?”

6. 开放式问话

开放式问话指的是给回答问题的人保留问题回答的选择空间，有可能进一步表达观点的条件。“请介绍一下你自己并对你自己做一下自我评价。”“谈一下你过去的工作成绩及教训。”

7. 排他式问话

排他式问话是指在交流中约定话题界限，明确讨论什么不讨论什么。“我们不讨论这个问题好吗?”“在台湾问题上的原则是在一个中国的前提下我们什么都可以谈。”

8. 组合式问话

组合式问话是指不确定话题或自由性选择问题。“你们想知道什么就问我，我来回答。”

11.1.3　问话的类型

1. 带有主张性的问话

带有主张性的问话是通过问话了解交流双方的原则、立场和做法。“面对这样的问题，你的想法是什么?”“你认为这件事可行的前提是什么?”

2. 拓展性问话

拓展性问话一般是指追问形式的问话，当一个问题解决之后随后又提出进一步的问题。问:“这件事你同意合作吗?”答:“我很高兴有这样的合作机会。”问:“能谈一下你具体的合作想法吗?”

3. 讨论性问话

讨论性问话指的是针对某一问题进行观点和看法的交流。“我们认为这是一个值得认真讨论的话题，你是怎么看的呢?”“如果上述观点你认为不合适，能否谈一下你的看法?”

4. 调查性问话

调查性问话是指以了解情况为导向的问话方式。“在开展此项工作中，你们做了很多有意义的工作，请介绍一下具体做法好吗?”“请介绍一下你们对此方面工作的意见，并谈一下下一步的打算是什么。”

5. 重复性问话

重复性问话是指为了明确交流的问题再一次确认并得到对方的答复。“你说的是孩子的补课问题吗?”“如果我没有听错的话，你是在指责我在服务态度上的问题吗?”

6. 假设性问话

假设性问话是指给定条件以后的可能性讨论。“假如给你资金和人员的保证你会做得怎么样?”“如果不是遇到了那样的困难，你能否会坚持下来呢?”

7. 验证性问话

验证性问话是指提出数据和证据来支持某一观点的讨论。“你认为事情可以办得更好，你的依据是什么?”“如果这项工作交给你做，你有什么样的能力和条件完成这项工作?”

11.1.4 问话应该注意的问题

1. 不想要答案的问题也要问

在阅兵仪式上首长向指战员问同志们辛苦了，在会议上的问好，这些都不需要答案的问话有时非常重要，一是问话最能引起人们的注意力；二是响应的情况代表现场的情绪；三是没有答案的问题，能够引起共鸣和反应。

2. 问话是一种识别过程

通过问话就可以判定对方的能力、状态、文化和态度，找到双方的相同点和差异点，及时调整适应双方交流的模式。

3. 提问题是引起对方关注和专注

把思考力集中到问题中来，引起他人的参与。

4. 用问话阻止对方的决定

“这是你的决定吗？我觉得有不妥之处。”“你这样做能对问题的后果负责吗?”这些问话都可以适时地阻止一些行为的发生。

5. 控制交流的节奏，限制交流的内容

“你还有其他问题吗？没有的话今天就到这里。”“你觉得有必要讨论这样的问题吗?”

6. 不要用问题逼迫别人

有的时候问话会破坏和终止你不想终止的交流。“你说我不够资格?”“你是领导，还是我是领导?”“这个家你当还是我当?”这样的问话都会把交流逼向死角，影响双方的进一步沟通。

11.2 对话的技术

带有目的性的对话，是一个完整的对话，完整的对话是有架构的，随着架构的进展完成对话的目标。在日常生活中，一般的对话即使有目的性也很难形成架构，因为大部分人没有经过专业的指导和训练。在咨询技术和督导技术中，我们才会对目的性的对话提出架构要求。实际上架构性的对话不会只是少部分人的专利，经过对话训练的人，对架构性对话感兴趣的人，学会运用对话的基本技巧，能够在相当精确的程度上进行一个完整的对话，势必在解决自己和他人问题能力上有专业性和储备性的提升。

11.2.1 对话的主观意向

1. 能力

无论进行何种形式的对话，能力都是核心的问题。必要的知识、个人的意识、敏感和技能。我们平时说的话语权，就是由知识、意识和特殊技术体现的。能力是对话的基础，不在超出能力的范围内讨论对话是对话的前提和原则。

2. 对话的目的性

在对话中，双方有交流目的、内容、形式、原则的知情权，这是在架构性对话中从开始就要确定的内容并达成交流的默契。例如，“在谈话中我们将谈到你个人的绩效和部门的绩效问题，希望我们能如实真诚地沟通，时间大约40分钟，可根据双方的要求约定保密的内容，如果你同意的话，我们就正式开始交谈。”

3. 对话关系

对话中有对等关系也有不对等关系，这种关系也要在对话中得到确认，在平等的关系中，问话和对话的结构性、目的性的走向都是平价对等的；在不对等的关系中有上下级的关系，有专业指导的关系，有社区领袖的关系和代际的关系，这些不对等也会在对话中体现提问和倾听的原则。求教者提问是寻求性提问，而帮助者的提问则是厘清问题，求教者的倾听是虚心领会，帮助者的倾听则是正本清源。

4. 对话中的公平

对话涉及文化、环境、社会背景等多方面情况，也存在诸如贫困、偏见、侮辱等因素，这就要求在对话中能够接受差异及文化平等。

11.2.2 关注行为

1. 视觉的目光接触

正视的目光、亲切的目光、坚定的目光，都会使对话产生不同的氛围和效果，如果你准备与人谈话就要用目光看着他们。

2. 声音的质量

语气、语调、语速反映了你对他人的感觉。想象一下在生活中有多少种语气、语调、语速的变化表示与他人对话的兴趣和关注。

3. 语言的跟踪

用相同的话题创造相似的语境，集中于对方关心的话题，而不是突然或经常变换话题，或游离于话题之外。

4. 关注肢体语言

真实感的关注是对话中的真实体验。脸上的表情、手势、站立及坐姿都反映对话当中的情绪，调整肢体语言也有助于对话的效果。

11.2.3 倾听的技巧

倾听是产生共情的过程，准确的倾听要借助鼓励、释义、总结等基本技巧。

1. 鼓励

鼓励是指对话中运用语言和非语言的方式，使双方提供更多的信息。比如，目光肯定、点头称是、用“明白、好、对、是”等短语影响他人的积极叙述，重述也是更深入的鼓励方法，适当的微笑及关注也是对话中的鼓励手段，能使对方在对话中感到轻松，从而更能表现自己。

2. 释义

释义是与对话的另一方反馈理解程度。一个准确的释义通常由三个维度组成，一是核实对话的意图，“情况看来是这样的吗?” “听起来你的意思是……”二是表述和重复一方对话的关键性词语；三是准确的检验，“我的理解是正确的吗?”“我可以这样理解吗?”

3. 总结

总结是围绕交谈的话题，对核心实质的内容进行提炼并做开始、深入和结束的双方沟通形式。在开始时的总结主要是核对意图；对讨论中的总结是核对表达的准确性；结尾中的总结是归纳对话成果和问题。

11.2.4 对话的结构

1. 开始会谈，建立和谐关系

开始对话的阶段虽然简单有时还会模糊，但对于整个对话起到关键性作用。

2. 收集信息，引出故事并找出问题和话题

在收集信息时要有主要的导向性问题，例如，“你的顾虑是什么?”“你的能力和资源是什么?”当对话一方想试探弄清中心问题的时候，就会不断地讨论和补充资料。基本上弄清楚“谁”、“什么”、“哪里”、“什么时候”、“怎么样”以及“为什么”，用一个简短但有架构的对话来保证信息收集和双方对话的重要方向。

3. 确立对话目标

确立一个对话目标使对话变得清晰。设定结果对于谈话来说是十分有益和令人鼓舞的。“如果你不能告诉我你想要发生什么的时候，你还没有发现问题，你这是在抱怨，如果你认为现实中发生的与你理想中发生的不同，你才真正找到了问题的所在。”指出问题的定义和期望的结果，正面总结认识能力和资源，有助于对话向行动发展。

4. 探讨方法

探讨方法是讨论“我们可以做什么?”“我们应该怎么做?”在对话中的讨论可以选择几种方法，确定和设计行动路线。

5. 结束

概述及新的行动原则，“你将会这样做吗?”通过对话使思想、情感和行为朝着已描述的目标前进，有时行为状态看起来很困难，但一旦行动起来改变就会成为必然。同时在对话结束时还应清楚地认识到，结束从某个角度讲就是开始。

11.2.5 苏格拉底对话

苏格拉底对话的本质有六个环节：一是澄清，“请告诉我更多”；二是假设性探讨，“为什么会是这样?”三是推理验证，发现认知背后的根据，“你是怎样认为的?”四是挑战愿意观点，“能换个角度来看问题吗?”五是含义和结果，“没变对你意味着什么?”六是对话的反问，“面对这个对话的结果，对你将意味着什么?”

关于道德，苏格拉底与一个青年发生了一场著名的对话。

苏：“人人都说要做有道德的人，你能不能告诉我什么是道德呢?”

青年："做人要忠诚老实，不能欺骗人，这是大家都公认的道德行为。"

苏："你说道德就是不能欺骗人，那么在和敌人交战的时候，我方的将领为了战胜敌人，取得胜利，总是想尽一切办法欺骗和迷惑敌人，这种欺骗是不是道德的呢？"

青年："对敌人进行欺骗当然是符合道德的，但欺骗自己人就是不道德的了。"

苏："在我军和敌人作战时，我军被包围了，处境困难，士气低落。我军将领为了鼓舞士气，组织突围，就欺骗士兵说，我们的援军马上就到，大家努力突围出去。结果士气大振，突围成功。你能说将军欺骗自己的士兵是不道德的吗？"

青年："那是在战争的情况下，战争情况是一种特殊的情况。我们在日常生活中不能欺骗。"

苏："在日常生活中，我们常常会遇到这种情况，儿子生病了，父亲拿来药儿子又不愿意吃。于是，父亲就欺骗儿子说，这不是药，是一种好吃的东西，儿子吃了药病就好了。你说这种欺骗是不道德的吗？"

青年："这种欺骗是符合道德的。"

苏："不骗人是道德的，骗人也是道德的，那么什么才是道德的呢？"

青年："您把我弄糊涂了，以前我还知道什么是道德，我现在不知道什么是道德了。那么您能不能告诉我什么才是道德呢？"

苏："其实，道德就是道德本身。"

苏格拉底的意思是，道德在不同的语境中有着不同的含义，不存在任何一成不变的道德概念。

11.3 构图技术

构图技术是根据人的形象思维的特征，通过图形、图解帮助人们对事物的了解。在对复杂心理的认识中，构图技术帮助我们思维外向化，在各种技术中普遍使用构图的技术，也证明图画和联想在思维中的规律性体现。构图还有一个重要的价值是使内在思维结构化，使我们在识别和认知过程中好懂、好记、好运用。用构图思维也是对心理活动的二次发觉，它能够发挥人的潜意识的能动性。在心理咨询中投射技术的许多方法就包括绘画投射，通过构图使人们发现不为人知的思维线索。

11.3.1 重合构图

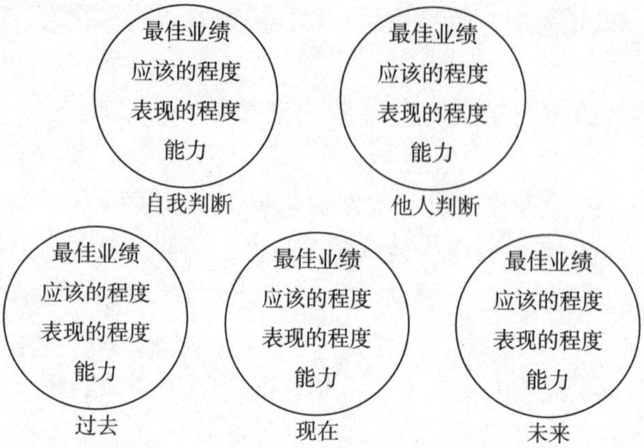

重合构图是指把过去、现在和未来的状况评估用图的形式表达出来，我们从中梳理和跟踪我们行为和状况的变化。我们描述过去的自己。我们首先确定比较的内容，以此作为衡量的标准，“我过去是谁?”

(1) 通过自我的现实判断，对自己做出图解式评估，通过他人的判断与自我判断相比较，找出重合点和差异点。在构图中的指标是可以细化的，比如，能力、道德水平、专业技能、表现意愿、行为结果。

(2) 以现实为基础。过去与现实相重合，现实与未来相重合，在重合的比例中能够找出计算的模式。比如，利用百分比比较过去与现实重合度、现实和未来的重合度，找出共性和差异，确定努力方向及方法。

(3) 事件性重合构图。事件性重合构图重点是设计事件程序和标准，通过标准检讨事件的表现程度，进而讨论改善的可能性。

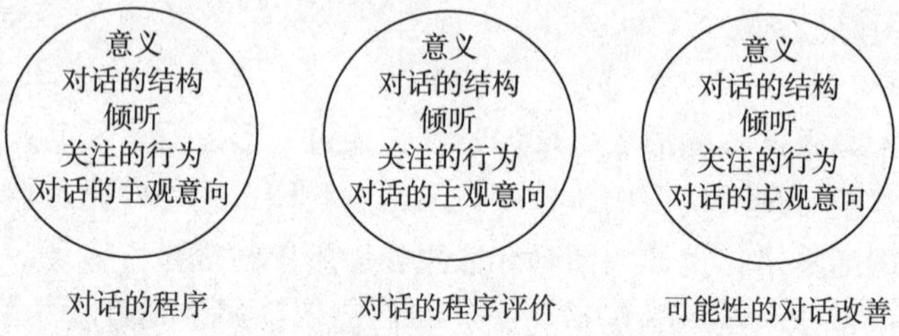

11.3.2 聚合构图

聚合构图也就是大脑思维导图，利用大脑发散思维的图形思维工具。聚合构图利用图文并用的技术把各级主题关系用相互隶属与相关层级的图形表现出来。聚合构图是通过关键词与颜色、图像等建立起来的记忆、阅读、思维，用来开发大脑的平衡。

1. 信息堆砌

铅笔、格尺、铅笔刀、苹果、梨、稀饭、饺子、馅饼。

审视我们在日常生活中就会同时遇到这些品种和物质，它们是凌乱的，有时这些堆砌不但没有意义，而且还要混淆我们的视觉和思维。用聚合构图就不一样了，我们会把许多事情变成很少的线索以便让我们的认识更为清楚。聚合构图包括核心词、确定和完善分支内容、附加图案、描绘颜色。在上面的例子中包括了三类词语信息。

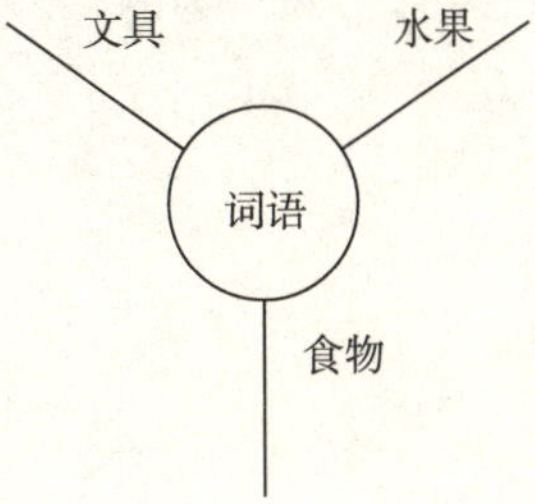

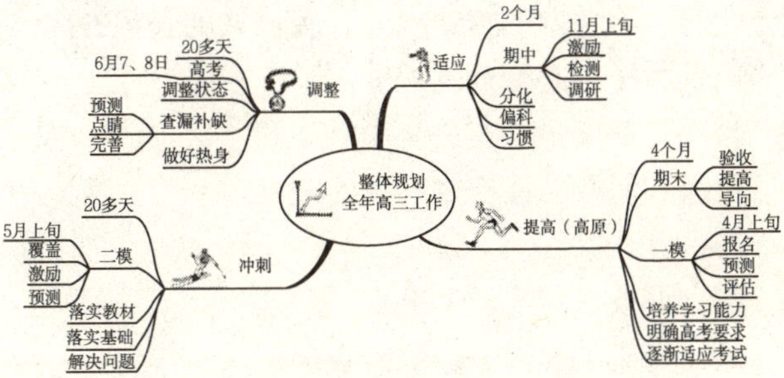

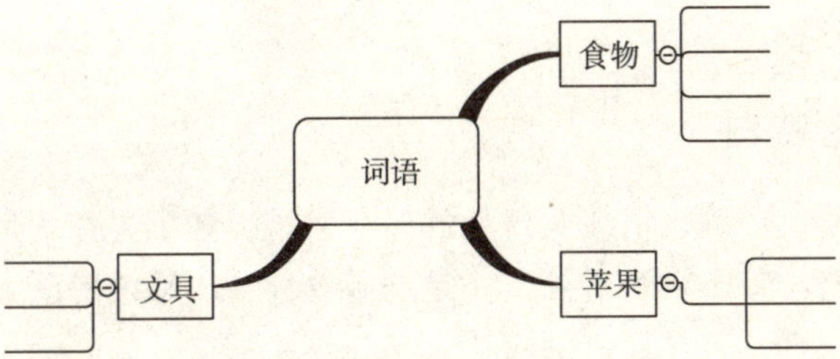

2. 聚合思维的用途

（1）阅读和整理目录；

（2）录入摘抄重点内容；

（3）调整分类方式和架构方式；

（4）细化架构方式；

（5）每个分支的逻辑性语言；

（6）处理“杂项”、“中心内容”及内容归类；

（7）重新审视框架导图或者把它们拆分；

（8）提升工作效率。

11.3.3 意像构图

1. 意像

意像常作为心理学专业术语，是一种心理表征，是指个体在某种物和像不在场的心理活动，具有情景联系的思维活动，意像的图示是我们日常身体中经常反复出现的比较简单的结构。

2. 意像的特点

意像的特点就是通过许多具有共同特点活动的图像，它被用来组织人类的经验，把看似无关的经验联系起来。

3. 意像的举例

房子是人内心世界的象征。

破败程度：自卑和消极。

颜色：冷色调的表达内向，暖色调的表达外向。反映性格和情绪的基调。

高低大小：心胸开阔程度。

材质：与安全感有关。

层级和间数：性格复杂程度。

门窗：开放性。

脏：消极、抑郁、恐惧。

黑：自我了解很少，不健康。

乱：交流烦躁。

11.3.4 冥想构图

冥想是音乐、环境、情绪及想象的综合表现，如果说音乐是一种图画，冥想可以给个体身心带来六个益处，一是调心养性；二是缓解压力；三是消除疲劳；四是放松心情；五是促进健康；六是与环境链接。

1. 冥想中光的构图

在冥想中你可以想象光的围绕，感觉到光芒的照耀，从上到下你与光产生沐浴般的融合。

2. 美好的物体

比如，莲花、玫瑰、红烛、水晶球，让它们停留下来和你的意念产生共鸣和聚焦。

3. 芳香的气息、美丽的色彩和悦耳的音乐

在冥想中使它们环绕，领会和谐和美好。

4. 可爱的亲人、朋友和导师

多年没见的亲人、远离我们的长辈、远在他乡的朋友、有恩于我们的师长，这些都会引起我们内心中的温暖和感恩。

5. 有能量的影像

高山、大海、苍鹰、草原、旗帜，这些有能量的构图在冥想中出现的时

候，会给我们带来一种向上的愿望。

6. 成功的构图影像

超越自己能力的表现，成功后的鲜花和掌声。

在冥想的构图中有些是实像，有些是想象，它们不是对你有吸引就是给你带来吸引和向往，引导我们摆脱现实的烦扰，去呼应心中的向往。

11.3.5 绘画构图

图画早于文字，也可以说最早的文字来自图画。小孩先认识图画后认识文字，因此图画是人们喜闻乐见的情感表达方式，甚至人的表情也是图画的一种方式，那么绘画能不能表达心理意思呢？绘画构图就是介绍关于心理绘画怎样表现人的思维线索。他们会改变人们对绘画的偏见，一幅画胜过复杂冗长的语言的描述，也可以呈现出我们察觉不到的潜意识。心理绘画从 1948 年发明以来，就成为人们喜欢分析的工具，心理绘画增加了认识自我、解释他人的认知手段，由于信息的模糊性表达使心理绘画更具有多变的和广泛的价值，一张画就代表了一个人的内心世界。心理绘画是指绘画人的任何一个描述、用笔的轻重、画幅的大小、空间的配置、颜色构图都代表指定意义，表达他人的个体信息，心理绘画不仅是讲述心理的过程，也是心理成长的过程，更是人们相互交流的介质。心理绘画把人们看不见、摸不着的情绪和人格倾向用构图表现出来，通过房子画、树画、人物画来发现自己和他人的内心现实。

11.4 切换技术

时间、地点、环境构成了事件发生的客观环境。在事件中这些要素属于间接信息，常常不被承认和忽视，有时在经验总结中由于这些因素的可见性使它们被排除在认知系统之外。独立于时间、地点、环境之外孤立地看待人和事会出现三个弊端，一是背景脱离后，事件的承担者只有个体的人，而背景的原因脱离后你会永远找不到。在背景分析中自己分析的背景因素是借口，外部分析的背景因素是理解，我们有时把借口批判得一无是处，实际上基于环境分析下的“借口”会排解个体压力、减轻个人自卑感、坚定纠正意识；二是背景脱离后，个体会承受他人的刻板印象和偏见，即便那个人接受结果上的失误，心理上也会感到不公平待遇和由内发出的委屈；三是背景脱离会使人把关注放在主观分析上，忽视对背景的主动感受和改变。因此切换技术就是要把曾经被忽视的背景进行复原的技术，在环境、时间、身份、位置上进行切换，扩大对时间的分析视角，解放主体的思维限制，更好地发挥人本的理念和关怀。

11.4.1 环境切换

在环境切换中，既有环境的复原又有环境的假设。所谓环境复原就是在事件中，环境究竟起到了什么样的作用？“偷牛拔橛”就是典型的环境切换。表面上看拔橛子的人一定和偷牛有关，只有还原背景，这个人才能洗清干系。在一个加油站，三辆汽车排在一个加油机前加油，而另一个加油机是空着的，后来的司机就会抱怨第一个加油的车堵住了另一个加油机的位置，如果把环境复原一下，原来是第一个车来加油的时候，那个空着的加油机在加油，只是那个车走了之后，才让人产生不合理的抱怨。

环境的假设切换也对全面的理解和评估事件有积极的意义。一个业务员因为没有完成年度计划指标，抱怨业务条件不好。问：“业务条件哪里出了问题？”答：“主要客户因为身份的限制，接触起来比较困难。”问：“如果我们能创造接触客户的条件，你会完成业绩指标吗？”答：“团队成员有时配合不默契。”问：“可以合理配置团队人员，你还有其他问题吗？”答：“我想这样完成业绩就比较有把握。”说到底能不能改善客户接触条件，能不能改善团队人员结构，这只是个假设，但即便是假设也较好地解决了绩效的沟通对话。

11.4.2 时间切换

对的时间，做对的事。在现实中个体的行为常常与时间限制有关，“急中生智”、“饥不择食”、“措手不及”都是在时间条件下促成的状态。

在学生考试中，时间限制是重要的压力来源。因此时间适应也是一个基本的适应技巧。在心理咨询中咨询师运用时间切换技术，就会让人们产生不一样的想法。面对自己的童年、少年、青年、壮年、老年进行联想对话，就会发现许多我们与自我不相关联的地方，我们不会善待积极寻求独立的童年，我们不能宽容激进冲动的青年，我们不能理解身心俱疲的壮年，我们不能安抚体弱多病的老年，站在现实的时间轴上对曾经的你和未来的你进行探访，就会梳理自我一路走过来的曲折和艰辛、经验和失误。时间切换也使我们理解和包容他人，实现有效的沟通，当一个人喜欢另一个人的时候，最有可能发现对方是曾经的自己，这个“曾经”就是时间切换的结果。“我们都曾年轻，但你们确实还没老过”，一位长者对年轻人教诲的时候，这句话就是用了时间切换的技术，既解嘲又合情。

11.4.3 身份切换

在现实中，上级与下级、父母与子女、老师和学生、自我和他人、内部和外部都会形成影响和沟通关系，常常由于各自角度的问题，使沟通产生阻碍、关系产生隔阂、效率产生破坏，而上述关系在人际关系中会形成重要他人关系，你离不开、逃不掉、有斗争，但又必须面对。在关系处理和沟通中，如果学会身份的切换，就会理解“不当家不知柴米贵，不养儿不知父母恩”。换个身份，“你不是他，他也不是你”的合理化关系就会显现出来。

领导站在下级的角度，父母站在孩子的角度，老师站在学生的角度，都会发现不一样的思维习惯和行为模式。

一个母亲在孩子上学的时候让孩子带着鸡蛋上学，只有一个要求就是不能让鸡蛋摔破了。孩子背了三天，就向母亲抱怨：“为什么让我天天带上这个累赘?”母亲回答：“孩子啊，你今年十三岁了，十三年中我保护你比你保护这个鸡蛋可难多了，我向你抱怨过吗?”孩子听后很感动，这就是身份切换的意义和魅力。

11.4.4 位置切换

面对事件站在不同角度就会得出不同结论，对自我的认知也是多角度才能理解得更为准确、全面和完整。

个体一般会从以下几个方面观察某一事物，一是从自己的角度出发可称为自我位置。通过找出自己的主观经验来更好地了解自己。你现在的感觉怎样?你现在想要什么?你的愿望、需求价值是什么?二是从他人的立场去听、去看、去感觉。假如你站在别人的位置上会怎样看待问题。三是中立位置，是指那些没有利益关系的人怎样看待事情和结果。四是把自己当成别人看待自己的事情及发表自己的观点。如何对待自己，把自己分成外在的观察和内在的思考，就会产生“照镜子”的效果。

位置切换就是站在当事人的角度考虑问题，考虑到对方的可能反应，寻找有效的解决系统。位置切换的一般技巧是充分表达自己的感受、立场和意图，站在对方的角度考虑对方想获得什么，他的意图是什么，作为旁观者他们会怎样去想，把自己的意图或他人的意图积极地靠近。通过理解运用四个位置的切换，获得更准确和完整的信息，同时这些信息会给你提供更准确的判断和选择。

11.5 补充技术

任何一种形式的表达都是片段性表达，片段性的表达给沟通带来可能，完整性表达的确不需要太多的沟通，但完整性的表达也不会经常出现，恰恰是不完整性的表达和沟通使人和人之间、关系和关系之间产生距离，正是由于表达的片段性对于表达的补充就显得十分重要。不一样的笑，就有不一样的表达，傻笑、大笑、冷笑、苦笑、讥笑表达的背后都需要补充来解释。“我想要改变”本身就是一种表达，但怎样能改变就是对表达的补充。“想还是计划，做才是开始”，现实中有些人受处罚，但就表达来说，处罚对谁来说都是不公平的；面对冲突，谁都不是为了冲突而冲突，只有认识处罚是为了制止不公平，冲突是为了克服冲突这样的补充，才能让人们接受适当处罚和冲突的存在。

11.5.1 信息补充

知道和不知道造成了误解，这种误解来源于信息的不对称。两个目标在海上相遇，他们用旗语交流信息，“请向左45°”，“请向右45°”，他们双方发出相反的指令，一方表达“我是大副”，另一方则表达“我是二副”，一方表达“我是军舰”，另一方表达“我是灯塔”，最后大副服从了二副，军舰服从了灯塔，主要原因是信息得到了补充。

知道和不知道也造成了和解。一个丈夫突然对相濡以沫的妻子实施冷暴力。妻子百思不解他们之间出了什么问题，于是这场婚姻就由爱变成了恨，但当偶然间得知自己的丈夫得了绝症，而担心死后会引起妻子的思念，才开始对她冷淡的时候，妻子内心油然产生一种对丈夫的爱恋和敬畏。信息补充的技巧在人际沟通和人际关系间是十分重要的，一是信息对称，是让对方知道你的想法和观点。二是他人在场。有的时候信息通过他人的传递和证实可能效果会更好。三是对动态的信息要做动态的补充。当妻子向丈夫反复求证爱意时，丈夫可能表现得很不耐烦，好像一辈子只要在婚礼上表达就足够了。四是对信息要主动接受和过滤，对有用的信息加以识别，关注对信息的敏感性、信息传达的顺向性。男孩子追求女孩子，如果女孩不同意，就应该用所有的信息表达态度，如果一会儿让男孩感到有机会，一会儿又让男孩没把握，就会造成彼此的误解，甚至是冲突。

11.5.2 事实补充

事实补充就是用行动以及行动的结果表达对事物的观点和判断。“路遥知马力，日久见人心”是事实补充的例证，“不管白猫黑猫，抓到耗子就是好猫”也是事实补充的代表性观点。

一位老总到下边去检查工作，发现一个技术员趴在图纸上睡觉。这位老总很生气，就找来部门经理提出了严厉的批判，并责令这位部门经理拿出处理意见。部门经理检讨了是自己管理的失误，同时说明为了赶进度这个技术人员昨天晚上熬了一夜，才导致在岗位上睡觉的情况。这时这位老总的情绪缓和了下来，并为自己的武断感到内疚。这就是因为事实得到了补充。

11.5.3 观念补充

“不是做不到，而是没想到”，正确的认识和观念在补充技术中的发挥也是十分突出的。塔克·菲勒在解决问题冲突上的理念得到了全世界范围内的拥戴，实际上就是提出了一些实用的关键技巧。例如，“不要让解决冲突的过程，变成审判大会，没有人乐意在批判自己的地方多停留一分钟；我们不可能一次解决所有的问题，尝试从一个小的冲突解起；别让一个人的诉苦将另一个人淹没；弄懂冲突背后的需求是什么；重大的冲突不是解决问题的时刻；在协调中让双方了解对方积极和期待的一面；用对方能听清楚、可操作的语言提出需要和请求。”许多时候行动是由观念引发的。

11.5.4 结构补充

相对于片段表达来讲，结构化表达更容易体现表达的完整性。

大卫·伯恩斯在责任的表述中，做出了一个结构化的描述。伯恩斯用自责、责备他人、个人责任感来描述责任的意义。

	自责	责备他人	个人责任感
你对自己说	糟透了，这都是我的错；一切都没有希望	你真是个坏家伙，他没有权利那样做；这都是他的错	看法非常客观；会采取积极的方法处理问题
你的感受	内疚、羞愧、自卑、焦虑或绝望	愤怒、生气、沮丧、痛苦	保持自尊心，适当地难过、担忧
你如何沟通	退缩不前，不能忍受批评	为自己辩解，认为是别人的错	找到事实真相，表达自己的感受，并尊重他人的感受
你做了什么	放弃、回避他人	争执、报复他人、争胜	积极与别人沟通，更好地了解彼此

和所有的结构式补充一样，用多维或固定的结构表达某一事物，结构化使思维实现结构化和立体化，克服扁平思维和线性思维带来的片面和局限。

11.6 分析技术

分析技术能够帮助我们做到思维的完整性和科学性，许多分析技术也属于思维外化，也就是由构图来完成的，即便不是构图形式也会以结构形式来完成。分析技术既是个体的思维借助，也是群体思维的互动。一般的分析技术都具备挂解功能，挂解功能是通过图例和图案使人们用相同的思维路径与相同的思维频率去思考同样的问题。因此，思维分析技术的另外一个特征就是同话题示范。一般不在一个思维中讨论不一样性质的问题，因此分析工具可以集中思维聚焦，提升解决问题的效率。

分析技术还有一个重要的价值，就是例外发现。当在结构性思维中，我们找不到原因的时候，拓宽我们的思维架构，有时会从相反的方向找到问题的答案。分析技术门类繁多，但有几种经典分析技术被广泛应用在各个领域及学科当中。

11.6.1　石川图的分析技术

日本管理学大师石川磬先生提出的分析方法被人们称为石川图，在广泛的应用中有人把它称为鱼骨图。

以员工情绪为例，员工在职场上的情况大体来说有四个需求，公平需求、发展需求、价值体现需求、关系需求。

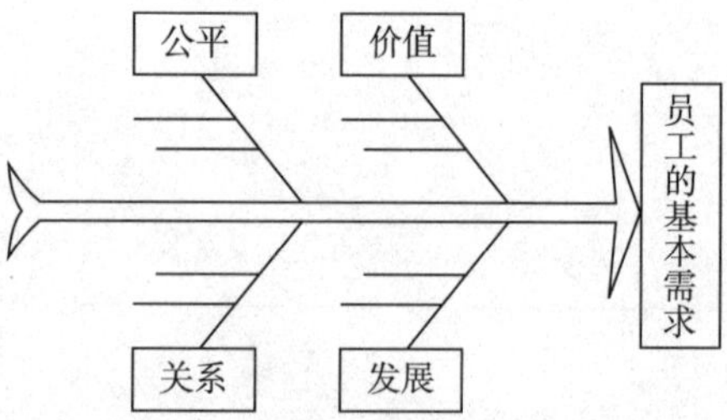

员工基本需求的石川图

在石川图中像这样的架构会持续推论下去，石川图的一个重要意义在于我们从主要矛盾入手再从细节入手，直到找到问题的真正原因及解决方案。

11.6.2　雷达图的分析技术

雷达图一般是指对综合财务比例的分析方法，也叫蜘蛛网图。雷达图被日本管理专家提出以后，广泛应用到许多领域之中。分析工具是人类思维的成果，我们不仅要知道它从哪里来，更应该知道把它用到哪里去，因此我们把雷达图分析法叫作综合分析方法，它可以帮助我们判断趋势，整理边界，对项目做出全局性的整体评价。用雷达图做一个简单的个体角色分析。

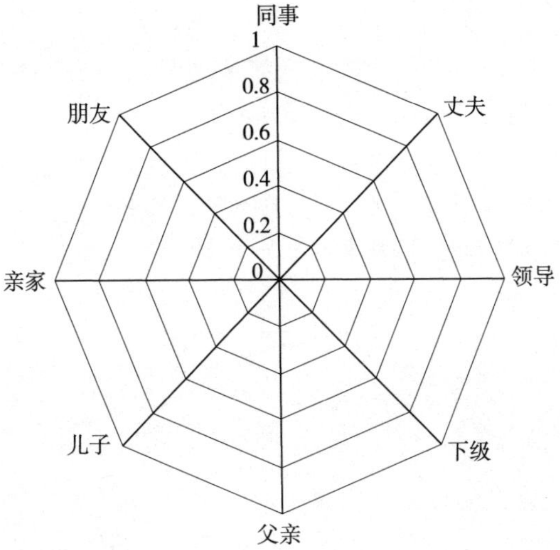

可能个体的角色比我们反映出来的内容丰富得多，如果用一个百分比来评价我们的角色功能，就能判断个体的成就界限。

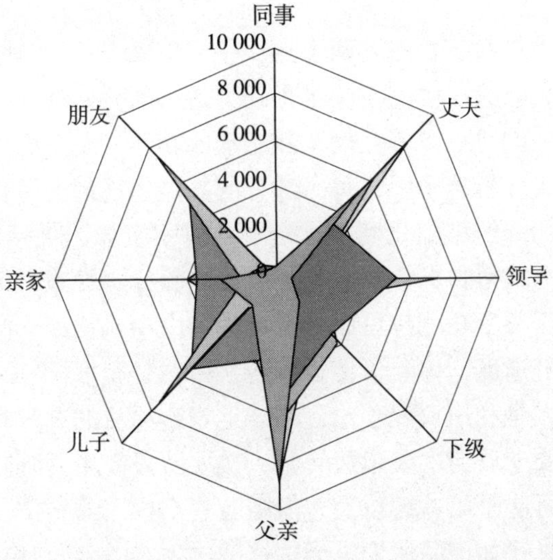

从雷达图中看到这个案例的角色现状，我们发现这个人的家庭角色扮演是比较平衡的，他走的是一个平衡的路线，既没有十分出色的表现，也没有太差

的角色表现。在不同的人格角色雷达图中会反映个体的信念、个性、能力和气质，在应用中举一反三，把这种方法应用得灵活、熟练和有效。

11.6.3 链式分析技术

链式分析是把问题作为一个动态系统来理解，在动态系统中总会出现三个区域的功能。首先是资源区，资源区表达了完成目标具备的条件；其次是利润区，利润区表达了项目目标和绩效；最后是功能区，功能区的作用是使资源区转入利润区。资源被充分利用才可能实现价值，利润区也不会自动产生，而是由功能区把资源区和利润区链接起来。

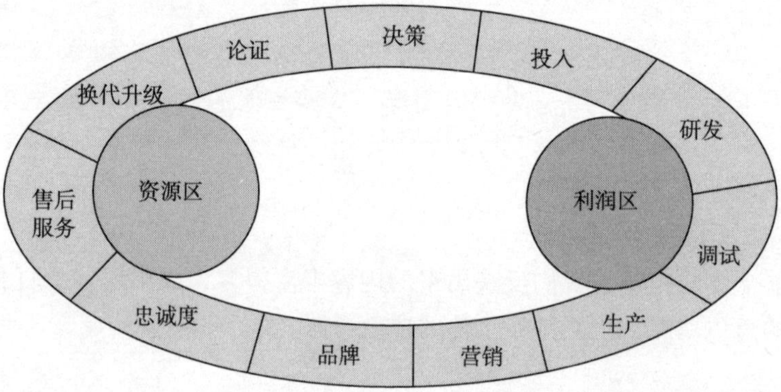

在链式分析工具中还要找到两个点，一是引擎点；二是阻力点。引擎可以使项目往前运动，阻力产生的摩擦也是动力的一部分。就像一部汽车，发动机解决了动力问题，同时也离不开倒车和制动的功能，没有阻力点就不会有真正的动力点。在链式分析技术中，每一部分的功能体现都会深化和量化。

在资源区中的分解可细化到技术资源、资本资源、关系资源、市场资源；在利润区可分解为货币目标、发展目标、影响目标、奉献目标、环保目标、诚信目标；在功能区每个功能都可以分解到细节之中，比如，商品忠诚度的建立可分为性价比、舒适度、体验价值、可转换率、赞誉度。

链式分析技术是利用权变理论，动态地观察项目的进程和联系性。在链式分析技术中，主要矛盾向次要矛盾转化，次要阶段向主要阶段转化。在项目初期，资本的投入可能是第一链价值，但随着资本投入的到位，马上就会转到下一节的功能表现，比如产品研发，当然这种次序有时会同时互动。链式分析技术也可以用来预测在系统中可能发生的问题，从而做到事先干预。

11.6.4 柱形图和饼形图的分析技术

柱形图是最常见的分析形式，许多报告中都会使用柱形图帮助显示设计者的意图，虽然普通和普遍，但十分重要，重要到离开它就找不到其他图形来代替。柱形图有以下几个特点。

（1）图例设计要准确和明了。

（2）突出图中表现的某一个数据。一般是以某一组数据作为标本，其他数据用作比较显示。

（3）纵横坐标的科学设计。

饼图或称为饼状图，是一个切分为几个扇形的原型统计表，用于描述量、频率或百分比之间的相对关系。在饼图中每个扇区的大小显示数量的比例，这些扇区合在一起会组成一个完整的图形，好像是一张被切开的饼。在饼图的设计上，有标准的图形，有分裂式的图形，分裂式图形将最大的部分突出出来；透视饼图，用三维表达立体的外观图表。极区图和饼图很相似，但扇区的角度与圆心的距离并不相同。

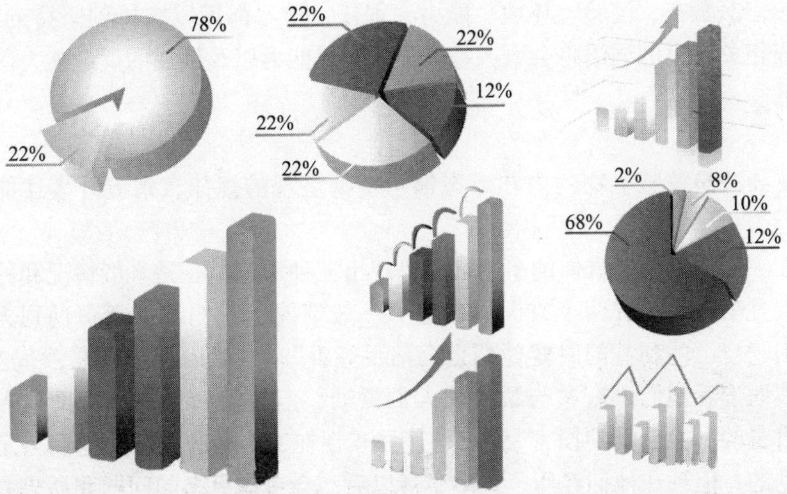

11.7 表述技术

表述技术是通过专业训练语言表达的技术，带有明显的表述目的，通过语言的合理整合形成特有的表述结构和风格，表述技术包括语言的逻辑整理、语言的结构整理、语言的顺序整理和语言的经验整理。通过表述技术训练使语言表述具有独特的风格、严密的逻辑、生动的表现和有序的表达。

11.7.1 集束法

集束法是按照事物的内涵链接相关的词语，使观点得到多角度、多层次的支持。集束法的优点是通过逻辑性关联词语，达成事物相关的若干方面。它的关键词语是“这个事物和什么相关?”比如，在讨论成功的话题时我们可以用一个九宫格来讨论成功和什么相关。

热爱	机遇	勤奋
坚持	经验	环境
能力	责任	学习

关于成功我们找到内在相关联的词语，就会逐一地讨论成功所要具备的条件。九宫格填完最少会有九个维度的表达，实际上在现实表述中，有几点论据就能支持论点的合理存在。在集束法中还有一个重要的秘密就是这些相关联的词语是互为证明的。比如，设问“热爱和什么有关?”勤奋、坚持、能力、机遇，它既是成功的要素证明也是热爱的要素证明。设问“坚持和什么有关?”同样热爱、勤奋、经验、环境、能力、责任、学习都可以支持到坚持的观点。多组成相关集束的词语将会大大提升你的表述能力以及表述的反应能力。

11.7.2 三点法

三点法是按照事物的内在形态揭示事物呈现的规律，来提升表述能力的技术。

在一般情况下，具体的事物都会呈现出三种形态，一是一般情况和特殊情况，大凡事物都会有两个方向的表述“一般情况下我们都愿意帮助别人，但在有损于自己的利益的时候他们也会袖手旁观”；二是内在和外在，“这件事情从表面上看他们没有参与帮助他人的活动，但他们如果参加帮助他人的活动，自身的利益会受到损害”；三是过去和现在，“要是在过去他们一定会出手相助的，但现在他们经历了许多事情以后，会考虑更多的问题和后果，才肯去行动”。如果在某一具体的事物描述中，从过去说到现在、从内在说到外在、从个别说到一般，从这三个维度分析现象，一般都会形成相对完整的结构性表述。

11.7.3 数字法

数字法是指以数字为结构条件描述的方法，“我的三任语文老师”、“母亲的三次谎言”、“一个目的，两个原则，三个重点，四个理解”，这些都是以数字为结构的表述形式。

11.7.4 拆字法

拆字法是用中国汉字独有的结构特点，运用对文字、笔画结构的分析，理析出想要表达的观点和态度。“饭”字的繁体字是食旁边加个反字，朱镕基在高级领导干部会上的讲话，就生动地用这个饭字提出抓粮食生产的重要性。当时，朱镕基问在座的领导们，“这个字大家都认识吧？民以食为天，老百姓吃不饱饭，就是要造反的，大家都懂了吗?”在场的人纷纷点头称是，朱总理接着说“所以呀，一把手要抓粮食”。“指”用手指向的目标，“贪”迷恋暂时的财富，对字义的分析，有利于人们对事物的看法和领悟。

11.7.5 镶入法

镶入法是指把文章典故镶入固定的词组中，引起人们的注意，再重点提炼，解读典故的含义，加强人们对词义的理解。例如，“三迁铺就子舆路，刺字打造鹏举功”这句话中，就分别镶入了“孟母三迁”、“岳母刺字”两个典故，表达作为母亲对孩子教育起到的关键作用。

“学令孔丘成愧色，问德五皇做中桓”也是用镶入法讲老子和孔子之间惺惺相惜的故事传说。镶入法的应用对表达的传承会起到有益的衔接作用，既可以表达开始，也可以表达结语。

11.7.6 排比法

排比在表述中的应用，会使语言表达变得简洁、工整，更有气势。排比句是把结构相同、意义相关的句子排列起来，一般的排比形式有集合式的排列，相同句式的排列。“如果你是大海，何必在乎别人把你说成小溪；如果你是山峦，何必在乎别人当成平地；如果你是春色，何必为一朵花的凋零叹息；如果你是种子，何必还为没有结出果实着急；如果你就是你，那就静静地微笑，沉默不语。”

递进排列法，一层层深入，据理演进。“你无法改变容貌，但你可以展示笑容；你不能左右天气，但你可以改变心情；你无法知道明天，但你可以把握今天；你无法样样顺利，但你可以事事尽力。”

段落排比法，用同一句话开展每一个段落。“幸福是一种信任……幸福是一种关心……幸福是一种奉献……幸福是一种思念……”

11.7.7 五官法

五官法是通过视觉表达、听觉表达和嗅觉表达的结构化表达方法。“我听到了什么，我看到了什么，我闻到了什么”，通过五官功能体验表达对事物的体验和描述。“白日依山尽，黄河入海流。欲穷千里目，更上一层楼”给人们带来的是视觉上的表达。

“鹅，鹅，鹅，曲项向天歌，白毛浮绿水，红掌拨清波”是典型用五官法做出的表述范例，听到了鹅的叫声，看到了红掌、绿水、清波。

在表述过程中，有时五官法也可以讨论话题的引证，比如，“耳听为虚，眼见为实，是这样吗?”“我们听到的是鸟的欢语，我们见到的是山的巍峨，我们闻到的是花的芬芳，我们探求的是路的曲折”，也是比较典型的五官法的表述方式。

11.8 测量技术

测量技术的前提是承认个体的差异。心理测量的应用非常广泛，人事专业的测评、心理专业的测评、咨询专业的测评；学业、商业、司法、政府、军队都通过测评来帮助做出对人的判断。通过测评对专业和职业做出计划和决策，在招聘工作中对人员使用及安置，在职业咨询方面做出指导，在心理和生理治疗中做出诊断和开具处方，心理咨询和行为干涉项目中了解、认知个体心理以及人际互动的变化，指导行为变化的研究和技术的有效性。

常见的测量工具有韦克斯勒智力量表、明尼苏达多项人格测验、罗夏墨迹测验、本德尔视觉模型测验、主题感觉测验、绘画投射技术、贝克抑郁问卷、霍兰德职业倾向测验、卡特尔人格测验等。

11.8.1 测量的分类

1. 成就测验

成就测验的基本功能是通过测验，了解某些个体在具体的行业中对专业知识的了解和技能表现。一般有成套的成就测验、单学科的调查测验、诊断测验和预测测验。

2. 智力测验

智力测验的目的是了解学习能力和学习能力的倾向。一般智力测验包括晶体能力、流体能力和记忆能力。晶体能力包括言语推理、数量推理；流体能力包括视觉抽象推理；记忆能力反映诸如词汇理解、言语联系、数量运算、模式分析、句子数字和物体的记忆。

3. 智力影响因素测验

心理能力差异影响智力差异，心理年龄包括稳定性、退行性和智能性。智能性的心理年龄要比稳定性和退行性的心理年龄更具活力。

家庭规模和出生顺序也影响智力差异。规模大的家庭，其成员智商相对较低，出生靠前的孩子智商相对较高。

经济地位也影响智力差异。智力与社会经济状况成正相关，社会经济状况决定家庭收入、教育水平和职业技能。

居住地民族和国籍也对智力差异产生重要影响。城市之间（大都市与小城市）、城市与乡村、民族整体软实力及国家文化体系对个体的智商都会产生影响。

一般智力和认知发展趋势在某种情况下是由遗传决定的。

4. 发展心理测评

用智力来鉴别儿童和成人理解能力并完成教育、职业或其他任务。发展心理测评是不同年龄阶段能力和智力的测评，包括新生儿的能力测评、儿童的能力测评、学龄前的能力测评、成年人的能力测评及老年人的能力测评。

5. 倾向测评

倾向测评是从特定领域学习和收益能力，与成就能力测评相比，倾向测评更关注未来，能力倾向测评主要用于评估个体潜在成就或预测将来的表现。

在测评中除了上述测评还包括职业兴趣测评。

11.8.2 测量的问题类型

1. 论述题

论述题能够测量受测者组织、沟通和表述能力，并使受测者有较多的发挥空间，出题设计会减少测评的投入。

2. 是非题

是非题是隐含正反态度倾向的证明题，是让测评者用自己的判断、原则和立场表达对事物的看法。是非题能调动被测试者积极性，是非题也是比较复杂的测试题型之一。

3. 匹配题

匹配题根据选拔职位、职责和能力要求，设计相应的测试题，比如，公务员岗位的能力测评、警察岗位的能力测评。在匹配题中加权是普遍使用的方式和方法。

4. 复杂题

复杂题目与简单测量的学科知识相比，测量理解能力和思维能力，常常会编制更加复杂的测试题，包括多个正确答案，让受测者解释选择理由、提出解决问题的正确步骤。

11.8.3 测量的形式

1. 书面答题

书面答题是最古老的测评形式，也称作笔试。笔试适用于大规模的测量，在结构化的测量中笔试也排在首要的位置，单独的笔试便于评分。

2. 口头测评

口头测评是最普遍的测评形式，口头测评是一种评价的情景，也可称作面试。口头测评不如书面测评使用得频繁，但经过严密的计划、组织、实施及评估的口头测评能够形成现场的互动效果，以便获得其他评价方法不能获得的信息。

3. 操作测试

操作测试的方法一般强调非语言行为，现场操作测试更具有真实性，它不能代表笔试和面试，也不是测评者做了什么，而是对受评者的能力体现做出专业性的评估。

4. 计算机测评

计算机测评是越来越普遍使用的测量方式。计算机测评标本制作简单规范，可以提高测量的效率，也便于筛选更优质的测评体系。

5. 评价中心测评

评价中心作为专业性测评单位可采用最先进的测量方式，进行权威性评估。比如，无领导小组讨论、文件筐、情景模拟、心理角色扮演。

11.8.4 量表的种类

从观察和谈话中得到受测者的信息，并将测量结果用各自量表记录下来。量表主要包括核查表和评定量表，核查表的表现形式是在“是”和“否”、“不确定”三种变量中体现测评结果。评定量表则侧重于表现在程度和状态上的测量。

核查表可分为描述性核查表、适应性核查表、操作性核查表、选择性核查表。

评定量表可分为视觉模拟量表、标准评定量表、数字评定量表、单极和双极量表、语意区分量表、行为锚定量表、迫选量表。

11.9 督导技术

督导具有专业性指导和职务性督察两重含义，同时督导也有商业性和行政性两种表述。这里讨论专业性和非行政性的督导技术，把目标界定于专业督导和理性督导的范围上来，从这个意义上说督导是具有专业、行业权威性的从业者，并从专业指导商业运营的角度开展工作。从某个角度来说督导代表领导，但督导又不是领导。

11.9.1 督导的工作核心

1. 督导与被督导者建立关系

在督导的模式当中，有专业分工模式、契约帮助模式、机构指派模式、师徒自发模式。

在专业分工的模式当中，督导体现在专业进入的时间、专业纵深的程度，使督导形成专业指导能力；契约帮助模式是一种服务帮助模式，是由督导者以行业咨询和指导为服务产品，向被督导者提供服务；机构指派模式是机构在商业运营中，为了帮助所属成员完成工作标准流程和业务指标而指定的督导人员；师生自发模式在督导模式中会经常出现，出于学生对老师专业的信任和理解，自觉形成督导和被督导的关系。

2. 督导目标的确立

督导目标的确立有两层含义，一是督导与被督导者之间建立关系目标，使二者之间的合作有阶段性和长期性的目标描述；二是就业务的目标进行设计和确定，目标督导的直接作用是，把目标变成表现目标，使目标看得见、摸得着，在目标的设计中有事实和数据依据。

3. 确认工作方法

找到工作中的关键价值链，发现达成目标的主要指标和数据，明确完成目标的完成图，调动方法和手段使目标变得可行和可能。

4. 行动的参与和督导

制订行动计划和进行行动跟进，通过督导行动及专业性指导，使被督导者顺利完成工作目标，使其工作效果比原来更好。通过督导行动使被督导者价值被最大化实现。

11.9.2 督导的工作原则

1. 信任产生力量

信任被督导对象自我发展的动力和积极的工作动机，发现他们原有能力和水平，站在被督导的立场上，把工作推向新的高度。

2. 督导的核心价值是激发思考和探索，引发智慧

督导要在被督导者的专业认知和能力的前提下进行专业覆盖，督导是帮助而不是代替，督导是阶段性的合作，要使被督导者早日成熟，形成独立的操作能力。

3. 督导的目的是帮助被督导者找到最优的方案

督导者“授人以渔”，通过专业的引导、思路的拓展让被督导者看到问题的解决之道，当然在被督导者的学习和成长当中督导者要做到细心地陪伴和观察。督导不是完成答案而是指导被督导者去设计解决答案的计划和方法。

4. 督导的结果是使被督导者勤于思考

督导者在督导的过程中，要让被督导者学会承担，目的是让被督导者从被动转向主导。

5. 督导要帮助被督导者树立必胜的信心

对工作中出现的问题，督导要帮助被督导者找出改善问题的方案和意见，特别是被督导者产生退缩和畏难情绪时，督导要给予必要的理解和支持，使被督导者在困难的处境中发现自己的能力和潜力，提升克服困难的勇气。

11.9.3 督导的技术体系

1. 精准目标

越是动机简单的目标越是清晰，在运动场上运动员的目标就比较明了，但在专业性的工作中有时是比较复杂的，目标有时是多维的，帮助被督导者明确目标是什么，这是督导的第一步工作。设定目标是一项有效的技术，目标的设定和实现使当事人去完成更难更新的目标，目标的设定才能突破个人的限制，挖掘个人的潜力。目标的设置分为愿景目标、表现目标、行动目标。单一性目标不利于最终目标的实现。

2. 清理现状

现状是我们对现实的认识和评估，如果我们按照自以为是的认识去设计目标，就会导致工作的失误、资源的浪费，清理现状有两个重点，一是回归事实，通过督导和被督导者的交流，运用推理和演绎，让事实呈现出来；二是数据支持，没有数据支持的事实就缺乏说服力。

3. 关键价值链

每一项活动都是设计、发生、传播和反馈的集合体，每一个集合体中都有若干起关键作用的价值链，它们决定了事物的本质和发展方向，价值链上的每一项价值活动都和最终的结果有关。发现和研究清晰的价值链可导致更好地完成目标，取得既定成果。在目标的成功和失败中，不是某个环节的成败而是整个价值链的成败。

4. 行动

行动包括行动目标、行动计划、行动实施。只有行动才有结果，只有正确的行动才有正确的结果。过去我们不去区分表现目标和行动目标，使工作出现许多误区。一个准确的行动计划可以保证工作在正常的轨道上顺利进行，以结果为导向会促使行动开展，行动承诺有时是通向成功的最关键一步。

5. 跟进

跟进也是一种有效的反思工具，跟进就是督导和被督导双方放下自我保护和防卫，进行深度的交流和学习，跟进的重点是放在将来的表现，而不是谁对谁错，不是谁该承担责任，而是依据事实存在的行动过程探讨如何做得更好。

精准目标、清理现状、关键价值链、行动、跟进是督导工作的五步工作地图，每步都与成果相关，督导技术是以成果为导向，确保被督导者更快更好地将目标完成。

11.9.4 督导和管理的区别

(1) 从管理方式看，管理者在现实中会采用指挥命令的方式，是以控制为特征的管理方式；督导的方式则采用引导、启发、支持和协助的方式进行工作，是以帮助为导向特征的工作方式。

(2) 从身份上来看，管理者是以领导的方式出现，侧重权利的影响，经常提出问题的答案要求当事人做到；督导则是以权威影响为主，通过引发当事人思考，并找到解决问题的答案。

(3) 从管理流程来看，管理者采用的是 P（计划）、D（执行）、C（检查）、A（调整）的工作循环方式；而督导采用五步工作地图的价值链方式确保最终结果的贡献价值。

有效的督导遇到问题时，知道追本溯源，提出问题的解决之道；明确目标时，能够预测成果，找出最佳途径；跟进执行时，能选择准确的行动；陷于困顿时，能推陈出新，发现更多的可能。

11.10 赏识技术

赏识技术是一种自觉精神，更是人际交往关系中的重要技能。自觉地赏识他人就会把目光放在他人的优点和长处之上，既能从他人那里学到更多的优点，同时也会使他人感受到鼓舞和激励。一个学会欣赏和具备欣赏习惯的人，往往会比别人得到更多的关注和帮助，当然欣赏他人的人本身也会是一个充满热情和肯于付出的人，“赠人玫瑰，手有余香”是对赏识他人的人最恰当地描述。

11.10.1 赏识的作用

1. 满足基本需求

被赏识和接受赏识反应的是人的一种最基本需求，是一个人与生俱来的本能。人在关注和赏识中成长是每一个人生的重要体验。一个老师对一个学生的评价是：“这个同学虽然学习不太好，纪律性也差，但他乐于助人、劳动积极，在这点上大家要向他学习。”这个评价对一个学生来说并不是一个好的评价，但人的本能反应通过后边的肯定，他就较容易接受这个看来不是太好的评价，这是因为赏识参与了部分评价。

2. 正向付能

赏识对于成长阶段的个体来说十分重要，赏识是一种激活模式，人们越是看重某人身上的优点时，这个优点就会出现反复性呈现。爱好就是这样形成的，某个人喜欢唱歌、喜欢绘画、喜欢舞蹈常常是来自赏识的效应。当然不恰当的赏识也会使人的能量投入与其特长呈现相反的一面。

3. 一切从关注开始

赏识是因为优秀而被关注，还是因为被关注而变得优秀，灰姑娘如果不遇到白马王子也许会永远是灰姑娘，因此，个体的变化常常是由关注引起的。在情感世界里也是一样，当一种久久不被关注的情感，被一个人关注并挖掘出来的时候，可能是那个被关注的人一生中最闪亮的时刻。

4. 赏识是一种动机邀请

“你希望那个人成为什么样子，你就去那样描述他，你不希望那个人成为什么样子，你也去那样描述他。”赏识是一种动机的邀请，人的动机和呈现是多样性的，在人际关系中的呈现一般是选择性呈现，你能否影响到他的表现形式，这跟赏识有很大的关系，“有饭送给饥人，有话送给知音”讲的就是这个道理。

5. 赏识是一种接纳

赏识是一种接纳，也可反过来说不赏识是一种拒绝，在没有赏识的相互关系中不会出现关注和热情，而接纳最基本的形式就是赏识。

6. 赏识是一种感谢方式

赏识会在双方关系中呈现真诚的谢意，一个对你的事业和生活提供帮助的人，一般会引起你的欣赏，而准确恰当地表达赏识也会使他人感到欣慰和喜悦，多表达谢意的人，一定也会多收到谢意的反馈。

11.10.2 赏识的原则

1. 允许脆弱的呈现

在赏识的环境中，人的动机和行为会因激励表现出超长的反应，但超长反应毕竟不是正常反应，因此，长时间保持赏识后会引起他人的表现性疲劳，一旦对方表现出负向的行为和观点，应该得到允许和理解。在被理解的赏识中，相互的感觉会更真实、更准确，也会更持久。

2. 赏识的连续性关注

一旦赏识建立，在某种程度上就会被他人纳入评价参照体系，因此，当一些不经意的赏识和随便说的一些恭维话被对方确信为真实的时候，当他人发现关注不可连续的时候，关系会受到挫伤。赏识应该成为个体的行为习惯，而不是某种情绪反应。情绪性的赏识会因为缺乏稳定性的倾向影响到参照的信度和效度。

3. 赏识是帮助而不是利用

在以某种目的性为前提的赏识中，常常会使人产生失望，有时会产生"媚俗"，赏识本来是对人的行为产生积极的影响和帮助，但在特殊的情况下，因有求于他人，以讨好的方式表现出的赏识，一旦被他人识破将对相互之间的评价产生负面的影响。

4. 赏识性批判

赏识并不是一味地说好话，也不是全部的正面评价，有的时候赏识性批判显得更为珍贵，能够直言的是良友，能够批评的是诤友，赏识性批判既能体现赏识的品质也能验证相互之间关系的品质。

11.10.3 赏识的方法

1. 激发自我赏识

自我赏识对行为的鞭策是任何一种赏识都不能取代的，自我赏识是最为真实的内在力量。缺乏自我赏识及太多的他人赏识会使当事人产生自我怀疑，甚至是价值感的分裂，而自我赏识却是由他人赏识引发和证明的。因此激发自我赏识，应该是赏识的重要法则。

2. 语言赏识

语言赏识具有直接性和概括性，常用的经典赏识句式有以下几种："真棒"、"好样的"、"你的做法让我感到意外和惊喜"、"相信你本来就是这么优秀"、"我真的没有看错你"、"你是行的"、"只有把这事交给你办，我才能放心"、"你可以不做，但你能帮我推荐他人吗"、"这么难你都能做到，我真的佩服你"、"别人这样可以，你不行，你和他们不一样，我不能拿一般的标准来要求你，这点你应该懂得"。有些赏识性的词语如被准确地应用也会使赏识达到事半功倍的效果，例如，行动赏识句、承诺赏识句、态度赏识句、特指赏识句都会发挥赏识激励。

3. 非语言赏识

在赏识方法中，目光的支持、行为的支持都属于非语言赏识，色彩和服装的支持也是赏识表达的重要内容，赏识性表达是非常丰富多样的，语言和非语言在氛围环境中的多重表达都会使赏识效果更精彩、更生动。

4. 即时性赏识

绩效的时效性是常识性理解。在一个人取得成果和阶段性绩效时，都希望得到即时的赏识，因为赏识的即时性比组织的记忆赏识更有效果。在组织中一些赏识常因落后于绩效表现，会影响到个体的动机和情绪，诸如"大家不会忘记你，早晚是要兑现的"。这些模糊性赏识，会挫伤个体的积极性，"一定要体现"和"即时体现"，在时效上的差异是巨大的。

5. 细节赞美

赏识的真实性来自关注的细节真实，在赏识技术中列举他人的成就细节，使赏识更具备真实依据。在真实依据面前，被赏识者会体验到他人的关心和关注，增强自我赏识信息，我们说成功在于细节，成功的赏识也在于细节的赏识。

6. 延迟满足

刻意提高绩效标准和目标难度使个体在经过艰苦的努力后，才会得到应用的赏识，会提升个体的成就意识和能力表现。世上没有随随便便的成功，当然随随便便的成功也不会得到应有的珍惜，做少数人是成功的一个重要条件也是成功的基本原理。

7. 权威评价

在管理中有一种考核叫成绩记录法，是以权威评价作为绩效依据的，权威评价会使赏识得到高水平认知，也是个体成就的记录性标志。1967 年，毛泽东接见一个年轻的教师，当得知这位教师姓徐的时候，毛主席亲切地说："我的老师也姓徐。”这位年轻的老师从此励志园丁事业几十年，这是多么大的赏识激励啊！

11.10.4 团体赏识

1. 赏识推广

团体具有推广的空间和条件，团体推广的手段也是丰富的，典型的树立、文学的描述、网络的推广、总结和表彰，这些不仅仅是个人赏识，更是团体动力的需要。

2. 创造赏识的环境

团体中赏识比一对一的赏识更具激励性，在团体赏识中专门对个体形成的正向赞美，既可增强个体积极表现的动力，同时也会促进团体关系，经过赏识训练的团体，会空前和谐和具有凝聚力。

3. 赏识兑现

没有兑现的赏识，不是完整的赏识，就像没有批判的赏识不是完整的赏识一样。兑现就是让赏识具有一种效应表现。人们的本能不是关注你要求什么，更重要的是关注你奖励什么。空的赏识会苍白无力，从另一个角度上说只有效益倾斜才能表达赏识的投入和关切。

4. 中心作用

赏识会让个体在某个时刻，得到更多人的关注，成为团队的核心目标。中心作用在于清晰和放大个体价值，在价值赏识中，使个体得到中心体验，而中心体验能够使个体表现具体化和责任化。

5. 赏识分享

组织团队成员互相交流赏识体验，从看个人到看他人、看团队，无处不在的赏识分享，会使团队增强归属感。通过分享和确认使赏识更具准确性，进而提升了团队的赏识力。

6. 赏识记录

在团体赏识中，要对阶段性的成果进行评估和记录，形成有效的团队记忆。团队记忆的作用十分重要，它具有三个正向意义，一是对个体激励形成中心效应，同时记录是深化赏识激励，使个体在过去的记录中提出新的计划和目标；二是记录赏识会起到引领和牵引的作用，使团队中的人学习楷模、赏识楷模；三是丰富组织和团队文化，团队文化的赏识目标和标准，能够体现团队和组织的文化水平，也可以做赏识水平的历史参照。

参考文献

[1] 安德鲁·度布林. 心理学与工作 [M]. 北京：中国人民大学出版社，2007.
[2] 约翰·阿诺德，等. 工作心理学 [M]. 北京：经济管理出版社，2007.
[3] DENNIS COON，等. 心理学导论 [M]. 北京：中国轻工业出版社，2008.
[4] ANDREW J. DUBRIN. 职业心理学 [M]. 北京：中国轻工业出版社，2009.
[5] 卡伦· 霍夫曼. 行动中的心理学 [M]. 北京：中国人民大学出版社，2011.
[6] 戴维·迈尔斯. 社会性理学 [M]. 北京：人民邮电出版社，2011.
[7] 珍妮弗·M. 乔治，等. 组织行为学 [M]. 北京：北京大学出版社，2010.
[8] 理查德·格里格，菲利普·津巴多. 心理学与生活 [M]. 北京：人民邮电出版社，2009.
[9] 艾伦·E. 艾维，等. 心理咨询的技巧和策略 [M]. 上海：上海社会科学出版社，2009.
[10] 刘燕华，刘萍. 组织心理与行为管理学概论 [M]. 北京：经济管理出版社，2009.
[11] 亚伯拉罕·马斯洛. 动机与人格 [M]. 北京：中国人民大学出版社，2009.
[12] LEWISR AIKEN. 心理测量与评估 [M]. 北京：北京师范大学出版社，2008.
[13] GEOREW BURNS. 积极心理学治疗案例 [M]. 北京：中国轻工业出版社，2012.
[14] JUDITHS BECK. 认知疗法 [M]. 北京：中国轻工业出版社，2006.
[15] 克里希那穆提. 生命之书 [M]. 南京：译林出版社，2011.
[16] 罗伯特·西奥迪尼. 影响力 [M]. 北京：中国人民大学出版社，2009.
[17] 大卫·伯恩斯. 伯恩斯情绪疗法 [M]. 沈阳：万卷出版社，2010.
[18] 蔡飞. 自身心理学 [M]. 福州：福建出版社，2008 .
[19] 古斯塔夫·勒庞. 乌合之众 [M]. 北京：中央编译出版，2005.
[20] 布里格力·迈尔斯，等. 天资差异 [M]. 重庆：重庆出版社，2009.
[21] 路桑斯. 心理资本 [M]. 北京：中国轻工业出版社，2008.
[22] 麦基桌，黄焕祥. 懂得生命 [M]. 深圳：深圳报业集团出版社，2010.
[23] A. 班都拉. 自我效能学 [M]. 上海：华东师范大学出版社，2003.